Die weisen Frauen der Indianer

Beverly Hungry Wolf

Die weisen Frauen der Indianer

Hüterin des Hauses, Jägerin, Medizinfrau – eine Schwarzfuß-Indianerin schildert das Leben ihrer Vorfahren

Scherz

3. Auflage der Sonderausgabe 1997
des im Scherz Verlag unter dem Titel «Das Tipi
am Rand der großen Wälder» erschienenen Buches.
Einzig berechtigte Übersetzung aus dem Amerikanischen
von Ute Sesslen.
Die Originalausgabe erschien unter dem
Titel «The Ways of My Grandmothers».

Inhaltsverzeichnis

Vorwort

Ich heiße Beverly Hungry Wolf (Hungriger Wolf). Mein Familienname, der vom Großvater meines Vaters auf uns übergegangen ist, ist Little Bear (Kleiner Bär). Ich bin 1950 im Blood Indian Hospital geboren worden, und ich bin im Blood-Indianer-Reservat aufgewachsen, dem größten Reservat in Kanada. Ich wuchs unter traditionellen Verwandten und alten Leuten auf und sprach nur die Blackfoot-Sprache. Dann ging ich auf das Internat im Reservat und bemühte mich wie andere Blood-Indianer meiner Generation sehr darum, die moderne Lebensweise zu erlernen. Ich besuchte danach ein College, reiste in den späten sechziger Jahren herum und unterrichtete sogar auf demselben Internat, auf dem ich lange Zeit Schülerin gewesen war.

Die ganze Zeit über gab es noch viele ältere Blood-Indianer, die unsere angestammten Lebensweisen kannten und praktizierten. Sie glaubten, daß sie die letzten Generationen wären, die noch nach diesen alten Blood-Traditionen lebten. Meine Eltern glaubten das ebenfalls, und die jungen Leute wie ich selbst nahmen an, daß es der Wahrheit entsprach. In der Tat bestraften uns die Nonnen in der Schule, wenn wir unsere Muttersprache laut sprachen, und sie mißbilligten alle anderen Zeichen indianischer Kultur. Aber selbst zu Hause wurde uns gesagt, daß wir die alten Leute in Ruhe lassen sollten, vor allem bei ihren vielen traditionellen Zusammenkünften, und wir schämten uns oft, uns mit unseren altmodischen Großeltern in der Öffentlichkeit zu zeigen.

Erst als ich meinen Mann, Adolf Hungry Wolf, heiratete, begann ich zu versuchen, die Lebensweisen meiner Großmütter zu erlernen – alle älteren weiblichen Vorfahren sind nach der

Stammessitte meine »Großmütter«. Obwohl mein Mann in Europa geboren ist, wußte er mehr darüber, ein traditioneller Indianer zu sein, als ich oder irgend jemand aus meiner Generation zu jener Zeit. Er ermutigte mich dazu, stolz auf meine Abstammung und meinen angestammten Namen, *SikskiAki* – Schwarzgesichtige Frau – zu sein, den ich kurz nach meiner Geburt von einer Urgroßmutter geerbt habe. Jetzt versuche ich, nach vielen der Lebensweisen meiner Großmütter zu leben, und ich versuche, meine Kinder nach ihnen großzuziehen. Ich bin Mutter von vier Söhnen und einer Tochter.

In den Jahren, seit ich begonnen habe, der Lebensweise meiner Großmütter zu folgen, habe ich ihre Lehren, Geschichten und täglichen Beispiele, die sie mir gegeben haben, schätzengelernt. Ich bedauere die jüngeren Mädchen der Zukunft, die einige von diesen großartigen alten Frauen nicht mehr kennenlernen werden. Ich muß daran denken, wie sehr mir einiges von diesem Wissen hätte helfen können, als ich jünger war. Aus diesem Grund habe ich dieses Buch zusammengestellt, das als bleibende Erinnerung an das Leben meiner Vorfahren dienen soll. Dies ist mein Dank an sie.

Ich schreibe dieses Buch nicht, weil ich glaube, daß ich eine Expertin in bezug auf meine heimische Abstammung und Kultur bin, und auch nicht deswegen, weil ich erwarte, viel Geld damit zu verdienen. Ich tue es in dem Bemühen, einen Platz in der Geschichte auszufüllen, der zu lange leer geblieben ist. Die Welt von heute ist so überfüllt, daß wir uns oft an Bücher wenden, um zu erfahren, wie das Leben zu anderen Zeiten und in anderen Kulturen war. Aber solche Bücher gibt es nicht über meine indianischen Vorfahren der Blackfoot-Nation einschließlich meiner Unterabteilung, der Blood. Es gibt Bücher, die von Pferdestehlen, Büffeljagd und Kriegen erzählen. Aber die Leser dieser Bücher müssen annehmen, daß die indianischen Frauen ein langweiliges Leben voller Plagen geführt haben und daß sie keinen Sinn für Geschichten und Anekdoten besaßen.

Ich hoffe, daß dieses Buch den jungen Mädchen, die nach mir aufwachsen, eine gewisse Inspiration und Führung gibt. Ich hoffe auch, es wird viele andere Leser aufklären, indem es ihnen zeigt, daß die indianischen Frauen der Weltgeschichte Wissen hinzuzufügen haben. Ich wünschte, daß mehr Menschen die Lebensweisen ihrer Vorfahren teilen würden. Ich glaube, wir würden die gegenwärtige Weltsituation verbessern können, wenn wir alle lernen würden, die Lebensweise unserer Großmütter – unserer eigenen ebenso wie der aller anderen – zu würdigen und zu respektieren.

Wie meine Großmütter lebten

Meine eigene Großmutter, *AnadaAki*, ist während der achtziger Jahre des vorigen Jahrhunderts in einem Tipi geboren worden. Sie hat einen langen Weg bis zu ihrem gegenwärtigen Platz im Leben zurückgelegt, wozu gehört, daß sie sowohl das Familienoberhaupt ist als auch ein überzeugter Fan der Fernsehserie *As the World Turns*. Wenn Sie hören würden, wie sie mit britischem Akzent einen von uns auffordert, den Fernseher einzuschalten, würden Sie sich nicht vorstellen können, daß sie im Haushalt eines der letzten großen Medizinmänner unter den Blood-Indianern aufgewachsen ist.

AnadaAki bedeutet in unserer Sprache Hübsche Frau. Das ist der Name, den sie am längsten getragen hat. Als sie in die Schule kam, wurde sie unter dem Namen Hilda Heavy Head (Schwerer Kopf) bekannt, und als sie meinen Großvater heiratete, wurde sie zu Hilda Beebe. Nachdem mein Großvater gestorben war, heiratete sie wieder und hieß von da an Hilda Strangling Wolf (Würgender Wolf). Als Höhepunkt dieser Namenswechselei hieß ihr echter Vater Joseph Trollinger, ein deutscher Name, den sie nie getragen hat.

Großmutter *AnadaAki* hat ihre letzten Jahre größtenteils im Heim meiner Eltern verbracht, doch ich glaube, sie würde lieber noch ihren eigenen Haushalt haben. Weil die Mutter meines Vaters gestorben ist, als dieser noch ein kleiner Junge war, ist *AnadaAki* die einzige von meinen echten Großmüttern, die ich je kennengelernt habe. Doch bei den Indianern sind Verwandtschaftsbeziehungen viel allgemeiner als bei vielen anderen Völkern. Zum Beispiel sind alle meine weiblichen Verwandten, die in *AnadaAkis* Alter oder etwas jünger sind, meine Großmütter. Außerdem werden alle Frauen meines Stammes, die vor langer

Zeit gelebt haben, als Großmütter bezeichnet. Darüber hinaus ist es üblich, daß jede alte Frau aus dem Stamm jede junge Frau oder jedes Mädchen »meine Enkeltochter« nennt, wenn sie sie freundlich anredet. Wenn ich deshalb über das »Leben meiner Großmütter« spreche, so bezieht sich das eigentlich auf die Lebensweise aller älteren Frauen meines Stammes.

AnadaAkis Mutter wurde von einem alten Krieger, der sich in der Schlacht ausgezeichnet hatte, First-to-Kill (Erste-beim-Töten) genannt. First-to-Kill hatte einen Bruder namens Sweetgrass (Süßes Gras), und die beiden wuchsen in der Zeit auf, als noch Büffel gejagt wurden. Als First-to-Kill herangewachsen war, heiratete sie Joe Trollinger, der aus Deutschland zu den Blood gekommen war. Sie nahm den Namen Lucy Trollinger an und führte zusammen mit ihrem Mann ein Restaurant und Hotel an der Straße zwischen dem Blood-Reservat und der späteren Stadt Calgary, die damals ein Fort und Handelsplatz war. Die Blood nannten ihren Mann Last-to-Get-Angry (Wird-als-Letzter-böse), denn sein Lieblingsausdruck lautete: »Du bist zuerst böse geworden, jetzt werde ich auch böse.« Reisende gaben ihm den Spitznamen Rutabaga Joe (Kohlrüben-Joe), weil er dieses Gemüse so gern aß.

Joe und Lucy hatten miteinander fünf Kinder, und vier von ihnen wurden über neunzig Jahre alt. *AnadaAki* war das jüngste Kind und das einzige, das seinen Vater nie gesehen hat. Ihre älteste Schwester war taubstumm, doch als Lucy herausbekam, daß Joe das Mädchen zur Behandlung mit nach Deutschland nehmen wollte, packte sie ihre Kinderschar zusammen und ging wieder zurück zu den Blood. Kurze Zeit später heiratete sie einen jungen Krieger namens Heavy Head, der die Kinder wie seine eigenen aufnahm. Er und Lucy bekamen keine Kinder mehr miteinander, doch *AnadaAki* wurde geboren, kurz nachdem sie zusammengezogen waren. Ich kann sagen, daß meine Großmutter trotz ihrer vollkommenen Blood-Erziehung eindeutig Eigenschaften und Wesenszüge besitzt, die eher den Deutschen als den Blood entsprechen. Blaue Augen sind ein weiteres Zeichen ihrer europäischen Abstammung.

Als meine Großmutter etwa ein oder zwei Jahre alt war, machte Heavy Head als einer der letzten Blood das alte Ritual der Selbstmarter durch. Er hatte sich aufgemacht, um von einem befeindeten Stamm Pferde zu stehlen, und war dabei in eine brenzlige Situation geraten. Um Hilfe und Mut zu erhalten, hatte er einen Eid geschworen, bei der nächsten Sonnentanz-Zeremonie, die das wichtigste Stammesereignis in unserem traditionellen Leben ist, dieses Ritual durchzumachen. Vor allen Leuten wurde seine Brust an zwei Stellen durchbohrt, so daß Weidenspieße hindurchgesteckt werden konnten. An diese wurden zwei lange Seile geknüpft, die vom symbolischen Mittelpfosten in der heiligen Sonnentanzhütte herunterhingen. Heavy Head mußte diese Seile strammziehen und tanzen, bis die Spieße durch sein Fleisch durchrissen und ihn erlösten. Die Zeremonie mag heute grausam erscheinen, aber meine Vorfahren in ihrem naturorientierten Leben sahen einen tiefen Sinn darin. Ein paar Jahre später wurde die Zeremonie von der Regierung verboten.

Heavy Head litt eine Zeitlang an seinen Sonnentanzwunden. Er ging in die Berge, um allein für sich leiden und seinem Schmerz Ausdruck geben zu können, und dort draußen wurden ihm gewisse mystische Kräfte gegeben, um Krankheiten mit Gebeten, Liedern und Kräutern zu heilen. Als er älter wurde, wurde er Hüter von verschiedenen Medizinbündeln des Stammes und Mitglied alter Gesellschaften. Bei den Blood pflegt ein Mann alle diese Dinge zusammen mit seiner Frau zu tun – und zwar seiner Hauptfrau, falls er zwei oder mehr haben sollte –, deshalb begann meine Urgroßmutter, First-to-Kill, die Lieder und Zeremonien unserer heiligen Tradition zu lernen. Nachdem sie ihrem ersten Mann dabei geholfen hatte, Reisende zu verköstigen und gastlich aufzunehmen, änderte sich ihr Leben dahin, daß sie ihrem zweiten Mann dabei half, kranke Leute zu heilen und ihre religiösen Zeremonien durchzuführen, wenn sie gesund waren.

Großmutter *AnadaAki* wuchs damit auf, daß sie diese alten Lieder hörte und die Zeremonien beobachtete. Doch ihre Mutter wußte, daß sich die moderne Lebensweise einbürgern würde, und so sorgte sie dafür, daß ihre Kinder eine entsprechende Erziehung erhielten. Großmutter wurde auf eine besondere Mädchenschule geschickt, die von einer englischen Direktorin namens Miss Wells geleitet wurde. Im Unterschied zu den Missionsschulen und Internaten, die zufrieden waren, wenn ihre Schüler ein bißchen Lesen, Schreiben und Rechnen und etwas Landarbeit lernten, legte Miss Wells Wert darauf, daß ihre jungen Schülerinnen lernten, richtiggehende Damen im englischen Stil der Zeit zu werden. Sie brachte ihnen bei, auf die feine Art zu kochen, sich anzuziehen und ihr Haar zu tragen. Sie vermittelte ihnen Gewohnheiten wie elegantes Teetrinken, sorgfältiges Tischdecken und Broschentragen, um die Vorderseite ihrer Blusen zu schließen. Sie unterwies sie nicht nur in Ackerbau, sondern auch darin, wie man Blumengärten anlegt und sein Haus mit Hecken umgibt. Die Mädchen nahmen sogar ihren britischen Akzent an. Diese Schülerinnen wurden als »Miss Wells' Mädchen« bekannt, und praktisch alle von ihnen sind erfolgreiche Ehefrauen geworden, die unter den Blood einen progressiven ländlichen Haushalt führen. Selbst in ihrem hohen Alter mag meine Großmutter nichts lieber als eine Brosche, die man ihr zum Geschenk macht, oder Tee und Kekse als Zwischenmahlzeit.

Die älteste Großmutter in meinem Volk

Ich habe oft gehört, daß es in der Vergangenheit mehr alte Leute gab als heute und daß einige von ihnen häufiger über hundert Jahre alt wurden. Ich weiß, daß die Kindersterblichkeit damals sehr hoch war und daß Männer sehr davon bedroht waren, im Krieg getötet zu werden, bevor sie das Erwachsenenalter erreichten. Aber ich nehme an, daß die natürliche Nahrung, die sie zu sich nahmen, und der harte Lebensstil, dem sie folgten, denjenigen, die die Kinderkrankheiten und die Gefahren des Krieges überlebt hatten, eine hohes Alter ermöglichten.

Doch meine Vorfahren haben die Zahl ihrer Jahre nie genau festgehalten, und selbst heute gibt es noch ein paar alte Leute, die nicht sicher wissen, wie alt sie sind.

Ein solcher alter Mensch ist Rosie Davis, eine lebenslange Freundin meiner Großmutter, *AnadaAki*. Meine Großmutter sagte in ihren frühen Neunzigern, daß Rosie ein bißchen älter als sie sei, deshalb muß sie inzwischen über hundert sein. Doch Rosies eigener Kommentar zu ihrem Alter war: »Ich weiß nicht, wie alt ich bin, weil mir nie jemand das genaue Jahr meiner Geburt gesagt hat. Die Leute sagen gewöhnlich, daß ich hundert bin, und sie haben damit vermutlich recht. Ich weiß, daß ich noch ein kleines Mädchen war, als der Vertrag von 1877 unterzeichnet wurde, aber ich habe keine bestimmten Erinnerungen daran.

Ich bin in Fort Benton geboren, das damals ein wichtiger Handelsplatz von Montana war. Meine Mutter war mit einem Weißen namens Smith verheiratet, der außerhalb von Fort Benton auf einem Missouri-Dampfer arbeitete. Wir lebten dort, als ich jung war, und wir warteten darauf, daß mein Vater uns zwischen seinen Fahrten besuchte. Als sie die Schriftrollen für den Vertrag vorbereiteten, kamen wir hierher zurück. Der Vertrag wurde zwischen den verschiedenen kanadischen Indianerstämmen und der Königin von England abgeschlossen. Der Vater meiner Mutter war der alte Iron Pipe (Eisenpfeife), und er kam mit ein paar Leuten herunter, um uns nach Hause zurückzuholen. Er versicherte meinem Vater, daß er irgendwie versuchen würde, uns wieder nach Fort Benton hinunterzuschicken.

Wir brauchten eine Weile, um nach Hause zu gelangen, und es gab eine Reihe von Aufschüben, bis der Vertrag schließlich unterzeichnet wurde. Als es soweit war, konnte mein Vater niemanden finden, der uns zurück nach Fort Benton begleitet hätte. Wegen der vielen Kriegsstreifzüge war es sehr gefährlich, allein unterwegs zu sein. Deshalb sah meine Mutter meinen echten Vater nie wieder. Sie heiratete Flying Chief (Fliegender Häuptling), der besser bekannt war unter dem Namen Joe Healy. Er zog mich wie seine eigene Tochter auf.

Die älteste meiner Großmütter, Mrs. Rosie Davis, erinnert sich an ihr bewegtes, inzwischen hundertjähriges Leben.

Joe Healy wurde Vollwaise, als er noch ein kleiner Junge war. Seine Eltern zelteten in einem Tipi außerhalb von Fort Whoop-Up in der Nähe der heutigen Stadt Lethbridge, Alberta. In der Nacht kamen feindliche Leute von der Westseite der Rocky Mountains und schossen in das Tipi. Sie töteten Joes Eltern und seine beiden Schwestern und verwundeten ihn am Schenkel. Die Händler kamen herbei und fanden ihn und begruben den Rest seiner Familie. Einer der Händler hieß Healy, und er adoptierte den verletzten Jungen. Er ließ ihn von einigen Nonnen gesund pflegen und schickte ihn später in Fort Shaw, Montana, zur Schule. Joe war einer der ersten Blood, der eine Schulausbildung erhielt. Er lenrte Englisch und wurde später Kundschafter und Dolmetscher bei der berittenen Polizei des Nordwestens.

Ich erinnere mich noch gut an den Vorfall, den wir den Aufruhr-Sonnentanz nennen. Es geschah um 1890, ungefähr zur selben Zeit, als der alte Heavy Head als einer der letzten den Martertanz durchmachte. Ich saß in der Nähe meines Großvaters, Iron Pipe, in der heiligen Medizinhütte. Er war einer der Medizinmänner, und die Leute pflegten zu ihm zu kommen und gestopfte Pfeifen sowie Kleider zu bringen, damit er diese segnete. Er betete für sie und malte ihre Gesichter an. Zu der Zeit war er schon ziemlich alt und schwach.

Die Schwierigkeiten begannen, als die berittene Polizei in die Medizinhütte eindrang, um einige junge Männer festzunehmen, weil sie auf einem Kriegszug Skalpe genommen und Pferde gestohlen hatten. Zu der Zeit war dies aufgrund des Vertrages verboten, und die berittene Polizei hatte damit gedroht, diejenigen festzunehmen, die das Gesetz übertraten. Natürlich rechnete niemand damit, daß sie in die heilige Hütte eindringen und versuchen würden, Leute festzunehmen, während diese beteten und zelebrierten, aber genau das war der Fall. Alle Leute bekamen Angst, weil es ganz so aussah, als ob es in der Medizinhütte zu einer Schießerei kommen würde. Die Krieger erzählten ihre Kriegsgeschichten, und alle trugen Gewehre. Es gab ein Durcheinander, als alle sich gleichzeitig darum bemühten, die Hütte zu verlassen. Ich ging zu meinem Großvater und führte ihn aus der Hütte und zu seinem Tipi. Nach diesem Ereignis machten sich viele Leute auf den Heimweg, und der Sonnentanz wurde abgeblasen, obwohl es keinen weiteren Ärger mehr gab und die gesuchten Männer entfliehen konnten.«

Rosie Davis wurde wie meine eigene Großmutter in der Schule ein »Miss Wells' Mädchen«. Infolgedessen spricht sie ebenfalls mit einem leichten britischen Akzent und trägt gern Broschen. Sie war außerdem als energische Hausfrau und Partnerin in einer progressiven und erfolgreichen Rancherfamilie bekannt. Den größten Teil ihres Lebens verbrachte sie als Frau von Charlie Davis, der auch das Kind einer Blood-Mutter und eines weißen Vaters war. In der Tat war sein Vater der erste Regierungsvertreter für die Nordwest-Territorien, und sein

Onkel war lange Zeit Bürgermeister von Fort Macleod, einer Stadt in der Nähe des Blood-Reservats.

Obwohl die gemischte Abstammung des Paars sowie Rosies Erziehung wahrscheinlich zu ihrer fortschrittlichen Lebensweise beitrugen, waren die beiden auch bekannt dafür, daß sie einige sehr alte Blood-Traditionen pflegten. Mehrere Jahre lang waren sie die Hüter der Medizinpfeife Langzeit, dem ältesten und geachtetsten heiligen Bündel der Blood. Charlie trug sein Haar immer lang und in Flechten, und Rosie war bekannt für ihre ausgezeichnete Handarbeit. In der Tat fertigte sie Perlenstickereien an, bis sie fast hundert war, dann zwang sie ihr versagendes Augenlicht, ihre Tätigkeit aufzugeben.

Rosie Davis war auch eine eifrige Leserin, ein überraschender Zeitvertreib für eine Frau, die noch in der alten Zeit der Büffeljagd geboren ist. Man konnte sie sich schwer in den Tipi-Lagern jener Zeit vorstellen, während man in ihrem modernen Heim saß, Tee trank und Kekse aß und zuhörte, was sie zu einem modernen Buch wie *Begrabt mein Herz an der Biegung des Flusses* zu sagen hatte.

Rosie akzeptierte die Heraufkunft des modernen Lebens als unvermeidlich, aber sie mochte es nicht. Sie war traurig, als sie beobachten mußte, wie Zäune und Landbegrenzungen die offene Prärie zurückdrängten und zahme Herden den Platz der Wildtiere einnahmen. Sie zögerte nicht zu sagen, daß das alte Leben viel gesünder gewesen sei. Aber sie war besonders betroffen über die neuen Weisen, in denen die Kinder aufgezogen wurden – sie verbrachten ihrer Meinung nach zuviel Zeit im Haus und waren ohne Disziplin oder elterliche Führung und Verständnis. Sie sagte:

»Oh, wir waren glücklich, als ich ein Kind war. Wir pflegten den ganzen Tag lang im Freien zu spielen. Wenn das Wetter gut war, ritten wir aus oder fertigten uns Spielzeugtipis an und imitierten unsere Mütter. Zu jener Zeit gab es eine Menge Füchse, Kojoten und Wölfe im Land, und manchmal jagten wir sie. Im Winter rodelten wir auf steifen Fellen die Hügel hinunter oder spielten auf dem Eis – mit Peitschen trieben wir Kreisel an, ließen geschnitzte Stöcke, die unter der Bezeichnung Schneeschlangen bekannt waren, gleiten oder schlugen wie beim Hockey mit Stöcken runde Steine.

Nein, ich glaube nicht, daß es sehr schön ist, so alt zu sein. Bis vor kurzem war es ganz in Ordnung, so viele Enkel, Urenkel und Ururenkel sehen zu können. Ich habe das Gefühl, daß alle jungen Leute meine Enkel sind. Aber jetzt bin ich fast blind, und ich habe fast vollständig meinen Geschmackssinn und meinen Appetit verloren. Mir liegt nichts mehr daran zu essen, es sei denn, es ist etwas ganz Süßes, das ich schmecken kann. Das Leben ist sehr gut zu mir gewesen, aber ich möchte es nicht als hilflose und schwache Frau beenden.«

Traditionelle Formen der Ehe bei den Blackfoot-Indianern

In der alten Zeit der Büffeljagd und des Lebens mit der Natur heirateten meine Großmütter oft, wenn sie noch kleine Mädchen waren, während meine Großväter häufig mit dem Heiraten warteten, bis sie ihre Liebe zum ständigen Kampf und Abenteuer überwunden hatten, was gewöhnlich nicht vor ihrem dreißigsten Lebensjahr der Fall war. Es war nicht ungewöhnlich, daß Männer in den Zwanzigern alleinstehend waren und im Wigwam ihrer Eltern lebten, und es war üblich, daß ein stolzer Mann von sechzig oder siebzig Jahren sechs oder sieben Frauen hatte, darunter solche, die jung genug waren, um seine Enkeltöchter sein zu können.

Die Sache mit den mehreren Ehefrauen und jungen Bräuten muß man ebenfalls vom Gesichtspunkt der natürlichen Lebensweise meiner Vorfahren aus sehen, um sie verstehen und würdigen zu können. Für weitere Beispiele solcher Beziehungen zwischen Männern und Frauen brauchen wir nur einen Blick auf wilde Tiere wie Büffel und Hirsche zu werfen, in deren Nähe meine Vorfahren lebten. Die großen alten Bullen sind diejenigen, die Harems von Frauen um sich haben, während die jungen Bullen zusammen herumhängen und nur gelegentlich mal einer eine übriggebliebene Kuh findet, die er zur Frau nehmen könnte.

Wenn wir der Philosophie des »Überlebens des Tüchtigsten« auch nur irgendwelchen Wert beilegen, so ist ein Ergebnis dieser alten Beziehungen, daß die älteren Männer unter meinen Leuten in der Vergangenheit diejenigen waren, die die vielen Gefahren des Krieges und des Lebens in der Wildnis überlebt hatten, und daß ihre Nachkommen sie mit einiger Wahrscheinlichkeit ebenfalls überleben würden. Wegen der ständigen Kriege, die geführt wurden, war die Sterblichkeitsquote unter den jungen Männern ziemlich hoch, und deshalb gab es bei meinem Volk mehr Frauen als Männer. Das war wahrscheinlich der Hauptgrund dafür, daß Männer mehrere Frauen hatten.

Doch ebenso wie wilde Bullen eifersüchtig ihren Harem beschützen und Eindringlinge abwehren, so wachten meine Großväter über ihre Frauen. Die Stammessitten erlaubten ihnen, Eindringlinge zu töten oder zumindest schwere Vergeltung von ihnen zu fordern, aber dennoch ließ sich die Stimme der Natur nicht immer überhören. Viele junge Frauen von alten Männern in großen Haushalten litten unter Einsamkeit und hatten den Wunsch, geliebt zu werden. Viele junge Männer riskierten ihr Leben, um gegenseitige Befriedigung zu finden, wenn sie sich mit so einem einsamen Mädchen auf einem der Pfade zu den Wasser- oder Feuerholzsammelstellen treffen konnten. Einige alte Männer sanktionierten diese Beziehungen sogar, solange sie mit Diskretion gepflegt wurden und ihnen keine öffentliche Schande brachten. Gelegentlich gab ein älterer Ehemann eine seiner jüngeren Frauen frei, wenn er wußte, daß sie rettungslos in einen guten jungen Mann verliebt war. Doch häufiger pflegten solche Romanzen in Frustration und Trostlosigkeit zu enden, und Selbstmord war bei jungen, unglücklich verliebten Frauen nichts Seltenes.

Die Wahrheitsprüfung des Stammes in bezug auf die Tugendhaftigkeit der Frauen war die große Sonnentanzzeremonie, da nur die Frauen, die ihren Männern treu gewesen waren, die heiligen Eide leisten durften. Es war nicht ungewöhnlich, daß

Ein junger Blood namens Black Plume (Schwarze Feder) mit seinen beiden Frauen. Einer ihrer Söhne war als alter Mann ein Nachbar meiner Familie. Er sagte, daß sein Vater und seine Mütter gut miteinander ausgekommen seien. Einige angesehene und ehrgeizige Männer unter meinen Vorfahren hatten bis zu zehn Frauen. (Photo: Glenbow-Alberta Institute)

ein Mann seine Frau aufforderte, einen Sonnentanz zu zelebrieren, wenn er ihre Treue anzweifelte. Sämtliche Mitglieder des Stammes waren in dem Wissen erzogen worden, daß Lügen unter solchen heiligen Umständen den Tod für den Lügner und Leiden für seine Angehörigen bedeutete. Damit soll nicht behauptet werden, daß der Sonnentanz in erster Linie eine solche Wahrheitsprüfung für die heilige Frau war, da die meisten dieser Frauen ein über alle Zweifel erhabenes tugendhaftes Leben führten. Aber es gibt Geschichten von Frauen, deren Tugendhaftigkeit öffentlich geprüft worden war und deren kurz darauf erfolgter Tod von allen Leuten als endgültiger Beweis ihrer Untreue betrachtet wurde.

Viele Eltern gaben ihre Töchter gern fort in eine Ehe, solange sie noch jung und unschuldig waren. Man nahm an, daß es besser für sie sei, wenn sie im Haushalt ihres Mannes aufwuchsen, vor allem wenn es dort bereits andere Frauen gab, die ihnen die Gepflogenheiten ihres Haushalts beibringen konnten. Wenn ein Mann seine Frauen gut behandelte und sie jüngere Schwestern hatten, sagten die Eltern oft: »Er hat sich als guter Schwiegersohn erwiesen, du wirst mit ihm nicht schlecht fahren.« Eltern, die arm oder krank waren, gaben ihre Töchter oft in zartem Alter fort, wenn es ihnen schwerfiel, sie zu ernähren. Während die meisten Frauen nicht heirateten, bevor sie vierzehn oder sechzehn waren, und einige auch überhaupt nicht heirateten, begannen in der alten Zeit eine ganze Reihe von Frauen ihr Eheleben als Kindbräute. Eine von ihnen ist eine sehr freundliche alte Dame, die heute in den Achtzigern und ganz zufrieden mit ihrem Leben ist. Sie ist eine von denen, die junge Frauen meines Alters immer »meine Enkeltochter« nennen, und ich hege große Bewunderung für ihre Weisheit und Erfahrung.

Mrs. Annie Wadsworth ist unter ihren Leuten besser bekannt unter dem Namen Brown Woman (Braune Frau). Ihr Vater hieß Moon Calf (Mondkalb), und ihre Mutter Forward Stealing Woman (Voranschleichende Frau). Sie hatte zwei wohlbekannte Brüder namens Ernest Brave Rock (Tapferer Felsen) und Fred Tailfeathers (Schwanzfedern). Als sie sieben Jahre alt war, gaben ihre Eltern sie dem achtzehnjährigen Willie Wadsworth zur Ehe, der gerade seinen Schulabschluß am Internat des Reservats gemacht hatte. Sie sagt, er habe sie während ihres langen gemeinsamen Lebens sehr gut behandelt, und sie ist stolz auf ihre Leistungen in der Landwirtschaft und auf so traditionelle Rollen wie das Hüten einer Medizinpfeife. Sie hatten miteinander zwölf Kinder.

Die Geschichte von Brown Woman, die mit sieben Jahren heiratete

Ja, ich lief noch mit den Mädchen. Ich war noch klein und ungezogen. Mein Vater sagte eines Tages zu mir: »Du wirst heiraten. Da ist ein Junge, der gerade die Schule hinter sich hat. Er ist ein sanfter Junge, deshalb wird er freundlich zu dir sein.«

Ich war sehr stolz darauf, daß ich heiraten würde. Eigentlich hätte ich zuerst zur Schule gehen sollen, aber ich gehorchte meinem Vater und heiratete, damit jemand für mich sorgte. Mein Vater begann damals krank zu werden.

Meine Mutter nähte Mokassins für mich, in denen ich heiraten sollte. Als der Winter kam, zu Weihnachten, holten sie mein Pferd und befestigten daran einen Travois. Ich hatte mein Bettzeug, und ich hatte zwei Satteltaschen: die eine war mit Mokassins gefüllt und die andere mit Dörrfleisch. Sogenannte Kissen (Rückenstützen) wurden ebenfalls aufgeladen, und obendrauf wurden ein paar Decken gepackt. Ich ritt auf einem Pferd, und es waren noch zwei weitere Pferde da, die mit vielen Decken bepackt waren; es waren alles Geschenke von meinen Leuten. Ich erinnere mich nicht mehr an alles, weil ich damals noch klein war. Ich weiß nicht, wie viele Pferde später noch nachgeschickt wurden; mein Mann tauschte einige von ihnen gegen Kühe ein.

Ich trug ein Wildlederkleid. Meine Gamaschen waren mit Perlen bestickt, und ich trug eine besonders schöne Decke, die vorn von einer Sicherheitsnadel zusammengehalten wurde. Mein Umschlagtuch war aus bunter Wolle. Wir kamen zu dem alten Platz, wo wir unsere Rationen abzuholen pflegten. Dort lebte ein Dolmetscher. Er hieß Young Scabby Bull (Junger Räudiger Bulle) und war ein schwarzweißer Mann (der Neger Dave Mills). Meine Mutter trug mir auf, für eine Weile dort hineinzugehen, so daß sie gehen und unsere Rationen abholen konnte. Dies war der Zuteilungstag.

Ich saß also da und wartete. Dann kam eine Frau herein, küßte mich und sagte, daß wir jetzt aufbrechen würden. Ich hoffte, meine Mutter noch zu sehen, aber an dem Tag sah ich sie nicht mehr. Die Frau nahm mich mit hinaus und setzte mich auf das Pferd mit dem Travois. Also zogen wir wieder los. Die Frau führte die beiden anderen Pferde. Sie war ebenfalls zu Pferd.

Wir kamen zu einem Haus. Es war das Haus meines verstorbenen Bruders, Bull Shields (Bullenschilde). Dort lebte ein Mann namens Bull Head (Bullenkopf). Er hatte zwei Frauen. Die eine hieß Shaggy (Zottel). Sie kamen beide herausgesprungen und hoben mich vom Pferd. Ich muß komisch ausgesehen haben. Eine Frau namens Annie begann bei meinem Anblick zu lachen. Sie war John Cottons Frau. Ich muß wirklich komisch ausgesehen haben. Es war Winter, und ich trug mein Wildlederkleid und nur ein knappes, elegantes Umschlagtuch.

Sie gaben uns zu essen, und dann machten wir uns wieder auf den Weg. Schließlich konnte ich meine Heimat nicht mehr sehen, die jenseits des Hauses lag, in dem die Rationen ausgegeben wurden. Wir kamen zu einem Ort, der Willows-in-the-Water (Weiden-im-Wasser) heißt. Als wir auf eine Lichtung gelangten, erblickten wir ein Haus mit einem Grasdach. Wir gingen hinein, und sie nahmen meine Sachen. Auf einer Seite des Raums befand sich ein Holzbett, ein Bett aus alten Tagen mit kunstvollen Schnitzereien. Es war das Bett desjenigen, den ich heiraten sollte!

Alle meine Decken wurden hereingebracht. Der Junge hatte eine Schwester. Ich fragte sie: »Hast du Spielsachen?« Sie holte einen kleinen Sack aus ungegerbtem Leder herbei, der ihre Spielsachen enthielt. Sie sortierte sie und schenkte mir einige davon. Dann gab sie mir den Ledersack, damit ich meine Spielsachen hineintun konnte.

Nachdem ich drei Tage lang dort war, kam ich mir sehr einsam vor. Es steckte ein Kloß in meinem Hals. Ich dachte nicht an meine Mutter. Ich dachte an meinen Vater, denn ihn liebte ich am meisten. Jemand fragte mich: »Was ist denn mit dir los?« Ich sagte ihr: »Meine Halsketten sitzen zu fest, deshalb muß ich weinen.« Also band sie die Ketten lockerer. Sie wußte, daß ich mich einsam fühlte und mich nach meinen Eltern sehnte. Sie sagte: »Ihr beide werdet hinuntergehen und deine Mutter besuchen.« Ich war begierig darauf zu gehen, und so gingen wir.

Als wir den Kamm des Hügels erreichten, erblickte ich unten im Tal mein Elternhaus. Ich war sehr glücklich. Ich vergaß ganz, meine Mutter zu begrüßen. Ich sprang auf meinen Vater zu und umarmte ihn. Ich war so glücklich, ihn zu sehen. Wir schliefen dort, und am Morgen brachen wir wieder nach Westen auf.

Nach zwei Jahren ging die Mutter desjenigen, den ich geheiratet hatte, nach Westen ... Ihr Schwiegersohn war Crop-Eared Wolf (Stutzohr Wolf), der oberste Häuptling, und dorthin ging sie. Dann mußte ich mich beweisen. Ich fing gleich darauf mit Kochen an. Ich war neun Jahre alt, als sie nach Westen ging, und die andere Mutter meines Mannes – die Schwester seiner echten Mutter –, sie war sehr gemein zu mir. Ich pflegte zwei große Eimer Wasser zu tragen. Und was habe ich jetzt für Hände nach all der Arbeit, die ich getan habe? Aus diesem Grund bin ich nicht gemein zu meinen Schwiegertöchtern, weil diese Frau sehr gemein zu mir war. Sie gab mir nie Brot. Bevor ich schlafen ging, pflegte ich etwas Brot zu stehlen, und ich nahm es dann mit ins Bett und aß es. Mein Mann wurde wütend auf mich wegen der Brotkrumen, die immer im ganzen Bett verstreut waren.

Die heiligen Frauen

Alle meine traditionellen Großmütter beteten viel und glaubten an ihre Religion. Für mich waren sie alle heilige Frauen, die ein heiliges Leben führten. Doch es gab unter ihnen besondere, die vom übrigen Stamm als heilige Frauen verehrt wurden. Sie waren die Schirmherrinnen der Sonnentanz- oder Medizinhütten-Zeremonien. Dies ist das höchste religiöse Ereignis bei meinen Leuten, und es wird immer von einer edlen Frau geleitet, die ihrem Mann treu war und sich auch auf andere Weise im Leben ausgezeichnet hat. Diese Tatsache an sich hat seit langem dazu beigetragen, daß Frauen in unserem Stamm besonderes Ansehen genießen.

Die Legende über die Medizinhütten-Zeremonie ist von unseren Ururahnen her überliefert worden. Selbst heute kennen die meisten unserer Leute zumindest einige Teile davon. Ich habe lange Versionen der Legende von verschiedenen älteren Leuten gehört. Diese Legende läßt sich vielleicht mit der Weihnachtsgeschichte bei den Christen vergleichen. Sie erzählt unserem Volk, daß Sonne der Hauptvertreter des Schöpfers ist. Sie erzählt auch, wie einige unserer Ururahnen zu Sonne hinaufgeholt wurden und Segnungen für unser Volk mit zurückbrachten. Ein Großteil unserer Religion kreist um die wunderbaren Geschichten und Zeremonien, die von Sonne zurückgebracht wurden. Jede heilige Frau, die einen Sonnentanz geleitet hat, hat einen der legendären Boten von Sonne repräsentiert. Infolgedessen sind die heiligen Frauen auch als Sonnenfrauen bekannt, und die heiligen Hütten, die sie bauen, sind auch als Sonnenhütten bekannt. In der Mitte des Sommers, wenn Sonne unserem Land am nächsten steht, versammeln sich alle Leute, um mitzuhelfen, diese Hütten zu errichten. Früher war dies die einzige Zeit im Jahr, wo alle Gruppen des Stammes sich an einem Platz versammelten. Jeder konnte in die Sonnenhütte gehen und vor die heilige Frau treten, um einige von den Segnungen zu erhalten, mit welchen Sonne jene Frau herabgeschickt hatte, die von jeder heiligen Frau repräsentiert wird.

Es gibt noch einige heilige Frauen unter den Abteilungen der Blackfoot-Konföderation, obwohl die Medizinhütten-Zeremonie jetzt nicht mehr jedes Jahr abgehalten wird. Bei den Blood ist ein Zeitraum von zehn Jahren ohne Sonnenhütte vergangen und bei den North Piegan ein Zeitraum von über zwanzig Jahren. Doch Hand in Hand mit der kulturellen und spirituellen Wiedererweckung in den letzten Jahren sind mehrere Medizinhütten errichtet worden, so daß die jüngeren Generationen sich wieder auf dieses mächtige spirituelle Drama freuen können.

Zwei der ältesten heiligen Frauen der letzten Jahre gehören

zu meinen Großmüttern, und ich betrachte meine Beziehung zu ihnen als Segen für mein ganzes Leben. Außerdem haben mehrere meiner Ururgroßmütter ebenfalls Sonnenhütten errichtet, doch ich denke, daß alle jungen Leute in unseren Stämmen solche Großmütter haben, wenn sie es nur wüßten. Solches Wissen hilft uns, stolz auf unsere Vorfahren zu sein.

Eine der beiden alten heiligen Frauen, die ich persönlich kennengelernt habe, war *SeseenAki* oder Mrs. Many-Guns (Viele Gewehre) von den North Piegan. Sie war etwa hundert Jahre alt, als sie vor kurzem starb. Viele Jahre lang war sie blind und nicht mehr in der Lage gewesen, Sonnentänze zu leiten. Aber sie kam immer zu den Zeremonien und gab ihnen durch Gebete, Lieder und ihr Wissen ihren Segen. Es war sehr bewegend, sie für alle beten und sagen zu hören, daß alle ihre Verwandten seien. Wie viele ältere Leute glaubte sie sehr stark an die Liebe zur ganzen Menschheit.

Viele Jahre lang war die alte *SeseenAki* die einzige heilige Frau bei den North Piegan. Doch im Jahre vor ihrem Tod half sie, Josephine Crow Shoe (Krähenschuh) in diese heilige Pflicht zu initiieren, so daß jetzt eine jüngere Frau ihren Platz einnehmen kann. Seit über zwanzig Jahren sind Josephine und ihr Mann, Joe Crow Shoe, außerdem Hüter eines Medizinpfeifenbündels.

Die heilige Frau, die ich am besten kennengelernt habe, ist Mrs. Rides-at-the-Door, deren indianischer Name Verschiedene-Dinge-stehlende-Frau ist. Ihr Name ist ein gutes Beispiel für ungewöhnliche Blackfoot-Sitten, denn ich bin ziemlich sicher, daß diese Frau in ihrem ganzen Leben nie etwas gestohlen hat. Keiner unter den Blood bezweifelt ihren lauteren Lebenswandel. Sie hat den Namen von einem Verwandten erhalten, als sie noch ein Baby war. Der Verwandte war ein alter Krieger, der stolz darauf war, auf Kriegszügen viele verschiedene Dinge gestohlen zu haben, und der das kleine Mädchen mit dem Glück, das er in seinem Leben gehabt hatte, segnen wollte.

Vor einigen Jahren teilte Mrs. Rides-at-the-Door während einer Medizinhütten-Zeremonie bei unseren Blackfoot-Verwandten in Montana mit uns unser Tipi. Sie assistierte der blinden Mrs. Many-Guns, die gebeten worden war, eine junge Frau, welche die Schirmherrschaft über die Zeremonie übernommen hatte, zu initiieren. Sie sagte, daß es für eine alte Frau wie sie sehr schwer sei, die vier Tage zeremonieller Arbeit und Fasten durchzustehen, die der Errichtung der Medizinhütte vorausgehen, aber während sie dabei war, beklagte sie sich kaum. Der größte Teil der heiligen Arbeit, die während dieser vier Tage durchgeführt wird, ist privat, aber gegen Ende zu wird das Tipi der heiligen Frau geöffnet, so daß die Leute hineinblicken und zuschauen können, wie der heilige *Natoas*-Kopfschmuck auf ihrem Kopf befestigt wird. Mrs. Rides-at-the-Door ließ mir damals eine besondere Segnung zuteil werden, indem sie mich zu sich rief und eine kurze Zeremonie abhielt, bei der ich initiiert wurde, eine heilige Halskette zu tragen, wie sie von heiligen Frauen und ihren Männern getragen wird. Sie ist mit Perlen, einer Muschel und einer Haarlocke versehen, die alle eine symbolische Bedeutung haben. Während die alte heilige Frau mein Gesicht bemalte, ein Lied sang und mir die Halskette umband, dachte ich daran, seit wie langer Zeit meine Vorfahren diese Bedeutungen und Segnungen durch die gleiche zeremonielle Initiation weitergegeben haben.

Wie ich zur heiligen Frau wurde – Mrs. Rides-at-the-Door erzählt

Yellow-Buffalo-Stone Woman (Gelber-Büffelstein-Frau) war die erste, die mich in den *Okan* oder die Medizinhütten-Zeremonie initiierte. Das war vor ungefähr vierzig Jahren, als ich noch Kinder bekam. Ich legte mein erstes Gelübde für meine Tochter ab, die im Krankenhaus lag und fast gestorben wäre. Ich war bei ihr, und die Schwestern sagten, daß sie tot sei. Sie begannen sie zuzudecken, aber meine alte Mutter und ich ließen das nicht zu. Statt dessen fingen wir an, sie auf unsere indianische Weise zu behandeln, und wir erweckten sie wieder zum

Leben. Die Schwestern waren katholische Nonnen, und sie standen einfach da und sahen zu. Ich glaube, wenn eine von ihnen meine Tochter auf diese Weise wieder zum Leben erweckt hätte, hätten sie in der Zeitung darüber berichtet.

Meine Mutter hat ebenfalls die Schirmherrschaft über Sonnentänze übernommen. Ich wuchs mit dieser Art von Leben auf, weil sie mich nahe bei sich hielt. Das erste Mal, als ich den Eid für den Sonnentanz leistete, sagte ich, daß ich vier Tage lang fasten würde. Das ist die alte Art. Bei späteren Sonnentänzen sagten sie mir, daß ich nur zwei Tage lang fasten müsse. Die Dinge haben sich geändert.

Sie ließen mich Tabak kauen. Yellow-Buffalo-Stone Woman besaß viel Kraft, um Sonnentänze zu zelebrieren, und sie war berühmt für ihr zeremonielles Wissen. Sie pflegte ein Stück Rollentabak abzubrechen und mir in den Mund zu stecken und mir dabei zu sagen, daß ich darauf kauen sollte, um nicht hungrig und durstig zu werden. Sie gab mir ein Taschentuch und sagte mir, ich solle den Tabak darauf spucken. Sie warnte mich davor, meinen Speichel hinunterzuschlucken.

Ich war noch sehr jung, als ich zuerst mit diesen heiligen Angelegenheiten anfing, und jetzt bin ich eine alte Frau. Es ist ein sehr anstregendes Leben gewesen, vor allem während der Medizinhütten-Zeremonien. Manchmal, wenn ich während der vier Tage des Rituals hinausgehen mußte, mußten meine Assistenten mich stützen, weil ich so schwach war. Ich bin meinen religiösen Pflichten immer ergeben gewesen, um meiner Familie und meinem Volk zu helfen. Alle jüngeren Leute sind für mich wie meine Kinder.

Dreimal habe ich eine Hütte für White-Shield Woman (Weißer-Schild-Frau) errichtet. Ich habe sie jedesmal initiiert, und sie trug meinen *Natoas*-Kopfschmuck aus dem heiligen Bündel, das über meinem Bett hängt. Zweimal war meine Schwester Mittlerin der heiligen Zeremonie, und zweimal war ich selbst Mittlerin, und einmal mit meinem Bruder als Partner. Das war, nachdem mein Mann gestorben war. Als er noch lebte, war er natürlich mein Partner bei den Sonnentänzen. Zweimal war ich zusammen mit Mrs. Many-Guns Mittlerin der Zeremonie, beide Male für Frauen der South Piegan in Montana. Ich war in den letzten zwei Jahren noch dreimal Mittlerin und werde es in Zukunft vielleicht wieder sein, wenn jemand das Gelübde ablegt.

Einige meiner Enkel sagen, daß sie den Geruch meines Fichtennadelräucherwerks nicht mögen. Sie sagen zu mir: »Warum hast du Fichtennadeln zwischen unsere Kleider gelegt. Sie riechen seltsam und heilig.« Ich nehme an, daß die anderen Kinder in der Schule sich lustig über sie machen, obwohl wir, als wir Kinder waren, stolz darauf waren, so zu riechen. In jener Zeit haben wir Fichtennadeln als Parfüm benutzt. Das sind die gleichen Fichtennadeln, aus denen wir Räucherwerk für Medizinpfeifenbündel herstellen. Wir machen auch ein Parfüm aus Blumen, das Gros-Ventre-Duft heißt, weil es die Lieblingsblumen der Gros-Ventre-Indianer sind. Wir zerdrückten diese Blumen und vermischten sie mit Fichtennadeln und Zunderholz von Pappeln, und daraus stellten wir ein wirklich wohlriechendes Parfüm her, das wir in kleinen Taschen aufbewahrten. Mein Mann parfümierte damit sein Kissen und die Decken, in denen er schlief.

Als er starb, habe ich eine Menge von diesem Parfüm in seinen Sarg und in die Decke, in die er eingehüllt wurde, getan. Wenn wir jetzt manchmal so zu Hause herumsitzen, steigt von irgendwoher aus dem Nichts dieser Durft auf. Ich sage dann immer zu meinen Enkelkindern: »Das muß er sein, der mich besuchen kommt.«

Einmal ging ich, um einen meiner Verwandten zu betrauern, der gestorben war. Meine Kinder brachten mich zum Haus des Verwandten, und einige andere Enkel brachten mich später wieder zurück. Auf dem Heimweg sagten die Mädchen: »Laßt uns unsere Großmutter ein bißchen parfümieren«, und sie begannen mich mit Parfüm aus dem Laden zu beträufeln. Ich dachte bei mir: »Was werden die zu Hause von mir denken? Ich bin fortgegangen, um zu trauern, und ich komme zurück und rieche so gut.«

Alle meine Kinder habe ich mit meiner eigenen Milch gesäugt. Jetzt sieh dir alle diese Kinder an, die nicht natürlich gesäugt worden sind – sie sind mit allen möglichen Arten von Milch aufgezogen worden, und sie gehorchen nicht und haben kein Mitleid mit anderen ... Wenn meine Kinder mir nicht gehorcht haben, habe ich sie gepackt und ihnen eine ordentliche Tracht Prügel verabreicht. Meine Enkelkinder habe ich ebenfalls geschlagen. Aber seit eins von ihnen bei einem Unfall fern von zu Hause gestorben ist, habe ich Mitleid mit den übrigen und schlage sie nicht mehr.

Ich bin in einem Tipi aufgewachsen und habe die meiste Zeit meines Lagerlebens ein Tipi benutzt. Als wir aufhörten, in einem Tipi zu zelten, haben wir ein Wandzelt benutzt, weil wir zu alt waren, um mit dem Aufstellen der Tipistangen zurechtzukommen. Mein Mann hat immer eine Menge Leute zu unserem Zelt eingeladen. Wenn er einen Besucher herumgehen sah, pflegte er zu mir zu sagen: »Da sind gerade Leute angekommen, du kochst besser für sie.« Jemand wurde geschickt, um sie einzuladen, und dann wurde ihnen Essen vorgesetzt. Ich bekam oft von verwandten Blackfeet aus Montana Besuch. Eine der Frauen meines Großvaters war von dort, und sie hatte eine Menge Verwandte. Allerdings sind die meisten von ihnen heute schon tot.

Mir passierte einmal, als mein Mann Gäste eingeladen hatte, etwas sehr Komisches. Ich eilte immer umher, um all meine Arbeit zu schaffen. Ich hatte einen großen Holzkasten, in dem ich all meine Eßwaren aufbewahrte, wenn wir zelteten. Diesmal holte ich ein großes Bündel mit Eiern heraus und legte es nieder. Dann erledigte ich irgendeine andere Arbeit und als ich mich wieder ans Kochen machte, hatte ich vergessen, daß ich die Eier herausgeholt hatte. Ich setzte mich darauf, und plötzlich fühlte ich etwas sehr Klebriges unter mir. Ich sprang auf, und alle meine Kinder begannen zu lachen. Sie sagten: »Mutter, dein Hinterteil ist ganz gelb von all den Eiern, auf die du dich gesetzt hast.« Ich mußte meine Kleider in aller Eile wechseln, während meine Kinder in einem fort lachten und kicherten.

Schließlich sagte ich ihnen, sie sollten aufhören zu lachen und mir dabei helfen, den Tisch für unsere Gäste zu decken.

Ich habe meine Essensvorräte immer gut vorbereitet, bevor wir zu den Sonnentanzlagern zogen. Ich kaufte eine Menge Lebensmittel, und ich schnitt eine Menge Fleisch in Stücke und ließ es dörren. Ich schnitt das Fleisch und etwas Fett klein, kochte dann beides zusammen und hing die Stücke schließlich zum Dörren auf. Dann streute ich wilde Minze über die gedörrten Fleischstücke und verstaute sie schichtweise in meinen Satteltaschen aus Rohleder. Das gab ihnen einen guten Geschmack und hielt das Ungeziefer fern. Zu jener Zeit bestellten mein Mann und ich einen Garten, und wir pflanzten Frühkartoffeln an. Zur Zeit des Sonnentanzes konnten wir eine Menge davon ernten. Die großen verkauften wir einem weißen Mann, der in der Nähe wohnte. Er gab uns fünf Dollar für einen Sack. Die kleineren nahmen wir alle mit zum Sonnentanz.

Mein Mann und ich haben alle unsere gemeinsamen Jahre nach unserer indianischen Religion gelebt, und ich lebe heute noch danach. Wir haben viele Zeremonien mitgemacht. Wir haben ein Medizinpfeifenbündel bekommen, das wir viele Jahre lang bewahrt haben. Es gehörte ursprünglich zur Blackfoot-Abteilung, deshalb nannten wir Blood es die Blackfoot-Medizinpfeife. Es war ein schweres Bündel, weil es viele heilige Gegenstände enthielt, einschließlich zweier heiliger Pfeifen. Wir übertrugen das Bündel auf Mike Eagle Speaker (Adlersprecher) und seine Frau, und sie gaben es Steve Oka. Als dessen Frau starb, verkaufte er es an ein Museum in Calgary, und dort befindet es sich heute noch.

Die Besitzer dieser Bündel müssen besondere Halsketten tragen, und bei dieser Medizinpfeife befanden sich keine Halsketten. Damals lebte mein Vater noch, und er suchte einen alten heiligen Mann und Medizinpfeifenführer namens Firemaker (Feuermacher) auf. Mein Vater sagte zu Firemaker und seiner Frau: »Ich beauftrage euch, das Bündel für meine Tochter und ihren Mann vollständig zu machen. Gebt ihnen neue Hals- und Armbänder, wie die Bündelbesitzer sie tragen sollen.« Man kann nicht einfach darangehen und solche Dinge herstellen, man muß dafür initiiert sein. Also fertigten sie die neuen Gegenstände mit Muscheln und Perlen für uns an, und mein Mann und ich wurden initiiert, sie zu tragen. Firemakers Frau sagte zu mir: »Da ihr diese Dinge getrennt von eurem Bündel erhalten habt, sollt ihr sie behalten, wenn ihr die Medizinpfeife weitergebt.« Und das taten wir auch, und ich trage mein Muschelhalsband jetzt noch jeden Tag. Es hilft mir dabei, alt zu werden.

Ich will ein Beispiel anführen, wieviel man opfern muß, wenn man unserer indianischen Religion folgen will. Das Medizinpfeifenbündel wurde uns in einem Haus übertragen. Es geschah im Winter. Als die Übertragungszeremonie vorüber war und die früheren Besitzer die vielen Pferde und Decken als Bezahlung erhalten hatten, sagte mein Vater zu Firemaker: »Bitte initiiere meine Tochter, das Bündel auf dem Rücken zu tragen. Es könnte für sie irgendwann in der Zukunft vielleicht wichtig werden.« Wir konnten nichts mit dem Bündel tun, bevor wir nicht dazu initiiert waren. Firemaker führte die entsprechende Zeremonie durch, und sie schnürten mir das schwere Bündel mit Riemen über die Schultern. Mein Vater brachte ein gutes Gespann Pferde zu Firemakers Tür, um ihn für diese besondere Initiation zu bezahlen.

Ich habe seit vielen Jahren ein Biberbündel. Es ist unter unserem Volk das größte Medizinbündel von allen. Die Zeremonie für seine Eröffnung ist sehr lang, und es wurden dabei mehrere hundert Lieder gesungen. Die Männer und die Frauen kommen alle zusammen, um diese Lieder zu singen und mit den verschiedenen Teilen des Bündels zu tanzen. Wir imitieren die darin enthaltenen Tierhäute. Diese Biberzeremonie war wirklich eine glückliche Zeit für uns, aber jetzt ist niemand mehr da, der die Zeremonie leiten kann. Ich nehme an, daß ich das letzte Biberbündel unter den Blood besitze.

Ich verabscheue diese Dinger-die-singen (Blackfoot-Ausdruck für Radios und Plattenspieler). Wenn sie abgestellt sind, kann ich sie noch in meinem Kopf weiterspielen hören. Manchmal, wenn ich in meinem Zimmer bete, habe ich ein Gefühl, als

Eine Frau der heiligen Motokiks-*Gesellschaft, die den besonderen Kopfschmuck mit Büffelhörnern und Federn trägt, der das Wahrzeichen ihrer Gesellschaft war. Sie hat eine Adlerknochen-Pfeife im Mund, die während der von der Gesellschaft durchgeführten heiligen Tänze geblasen wurde. Sie hieß* Makah *und war die Schwester meines Urgroßvaters Heavy Head. (Photo: Edward S. Curtis, Good Medicine Foundation)*

ob ich versuche, diese Dinger zu übertrumpfen. Meine Tochter steht gewöhnlich auf und stellt es ab und sagte den Kindern im Haus: »Wenn eure Großmutter betet, müßt ihr ihre Worte nicht mit eurer Musik übertönen.« Dann gehorchen sie, und ich kann mich selbst wieder hören.

Meine Tochter, die fast gestorben wäre – diejenige, für die ich meinen ersten Sonnentanz veranstaltet habe –, war auch ein Mitglied der Hörner-Gesellschaft. Das ist die Geheimgesellschaft der Blood für Männer, und sie ist eine der wenigen Frauen, die darin Vollmitglied geworden ist. Gewöhnlich schließen sich Frauen der Gesellschaft nur zusammen mit ihren Männern an, bis auf diejenigen von uns, die Sonnentänze veranstalten und überhaupt nicht in die Gesellschaft eintreten dürfen. Mein Mann war ohne mich Mitglied, und als unsere Tochter so krank war, gelobte er, daß auch sie der Gesellschaft beitreten würde. Sie übernahm das Mitgliedschaftsbündel von Crop-Eared Wolf, unserem alten Oberhäuptling. Ich fertigte für sie ein neues, mit Perlen besticktes Gewand aus Wildleder an, das sie bei den öffentlichen Tänzen der Gesellschaft tragen konnte. Man sah nicht einmal, daß sie kein Mann war. Sie war sowieso sehr schlank.

Außer meiner Tochter trat auch mein Sohn namens Sacred Child (Heiliges Kind) der Hörner-Gesellschaft bei, als er erst vierzehn war, was sehr jung ist. Wir hatten auch vier verschiedenen bemalte Zeltplanen in unserem Besitz. Es waren alles sehr alte Muster, die von altersher überliefert waren. Bevor mein Mann starb, gab er das Zelt mit dem Fischmuster einem unserer Enkel. Einem anderen Enkel gab er unser gelb bemaltes Zelt. Er sagte: »Ich werde sie meinen Enkeln geben, damit sie über kleinen Tipis angebracht werden können und die Kinder darin spielen können«, aber er starb, bevor dies getan werden konnte.

Die Geschichte von Catches-Two-Horses

Unsere Blackfoot-Verwandten in Montana hatten einen berühmten Oberhäuptling namens White Calf (Weißes Kalb), der 1903 bei Stammesgeschäften in Washington, D. C., starb. Er hinterließ acht Frauen und viele Kinder. Eine dieser Frauen war Catches-Two-Horses (Fängt zwei Pferde), die Mitte des neunzehnten Jahrhunderts geboren worden war. 1923 erzählte sie Walter McClintock die folgende Geschichte, die ich aus seinen Aufzeichnungen zitiere:

»Ich war sieben Jahre alt, als ich die Frau von White Calf wurde. Meine ältere Schwester war bereits seine Frau. Ich weiß mein Alter noch so genau, weil ich ein Jahr lang mit meinem Mann zusammengelebt hatte, bevor ich meine ersten Zähne verlor. Mir hat nie an einem anderen Mann gelegen, und ich hatte auch keinen heimlichen Liebhaber.

Mein Vater war Black-Snake Man (Schwarzschlangen-Mann). Er war vor vielen Jahren Oberhäuptling des Stammes gewesen. Ich erinnere mich daran, wie er unseren Leuten zuerst mitteilte, daß wir von der Regierung Nahrung erhalten würden. Zu der Zeit hatten wir ein Lager an der Stelle, wo der Yellowstone River in den Missouri fließt. Damals hungerten viele Indianer, weil die Büffel verschwunden waren.

Ich habe in meinem Leben drei Sonnentanz-Zeremonien abgehalten. Meinen ersten Sonnentanz habe ich wegen einer Schlacht mit den Assiniboine abgehalten. Ich legte ein Gelübde ab, damit Sonne einige von meinen Verwandten davor bewahrte, im Kampf verletzt zu werden. Meinen zweiten Sonnentanz habe ich abgehalten, um ein Gelübde meines Sohnes Cross Guns (Gekreuzte Gewehre) zu erfüllen. Er legte es in der Schlacht ab, als er von Feinden umgeben war. Cross Guns konnte entkommen und kehrte heim. Als ich ihn sah, lief ich ihm entgegen. Er küßte mich und sagte: ›Mutter, ich habe dir eine Menge Schwierigkeiten gemacht. In einem Kampf mit den Crow war ich von ihnen umringt und dachte, sie würden mich töten. Ich leistete Sonne ein Gelübde. Ich versprach, daß du eine Medizinhütte errichten würdest, wenn ich mit dem Leben davonkommen würde. Ich weiß, daß das Leiden für dich bedeutet – daß du hungern mußt und dünn und schwach wirst.‹ Aber ich war froh. Rasch legte ich mein Gelübde ab, und ich betete Tag und Nacht, bis ich die Zeremonie abhielt.

Ich war vierzehn Jahre alt, als ich etwas über Medizinpfeifen erfuhr. Eines Tages hatte White Calf Besucher in unserem Tipi. Ihm ging der Tabak aus, und er forderte mich auf, etwas Tabak von seinem Freund Four Bears (Vier Bären), dem berühmten Medizinmann, auszuleihen. Als ich zum Tipi von Four Bears kam, war es drinnen sehr überfüllt. Ich fragte mich, was dort los sei, hatte aber keine Ahnung, daß es sich um eine Medizinpfeifen-Zeremonie handelte. Ich stand im Eingang und bat Four Bears um den Tabak. Er sagte, er habe keinen. Ich wollte schon fortgehen, da rief Four Bears mich zurück. Er verließ seinen Platz an der Rückfront des Tipis und nahm etwas Tabak aus einem Bündel, das über dem Eingang hing. Es war ein Medizinpfeifenbündel. Er verbrannte Räucherwerk und hielt den Tabak darüber, dann sprach er ein Gebet. Er sagte zu mir: ›Hier ist etwas Tabak. Ich gebe ihn dir zusammen mit dem heiligen Bündel, das über dem Eingang hängt. Daraus kannst du Tabak nehmen, wann du willst.‹

Ich war stolz darauf, daß er mir ein so schönes Geschenk gemacht hatte. Ich eilte mit dem Tabak zu White Calf und überbrachte ihm die Botschaft. Er sah mich eigenartig an. (Denn die Übernahme der Medizinpfeife bedeutete sehr viel Unkosten und Verantwortung, aber er war dazu verpflichtet, sie zu nehmen, weil sie ihm auf eine solche Weise angeboten worden war.) Dann sagte er zu mir: ›Geh zurück zu Four Bears und sage ihm: White Calf hat in seiner Jugend einen Eid geschworen, daß er, wenn ihm irgend jemand eine Medizinpfeife anbieten würde, diese nehmen würde.‹

Ich berichtete Four Bears, was White Calf gesagt hatte, und er marschierte sofort mit einer Schar von Männern und mit dem Bündel singend, trommelnd und rasselnd zu unserem Tipi. Vier von ihnen legten einen Umhang um White Calf und trugen ihn zurück zum Tipi von Four Bears. Dort fand die Übertragungszeremonie für das Bündel statt.

Kurz nach dieser Zeremonie griffen fünf Gros-Ventre-Indianer unser Lager an und erbeuteten einige Pferde. White Calf verfolgte sie mit einer Gruppe von unseren Kriegern, und sie töteten alle von ihnen. Er nahm ihre Skalpe, und wir veranstalteten damit einen Skalptanz. Das war ein gutes Zeichen für uns.«

Legenden vom Sonnentanz

Ich habe nie eine genauere Beschreibung darüber gehört, wie die Medizinhütten-Zeremonie bei meinen Vorfahren ins Leben gerufen wurde. Es gibt eine alte Legende über einen Jungen namens Scarface (Narbengesicht), der die Anweisungen zum Bau der heiligen Hütte von Sonne erhalten haben soll. Scarface machte sich auf eine mystische Reise zu Sonne, damit eine häßliche Narbe auf seinem Gesicht von ihm genommen und das hübsche Mädchen, das er liebte, ihn heiraten würde. Sonne entfernte die Narbe, verlieh dem Jungen eine große Kraft und trug ihm auf, eine Nachahmung von Sonnes eigener Hütte bei seinem Volk zu errichten. Nach Meinung der Anthropologen sollen meine Vorfahren den Sonnentanz von Stämmen aus dem Süden übernommen haben, die ihn wiederum ursprünglich von den Azteken Mexikos erhalten hätten.

Verschiedene Legenden berichten über die Ursprünge von einzelnen Teilen der Sonnentanz-Zeremonie. Nachdem Scarface den Leuten beigebracht hatte, die heilige Hütte zu bauen, erhielt ein anderer junger Mann die Anweisung, daß sich alle tugendhaften Frauen bei dieser Hütte versammeln und gestehen sollten, wie oft sich ihnen in ihrem Leben andere Männer als ihre Ehemänner genähert hatten. Sie mußten über die Einzelheiten jeder dieser Begegnungen berichten, und wenn sie einmal einer Annäherung nachgegeben hatten, wurden sie disqualifiziert. Diejenigen, die die Prüfung bestanden, wurden darin unterwiesen, die hundert Büffelzungen schneiden zu helfen, die zum Sonnentanz-Sakrament des Stammes wurden. Jede dieser Frauen konnte daraufhin dazu ausersehen werden, das für die alljährliche Medizinhütten-Zeremonie nötige Gelübde abzulegen.

Wie es zum Kopfschmuck der heiligen Frau kam

Es heißt, daß diese frühen heiligen Frauen nur Kränze von Sadebaumzweigen auf dem Kopf getragen haben. Zu der Zeit war die Zeremonie noch ziemlich einfach, aber später wurde sie sehr komplex. Ein größerer Beitrag dazu war der *Natoas* oder Kopfschmuck der heiligen Frau, für den viele heilige Lieder gesungen werden. Hier soll erzählt werden, wie die Ursprungsgeschichte für diesen Kopfschmuck überliefert worden ist.

Es war einmal eine Hirschkuh, die ihren Mann verließ und mit einem anderen Bock davonlief. Ihr Mann wollte sie zurückgewinnen und wandte sich deshalb an verschiedene Tiere um Hilfe. Der Elch und der Rabe waren als einzige bereit, ihn zu unterstützen. Da sie sich im dichten Wald in der Nähe der Berge befanden, bot der Rabe an, zuerst einmal Ausschau zu halten. Er flog davon und kehrte erst nach vier Tagen mit neuen Nachrichten zurück. Er sagte, daß er das Ausreißerpaar gefunden und mit seiner eigenen Kraft dazu veranlaßt habe, in dem Gebiet zu bleiben, wo es sich gerade aufhielt.

Der Ehemann bekam Angst davor, seinen Rivalen herauszufordern, und fragte den Elch und den Raben, wie sie ihm helfen könnten. Der Elch sagte: »Mit meinem schweren Geweih habe ich die Kraft, sehr hart zuzustoßen.« Der Ehemann wurde dadurch ermutigt und sagte. »Mit meinem großen Geweih habe ich die Kraft, sehr fest zuzustechen.« Der Rabe sagte nur: »Keine Angst, gemeinsam können wir drei ihn schon überwältigen.« So machten sie sich auf den Weg zu dem Ort, wo das Paar gefunden worden war.

Als sie sich der Stelle näherten, bekam der Ehemann wieder Angst vor seinem Rivalen. Er sagte zu dem Elch: »Wie wird mir der Rabe helfen können, wenn ich in Schwierigkeiten gerate? Er hat nur seine Flügel, mit denen er fliegt.« Daraufhin begann der

Elch, sich ebenfalls Sorgen zu machen. Kurz darauf kam der Rabe herabgeflogen und berichtete ihnen: »Die, hinter denen wir her sind, halten sich da vorn bei einer großen Pappel auf.«

Der Hirsch schritt auf seine Frau und seinen Rivalen zu, der Elch folgte in kurzem Abstand, und der Rabe flog über ihnen. Alle drei sangen die Lieder ihrer Macht. Bei jedem Schritt, den der Elch machte, drückten sich seine Füße tiefer in den harten Boden ein. Das war ein Zeichen seiner Stärke. Als der Hirsch bei seiner Frau ankam, stieß er mehrmals auf die große Pappel ein und riß dabei jedesmal Splitter ab. Dann kam der Elch herbei, rammte den Baum mit seinem Geweih und hinterließ eine tiefe Kerbe. Im nächsten Augenblick rannte der Rivale des Hirsches gegen den großen Baum an und warf ihn krachend zu Boden. Jetzt bekamen es der Ehemann und sein Freund, der Elch, mit der Angst zu tun und beschlossen, sich mit dem anderen Hirschen anzufreunden. Nur der Rabe wollte die Herausforderung fortsetzen. Doch der Elch sagte zu dem Ehemann: »Dieser Hirsch hat zuviel Kraft für uns, deshalb sollten wir uns lieber mit ihm anfreunden. Wie kann uns dieser Rabe helfen, wo er doch nur seine Flügel hat, mit denen er fliegt?« Der Ehemann erwiderte: »Ja, du hast recht. Ich werde dem Hirsch mein Gewand und meinen Kopfschmuck schenken.« Darauf sagte der Elch: »Und ich werde ihm meine Hufe schenken.« Der Rabe zuckte enttäuscht mit den Achseln und fügte hinzu: »Na gut, dann werde ich ihm meine Schwanzfedern schenken. Wenn ihr einverstanden gewesen wärt, die Herausforderung fortzusetzen, hätte ich mich auf seinem Kopf niedergelassen und meinen großen Schnabel dazu benutzt, ihm die Augen auszuhacken. Ihr beide hättet ihn dann leicht überwältigen können, nachdem er von mir geblendet worden wäre.«

Als die andern beiden dies hörten, besannen sie sich eines Besseren und sagten: »Dann laßt uns ihn weiter herausfordern«, aber der Rabe meinte, es sei zu spät dafür, da sie bereits ihrer eigenen Feigheit nachgegeben hätten. Der andere Hirsch hatte ihre Unterhaltung mitgehört und bekam Angst vor dem Raben. Er entschloß sich, die Geschenke anzunehmen, solange er noch im Vorteil war. Also überreichten sie ihm ihre Geschenke, der Ehemann nahm seine Frau zurück, und der andere Hirsch ging seines Weges.

Es ist ein Geheimnis, wie dieser erste Hirsch zu seinem Kopfschmuck gekommen war, aber es war ein *Natoas*, wie ihn die heiligen Frauen beim Sonnentanz tragen. Er bestand aus einem Lederband, an dem große Federn befestigt waren, die die Kraft des Hirsches, mit seinem Geweih zuzustechen, repräsentierten. Aber da Hirschböcke bereits ein Geweih besitzen, war der Kopfschmuck ebenso wie das Gewand, das zusammen mit ihm überreicht wurde, für eine Hirschkuh gemacht.

Da der Hirsch, der die Geschenke erhalten hatte, keine Frau besaß, die diese Dinge tragen konnte, entschloß er sich, sie den Leuten zu geben, die in der Nähe ihr Lager aufgerichtet hatten. Er verwandelte sich in einen Mann und brachte die Gegenstände zu den Leuten. Dann unterwies er sie in der Zeremonie zu ihrer Benutzung und sagte ihnen, daß sie immer eine kleine Pappel aufstellen müßten, um die Herausforderung nachahmen zu können, die er bestanden hatte und auf die hin er die Geschenke erhalten hatte. Bis auf den heutigen Tag wird diese Herausforderung bei jeder Medizinhütten-Zeremonie nachgespielt.

Der Mann, der den ersten *Natoas* erhielt, war ein großer heiliger Mann, der auch das erste Biberbündel besaß. Er tat den heiligen Kopfschmuck zu seinem Bündel, und seine Frau durfte ihn jedesmal aufsetzen, wenn die Bündel-Zeremonie abgehalten wurde. Da er ein so weiser Mann war, führte er auch die Medizinhütten-Zeremonie an. Bei dieser Zeremonie trug seine Frau ebenfalls den *Natoas*. Als die heiligen Frauen, die das Gelübde für den Sonnentanz ablegten, von der Kraft erfuhren, die der Kopfschmuck der Frau des Biberbündelmannes besaß, baten sie darum, ihn bei jeder Sonnentanz-Zeremonie ausleihen und selbst aufsetzen zu dürfen. So kam es, daß diese Zeremonie vor langer Zeit auf die Sonnentanzfrauen übertragen wurde, die ihre eigenen Kränze aus Sadebaumzweigen durch diesen mit Kraft erfüllten und heiligen Kopfschmuck ersetzten.

In der alten Zeit waren es manchmal vier oder mehr Frauen, die im gleichen Jahr das Gelübde für den Sonnentanz ablegten, und sie alle machten die ganze Zeremonie gemeinsam durch. Da jede von ihnen ein *Natoas*-Bündel besaß, gab es vermutlich zehn oder zwölf davon auf einmal. Heute weiß ich nur von je einem solchen Bündel bei drei von unseren Unterabteilungen, während die vierte Unterabteilung sich eins ausleihen muß, wenn sie wieder einmal einen Sonnentanz durchführen möchte. Leider weiß ich auch von einem halben Dutzend solcher heiliger Bündel, die sich in Museen oder in den Händen von Privatsammlern befinden.

Die heiligen Zubehörteile für jeden *Natoas* stecken im Innern eines festen Zylinders aus ungegerbtem Leder, der rundherum mit gemalten Mustern versehen und an einem Rand mit Fransen besetzt ist. Nur zwei von den heiligen Zubehörteilen – ein besonderer Stock zum Rübengraben und ein Bündel Elchhufe – werden außerhalb dieser Tasche aufbewahrt, und zwar sind sie an die Fransen geknüpft. Der Rest der Zubehörteile befindet sich in Tücher eingewickelt im Innern der Ledertasche. Sie enthält gewöhnlich einen Beutel aus Dachsfell für den Kopfschmuck, Wiesel-, Eichhörnchen- und Zieselfelle für die Zeremonie, Beutel mit heiliger Farbe und Beutel mit Fett, um die Farben zu mischen, Lederrasseln und ein Stück Rohleder, um die Rasseln darauf zu schlagen, einen gegabelten Stock, um glühende Kohlen zum Altar zu befördern, und Beutel mit Räucherwerk zur Benutzung auf dem Altar, ein besonderes Gewand aus Elchfell, das die heilige Frau beim Sonnentanz zu tragen hat, sowie einen Dreifuß, um das ganze Bündel zu halten, wenn es im Freien hängt. Einige der kleineren Beutel innerhalb des Bündels enthalten außerdem Halsschmuck, Federn und andere Gegenstände, die während der langen Bündel-Zeremonie benutzt werden.

Im Museum der Plains-Indianer, einer Regierungseinrichtung in Browning, Montana, innerhalb des Reservats unserer Blackfoot-Verwandten, ist ein geöffnetes *Natoas*-Bündel ausgestellt. In einem Jahr fuhren wir mit Mrs. Rides-at-the-Door in jenes Reservat, wo sie mithalf, einen Sonnentanz zu veranstalten. Als wir sie in das Museum führten und ihr das geöffnete Bündel zeigten, war sie schockiert. Für sie repräsentierte jenes Bündel das heilige Leben, dem sie sich zum Wohl ihres Volkes gewidmet hat. Ihr eigener *Natoas* hängt immer geschlossen und mit einem Wollschal bedeckt über ihrem Bett. Sie weinte fast, als sie sagte: »Haben diese Museumsleute denn vor nichts Respekt?« Sie wußte nicht, daß der Kustos des Museums selbst ein Indianer war.

Wie der Morgenstern zum Medizinbündel beitrug

Eine der alten Legenden unseres Volkes handelt von einer jungen Frau, die den Morgenstern heiratete. Diese Frau lebte eine Zeitlang im Himmel mit Morning Star (Morgenstern), und als sie wieder zurück zur Erde kam, brachte sie eine heilige Rübe und einen besonderen Stock mit, wie ihn meine Großmütter dazu benutzt haben, wilde Rüben aus dem Boden zu graben. Sie erhielt die Anweisung, diese Gegenstände zum Bündel der heiligen Frau zu tun, und seither sind sie immer in der Sonnentanz-Zeremonie benutzt worden. Hier ist die Geschichte, wie es dazu kam:

Eines Nachts lagen zwei junge Schwestern außerhalb ihres Tipis und blickten hinauf zum Himmel. Eine von ihnen deutete auf Morning Star (den Nordstern oder Jupiter) und sagte: »Ich wünschte, ich könnte diesen wunderschönen hellen Stern zum Mann haben.«

Ein paar Tage später waren die gleichen beiden Schwestern im Freien, um Holz zu sammeln. Als die eine Schwester versuchte, ihr Bündel Holz nach Hause zu tragen, riß ihr das Tragband, und sie hatte Schwierigkeiten, es wieder zusammenzuknüpfen. Schließlich sagte die andere Schwester: »Ich werde mit meinem Bündel vorgehen, und du kannst nachkommen.« Die zurückbleibende Schwester war diejenige, die sich gewünscht hatte, den Stern zu heiraten. Sobald ihre Schwester verschwunden war, trat ein gutaussehender junger Mann aus dem Dickicht auf sie zu. Sie wollte davonlaufen, aber er verstellte ihr den Weg und sagte zu ihr: »Neulich nachts hast du dir gewünscht, einen hellen Stern am Himmel zu heiraten. Ich bin dieser Stern, ich heiße Morning Star.« Er hatte eine Adlerfeder im Haar, und er hielt eine weitere in der Hand, die er dem Mädchen ins Haar steckte. Sie wurde ohnmächtig, und als sie wieder zu sich kam, befand sie sich an einem seltsamen Ort, weit weg von zu Hause.

Morning Star stellte seine neue Frau seinen Eltern, Sonne und Mond, vor. Sie hießen sie willkommen, und die alte Frau, Mond, gab ihr einen Stock zum Graben und sagte: »Du kannst Spaziergänge machen und dabei Rüben graben. Niemand wird dich dabei stören, und du kannst tun, was du willst, nur eines nicht: Grab die große Rübe nicht aus, die weit weg von hier wächst. Das ist eine besondere, heilige Rübe, die nicht ausgezogen werden darf.«

Die junge Frau tat, wie ihr geheißen ward, alle behandelten sie sehr freundlich, und sie war in ihrem neuen Heim sehr glücklich. Sie hatte ihre Angehörigen und den Ort, von dem sie gekommen war, völlig vergessen. Sie bekam sogar ein Kind von ihrem Mann, Morning Star. Als sie einige Zeit später einmal im Freien saß, begann sie an die große heilige Rübe zu denken. Da nie jemand in ihre Nähe ging, dachte sie, daß die andern niemals erfahren würden, wenn sie sie einfach ausgraben würde, um sie anzuschauen, und dann wieder an ihren alten Platz zurücklegen würde. Sie hatte noch nie irgendwo eine Rübe von dieser Größe zu Gesicht bekommen. Darum ging sie, während ihr Baby herumkrabbelte und spielte, hinüber und bearbeitete die Rübe mit ihrem Grabestock, bis sie sie schließlich hin- und herbewegen konnte. Sie hatte jedoch nicht genügend Kraft, um die Rübe aus ihrem Loch zu ziehen; und ihr Grabestock war so fest eingeklemmt, daß sie ihn ebenfalls nicht herausziehen konnte. Sie setzte sich bekümmert nieder und überlegte, was zu tun sei.

Während sie so dasaß, kamen zwei große weiße Kraniche zu ihr herabgeflogen. Es waren heilige Kraniche, und sie waren gekommen, um ihr zu helfen. Der eine Kranich sagte: »Ich habe mein ganzes Leben mit meinem Mann verbracht und bin nie mit einem anderen Mann zusammen gewesen. Deshalb habe ich die Kraft, dir zu helfen.« Dieser Kranich zündete daraufhin Räucherwerk an und lehrte die junge Frau einige Lieder und eine Zeremonie, während derer sie den Grabestock sowie die große Rübe herauszog. Die junge Frau blickte hinunter in das Loch, in dem die Rübe gesteckt hatte, und konnte ganz unten das Lager ihrer Leute sehen. Plötzlich bekam sie Heimweh nach ihren Verwandten und wünschte sich, zu ihnen zurückzugehen. Der Kranich sagte zu ihr: »Dein Mann wird dir erlauben, nach Hause zurückzukehren. Nimm diesen Grabestock mit und benutze ihn während des Sonnentanzes, den du abhalten darfst, wenn du zu deinen Leuten zurückkehrst.«

Als sie zu ihrem Mann kam, wußte er schon, was geschehen war. Er sagte: »Ich möchte dich zwar nicht aufgeben, aber ich werde dich zu deiner Familie zurückkehren lassen, weil ich weiß, daß du dich von jetzt an einsam fühlen wirst. Nimm unseren Sohn mit, und er wird vielleicht ein Führer deines Volkes werden. Aber gib acht darauf, daß er sieben Tage lang nach deiner Rückkehr nicht den Boden berührt, sonst wird er sich in eine Pusteblume verwandeln und hierher zurückkehren, um als Stern zu leben.« Dann befestigte er die Adlerfeder wieder am Kopf seiner Frau, und sie wurde auf geheimnisvolle Weise mit ihrem Baby zur Erde zurückgebracht.

Die Eltern der jungen Frau waren glücklich, sie lebendig wiederzuhaben, denn sie hatten angenommen, daß sie entweder tot oder von einem Feind gefangengenommen worden sei. Sie waren verwundert, als sie ihre Geschichte hörten, und sie staunten über ihr neues Enkelkind. Die junge Frau sagte ihnen, daß das Baby sieben Tage lang nicht den Boden berühren dürfe. Sie sagte ihrem Vater, daß er nach Morning Stars Anweisung ein Zeichen auf sein Tipi malen solle, um sie alle an dieses Tabu zu erinnern. Der Vater malte ein großes Kreuz hinten an die Decke seines Wigwams, und seither haben alle bemalten Wigwams unserer Leute dort ein Zeichen für Morning Star gehabt.

Es vergingen sechs Tage ohne irgendein Mißgeschick, doch am siebten Tag ließ die junge Mutter ihr Baby zurück, um Holz zu sammeln. Die Großmutter vergaß das Tabu und ließ das Baby auf dem Tipiboden krabbeln. Als die Mutter zurückkam, sah sie ihren Sohn nicht, und ihre Mutter sagte zu ihr: »Das letzte Mal, als ich ihn gesehen habe, spielte er unter dem Büffelgewand.« Seine Mutter hob rasch das Gewand auf, doch alles, was sie fand, war eine gewöhnliche Pusteblume, wie sie zu Tausenden auf der Prärie wachsen. Als sie in jener Nacht zum Himmel aufsah, entdeckte sie einen neuen hellen Stern.

Nachdem einige Zeit vergangen war, legte diese gleiche Frau ein Gelübde ab, daß sie einen Sonnentanz veranstalten würde. Zusammen mit den anderen Gegenständen, die von der heiligen Frau benutzt werden, trug sie ihren heiligen Grabestock und ein großes frisches Blatt von einer wilden Rübe. Sie lehrte die anderen die Zeremonie, die damit abgehalten wurde, und diese Dinge sind bis auf den heutigen Tag überliefert worden. Außerdem malte sie zum Andenken an ihr kleines Kind rundherum auf den unteren Rand des Wigwams ihres Vaters runde Kreise. Auf den meisten bemalten Wigwams befinden sich jetzt solche Kreise, und sie werden Pusteblumen oder vom Himmel gefallene Sterne genannt.

Eine Großmutter, die die Geister rufen konnte

Als mein Vater noch jung war, verbrachte er viel Zeit mit dem Bruder seiner Mutter, Willie Eagle Plume (Adlerfeder). In den letzten Jahren vor seinem Tod war eben dieser Mann oft mit meinem Mann und mir zusammen. Seine Mutter hieß *Sikski-Aki*, welches der Name ist, unter dem ich in der Blackfoot-Sprache bekannt bin. Er gab meinem Mann den Namen *Natosina* oder Sun Chief (Sonnenhäuptling), der früher seinem Vater gehört hatte. Kurz vor seinem Tod gab er unserem jüngsten Sohn seinen eigenen Namen, *Atsitsina* oder Prairie Owl Man (Prärieeulenmann), um ein Namenstrio zu vervollständigen, das ihn seit seiner Kindheit umgeben hatte.

Willie Eagle Plumes Vater war auch unter dem Namen Eagle

Plume bekannt. Er war um 1850 von einer Frau geboren worden, deren Name, *Otsani*, sich nicht mehr übersetzen läßt. Sie war eine von mehreren Frauen eines Häuptlings namens Not-Scared-of-Gros-Ventre-Indians (Fürchtet-keine-Gros-Ventre-Indianer). Einer der frühen Händler verstand ihren Namen, *Otsani*, fälschlicherweise als Old Charlie, und das wurde für den Rest ihres Lebens ihr Spitzname.

Otsani wurde sehr alt und verbrachte die letzten Jahre im Heim ihres Sohnes, Eagle Plume, und in Gesellschaft ihrer Enkelkinder, wie beispielsweise *Atsitsina*. Er erzählte uns oft von ihr, und die folgende ist eine seiner Geschichten:

»Ich will euch eine Geschichte von meiner Großmutter, *Otsani*, erzählen. Sie war die Mutter meines Vaters, und sie trug mich auf dem Rücken, als ich klein war. Sie war ein Mensch, der sehr viel Kraft besaß. Sie kannte alle unsere religiösen Zeremonien, und sie heilte kranke Leute. Unter anderem benutzte sie bei ihren Heilmethoden Kaktusstacheln oder Stachelschweinstacheln, um etwas durchzuführen, was heute als Akupunktur bekannt ist. Sie brachte meinem Vater bei, wie man dies macht, und er heilte einmal mit dieser Methode ein stark geschwollenes Knie von mir. Manchmal benutzte meine Großmutter diese Behandlungsmethode auch dazu, um die bösen Geister aus dem Körper einer Person zu ziehen, wenn ein Feind sie verhext hatte und sie sich schlecht fühlte. Meine Großmutter besaß die Kraft, mit Geistern in Verbindung zu treten, und ich beobachtete sie einmal dabei.

Einmal, als ich noch ein junger Mann war, gab es kein Essen im Haus meines Vaters. Mein Bruder Doesn't-Own-Nice-Horses (Besitzt-keine-schönen-Pferde) und ein Vetter von uns sagten: ›Wir wollen hinausgehen und eine Kuh rauben, so daß wir etwas zu essen haben.‹ Jemand sagte zu ihnen: ›Ihr laßt das besser bleiben – der alte Mann wird davon erfahren, und er wird sehr böse werden. Er will nicht, daß wir irgend etwas Gesetzwidriges tun. Jeder, der beim Töten erwischt wird, bekommt viele Jahre Gefängnis.‹ Sie hörten nicht darauf und gingen hinaus und töteten eine Kuh. Sie schlachteten die Kuh in aller Eile, weil sie natürlich Angst hatten, dabei erwischt zu werden.

Als sie alles zerschnittene Fleisch nach Hause gebracht hatten, entdeckte mein Vetter, daß sein Messer fehlte. Er sagte: ›Wenn die Polizei es findet, werden sie wissen, daß ich es war, weil im Messergriff mein Zeichen eingeschnitzt ist.‹ Sein Vater, Sits-with-His-Chest-Out (Streckt-beim-Sitzen-die-Brust-Heraus), sagte zu ihm: ›Die alte *Otsani* besitzt die Kraft, Dinge zu finden, die verlorengegangen sind. Gib ihr diesen Tabak und bitte sie, dein Messer zu suchen. Du wirst ins Gefängnis kommen, wenn die Polizei es zuerst findet.‹

Mein Vetter nahm den Tabak, gab ihn der alten Frau und bat sie, sein Messer suchen zu helfen. Sie kostete den Tabak, weil sie nicht gut sehen konnte. ›Oh, echter Tabak‹, sagte sie und freute sich, weil sie gern rauchte. Dann holte sie ein paar Teller hervor, tat rohe Leber und Niere hinein und stellte sie zusammen mit einem Glas Wasser auf den Tisch. Dann sang sie einige Lieder. Sie forderte uns auf, das Licht auszumachen. Sie saß ruhig da, und wir warteten alle und waren gespannt, was passieren würde. Nach kurzer Zeit fingen die Hunde draußen an zu bellen, und wir hörten ein Geräusch, wie wenn jemand keuchend zum Haus gelaufen käme. Wir wußten, daß es ein Geist war!

Die alte Frau sagte zu dem Geist: ›Schön, hier ist etwas Wasser für dich, trink es!‹ Darauf hörten wir Geräusche, wie wenn Glas gegen etwas Festes klirrte. Dann sagte sie: ›Gut, und hier ist jetzt etwas Essen für dich.‹ Wir hörten weitere seltsame Geräusche. Dann bot sie dem Geist eine Pfeife an, und wir konnten sehen, wie der Tabak angezündet wurde und glühte. Dann erzählte sie dem Geist, worum es ging, und bat ihn, nach dem Messer meines Vetters zu suchen. Die alte Frau forderte uns auf, das Licht wieder anzumachen. Es war niemand mehr da, und das Essen sowie das Wasser waren verschwunden.

Nach einer Weile begannen die Hunde wieder zu bellen. Die alte Frau forderte uns auf, rasch das Licht auszumachen. Dann hörten wir ein lautes Geräusch von etwas, das auf den Boden aufschlug. Daraufhin bot sie dem Geist eine weitere Pfeife Tabak an, und dann verschwand er. Als wir das Licht wieder anmachten, sahen wir das Messer auf dem Boden liegen. Wir waren alle Zeugen dieser Begebenheit, und wir waren sicher, daß *Otsani* das Haus nicht verlassen hatte, um das Messer zu holen. Außerdem wußte sie gar nicht, wo es war. Sie besaß wirklich sehr geheimnisvolle Kräfte.«

Das Leben, wie es damals war – Mary One Spot erzählt

Ich bin Mary One Spot (Ein-Fleck). Mein Mädchenname war Mary Big Belly (Dickbauch). In der Sarcee-Sprache ist mein Name Wasserfrau. Ich gehöre zum Sarcee-Stamm und lebe in der Nähe der Rocky Mountains, westlich von Calgary, Alberta, wo unsere Leute ein kleines indianisches Reservat haben. Ich bin eine der letzten Frauen, die in der traditionellen Sarcee-Weise aufgewachsen sind. Jetzt ermutige ich die jungen Leute, etwas von dieser Lebensweise zu lernen, weil wir damit gut gelebt haben.

Ich bin mit dir verwandt, Beverly, weil meine Mutter und deine Großmutter Hilda Cousinen waren. Das macht deine Mutter und mich zu Cousinen und nach indianischem Brauch mich zu deiner Tante. Ich weiß ein bißchen über mein Blood-Erbe, aber größtenteils bin ich auf die echte alte Sarcee-Weise aufgezogen worden. Bei den Sarcee und den Blood ist die Lebensweise fast die gleiche, nur die Sprache ist ziemlich verschieden. Unser Stamm war immer sehr klein, deshalb lebten wir wie Verwandte mit den anderen Indianern aus den Stämmen, die zur sogenannten Blackfoot-Konföderation gehören. Sie lebten hier, in Alberta, und bis hinunter nach Montana.

Mein eigener Vater war der Oberhäuptling dieses Stammes. Sein Name war Big Belly, und er war ein älterer Mann, als ich geboren wurde. Ich kannte ihn kaum, denn er war immer sehr beschäftigt. Er war nicht nur der Oberhäuptling, sondern auch ein indianischer Medizinmann. Er besaß eine Menge Kräfte, und er hatte nicht gern Kinder um sich, weil er fürchtete, sie könnten den Mächten, mit denen er umging, zu nahe treten und dabei verletzt werden. Ich wurde statt dessen von meiner Großmutter aufgezogen. Ich sage immer »Oma« zu ihr, aber tatsächlich war sie eine Cousine ersten Grades von meinem Vater. Sie war jedoch alt genug, um meine Großmutter zu sein.

Meine Eltern zelteten in einem Tipi nicht weit hinter dem Haus, in dem ich jetzt wohne. Zu jener Zeit waren die Leute nicht von modernen Ärzten abhängig, und so wurde ich einfach in ihrem Tipi geboren. Als ich ein bißchen herangewachsen war, verlor meine Großmutter ihren Mann. Sein Name war Old-Man-Spotted (Alter-gefleckter-Mann). Meine Großmutter hieß Mrs. Old-Man-Spotted. Dann kam sie und holte mich, um bei ihr zu leben und ihr Gesellschaft zu leisten. Meine Mutter war sowieso dauernd damit beschäftigt, für meinen Vater zu arbeiten. Er führte sich wie ein König auf und erwartete, daß alle ihn bedienten. Das war ein Teil seines Lebens, welches darin bestand, Gäste und Würdenträger zu unterhalten sowie Leute zu heilen und für sie zu beten. Er gab so sorgfältig auf seine Medizinkraft acht, daß er nicht einmal an Zeremonien wie dem Sonnentanz teilnahm. Die einzige Stammeszeremonie, an der er sich beteiligte, war der Medizinpfeifentanz. Er besaß ein heiliges Pfeifenbündel, das ihm durch viele Generationen von Sarcee-Indianern hindurch überliefert worden war. Irgendwie ist dieses Pfeifenbündel zum Schluß in das Provinzmuseum von Edmonton gelangt. Unser Stamm hat sich darum bemüht, es zurückzukaufen.

Als mein Vater 1920 starb, kam meine Mutter und holte mich zu sich zurück. Damals hatte sie nur mich und meinen Bruder, George – dein Onkel, George Runner (Renner). Vorher hatte sie nur ihn, deshalb wurde er ein Muttersöhnchen. Aber er und ich sind immer gut miteinander ausgekommen und tun dies auch heute noch. Meine Mutter hatte auch vier Geschwister. Es waren Jack und Joe Big Plume (Große Feder), Mrs. Crow Child (Krähenkind) und Martha Good Rider (Guter Reiter). Der Vater meiner Mutter war der alte Big Plume.

Eine Zeitlang besuchte ich das Missionsinternat, aber ich finde, daß es eigentlich gar keine richtige Schule war. Ich war acht, als ich zuerst hinging, aber sie wollten nur, daß wir arbeiteten. Wir mußten Geschirr spülen, Fußböden schrubben und auf den Feldern arbeiten. Nur ab und zu behielten sie uns im Klassenzimmer, um uns das Abc beizubringen. Ich glaube nicht, daß den Lehrern sehr daran gelegen war, uns etwas beizubringen, sie wollten nur, daß wir lernten, wie man arbeitet. Und ich glaube, daß es noch immer so ist; die Regierung muß denken, daß wir Indianer zu gebildet werden, da sie in einem fort das Budget für die Erziehung unserer jungen Leute beschneidet.

Einige Zeit nach dem Tod meines Vaters heiratete meine Mutter einen weißen Mann namens Arnold Lupson, der mein Stiefvater wurde. Er war ein recht interessanter Mann, der eine große Liebe zu den Indianern hatte, und die alten Leute liebten ihn ebenfalls sehr. Er war ein Sattler und Geschirrmacher, der in der Stadt Calgary arbeitete. Er behandelte meine Mutter wirklich gut, und er baute auf ihrem ererbten Reservatsland ein schönes Blockhaus für sie. Die alten Leute gaben ihm den Namen Eagle Tailfeathers (Adlerschwanzfedern).

Als meine Mutter damit begann, Arnold Lupson zu besuchen, wurde mein Bruder sehr eifersüchtig. Ich erinnere mich an einen Vorfall, bei der sie und meine Tante das Pferdegespann vor den Wagen gespannt hatten, um in die Stadt zu fahren. Mein Bruder kam heraus und spannte die Pferde wieder aus, während die beiden Frauen auf dem Wagen saßen und losfahren wollten. Ich mußte wirklich über ihn lachen. Aber nachdem sie Arnold geheiratet hatte, kamen wir alle gut miteinander aus. Er zog nicht hier ins Reservat. Er besuchte uns häufig hier draußen, und meine Mutter fuhr zu ihm in die Stadt. Die Fahrt dauerte mit dem Wagen nur zwei Stunden. Doch er lebte mit seinem Sattlerei- und Geschirrgeschäft, und Mutter wollte nicht in der Stadt leben. Nach dem Gesetz hätte sie ihre Vertragsrechte verlieren können, aber sie behielt sie, und die Leute hier im Reservat machten ihr deshalb keine Schwierigkeiten.

Arnold Lupson war sehr an unserer Kultur und Religion

Eine Blackfoot-Mutter mit ihrem Kind im Jahre 1920. (Photo: Glacier Studio, Collection of Good Medicine Foundation)

interessiert. Er besuchte oft die Zeremonien, und er besaß ein eigenes Tipi mit einem selbstgemalten Muster. Er machte dauernd Fotos und schrieb Dinge auf. Er wollte die Erinnerung an die alten Leute und ihre Geschichten festhalten, und sie waren froh darüber zu wissen, daß etwas von ihrem Leben für die Zukunft aufbewahrt werden würde. Wenn jemand so etwas heute tun würde, würden manche bestimmt ein großes Palaver darüber anfangen. Aber in jener Zeit liebten die Leute einander noch und halfen einander, wo sie konnten.

Ich heiratete Frank One Spot vor fast fünfzig Jahren. Das heißt, wir heirateten nach indianischem Brauch. Tatsächlich lebten wir vierzig Jahre zusammen, bevor wir gesetzlich heirateten und eine Heiratsurkunde bekamen. Manche ziehen uns damit auf und fragen uns, ob wir so lange gebraucht haben, um uns zu entschließen. Unser ganzes Leben lang waren wir glücklich miteinander, und wir kamen gut miteinander aus. Wir teilen auch alle unsere Probleme. Wir haben eine ordentliche kleine Familie, und wir leiden nicht unter Alkoholproblemen. Wenn von unseren nahen Verwandten welche trinken, kommen sie nicht zu uns und belästigen uns damit. Sie haben Achtung vor uns.

Heutzutage stehen viele von den jungen Leuten dem Leben sehr hilflos gegenüber. Einen Teil der Schuld dafür tragen verschiedene Leute, die Regierung und so weiter. Aber größtenteils sind die jungen Leute selbst dafür verantwortlich. Die indianische Kultur hat viel Gutes für sich, und sie können eine Menge davon zurückgewinnen, wenn sie wollen. Aber sie müssen sich dazu entscheiden. Es gibt noch immer ein paar von uns Älteren, die ihnen etwas beibringen können, aber sie müssen zu uns kommen und uns fragen, wir können ihnen nicht hinterherlaufen. Eine Zeitlang hatten wir hier im Reservat ein gutes Programm; wir hatten regelmäßige Zusammenkünfte mit den jungen Leuten und erzählten ihnen Geschichten und andere Dinge. Aber nach einer Weile schienen sie das Interesse zu verlieren, und die ganze Sache schlief ein. Wir bemühen uns darum, Sommerlager zu organisieren. Wir hatten bereits einige, und sie haben sich gelohnt. Ein Junge hatte Glück und konnte einen Elch töten. Den jungen Mädchen wurde beigebracht, das Fleisch zu trocknen, das Fell zu verarbeiten und so weiter. Es hat den Kindern Spaß gemacht, aber so etwas sollte es viel öfter geben, wenn sie wirklich etwas lernen sollen.

Die jungen Leute, die verloren sind – ich hoffe, daß sie eines Tages aufwachen und das Schlechte an ihrer Lebensweise erkennen werden. All dieser Alkohol, die Drogen und die vielfältigen Beziehungen führen nicht zu einem glücklichen Leben. Ich mache mir oft Sorgen um meine Enkelkinder. Was werden sie aus ihrem Leben machen, wenn ich nicht mehr da bin?

Ich habe meine Erziehung von meiner Kultur erhalten. Meine Lehrer waren meine Großmütter, und dafür bin ich wirklich dankbar. Diejenige, mit der ich zusammenlebte, war Mrs. Old-Man-Spotted (Alter-gefleckter-Mann). Ich war noch ein kleines Mädchen, als sie kam und mich holte, weil ihr Mann gestorben war. Wir lebten die ganze Zeit über in Zelten und Tipis aus Segeltuch – sogar im Winter. Mir war immer warm, und ich hatte Spaß an diesem Leben. Ich trug nur traditionelle indianische Kleidung – lange Kleider, Mokassins und Umhängetücher. So bin ich aufgewachsen. Ich besaß damals nicht einmal einen Mantel.

Ich erinnere mich nicht an meinen Großvater, Old-Man-Spotted. Aber ich weiß noch, als er starb, hackten sie meiner Großmutter die kleinen Finger ab und schnitten ihr auch das Haar ab. Diese alten Leute pflegten noch wirklich zu trauern, wenn sie einen geliebten Menschen verloren. Von da an trug sie ihr Haar immer offen, und sie verbrachte den Rest ihres Lebens in der traditionellen Lebensweise. Deshalb hatte ich Glück, bei ihr zu leben.

Meine Großmutter war sehr sanft, und sie sprach zu mir und andern immer ganz freundlich. Sie war keine gemeine Alte. Als sie anfing, mir unsere traditionelle Lebensweise beizubringen, sagte sie: »Später wird es dir einmal nicht leid tun, daß du alle diese Dinge gelernt hast, deshalb mach dir nichts draus, wenn ich dich ein bißchen herumkommandiere.« Sie lehrte mich Kochen und Nähen, Perlenstickereien auszuführen und alle die verschiedenen Einrichtungsgegenstände für ein Tipi herzustellen. Vor ein paar Jahren wollten sie hier damit beginnen, Kunsthandwerk nach der traditionellen Stammesweise anzufertigen, und ich mußte den Männern beibringen, wie man Rückenstützen aus Weiden flicht, weil ich es als einzige konnte. Ich kann auch noch alle die alten Stammeslieder singen, weil meine Großmutter sie dauernd sang und ich mit ihnen aufgewachsen bin. Manchmal nehme ich sie für meine Kinder auf Tonband auf, damit sie sie auch lernen können.

Alles, womit ich spielte, stammte aus unserer Kultur. Ich besaß kleine Tipis mitsamt der Spielzeugeinrichtung für innen. Ich hatte auch viele Puppen. Ich war einmalig gut in der Anfertigung von Puppen. Ich fing mit Draht für das Gerüst an, dann wickelte ich Lappen um den Draht, um ihnen einen Körper zu geben, und zum Schluß zog ich ihnen indianische Kleider an. Meine Freundinnen und ich fertigten viele Puppen an. Diejenigen von uns, die die längsten Haare hatten, opferten etwas davon, damit unsere Puppen Haare hatten. Dann jagten die Jungen Ziesel und Eichhörnchen und zogen ihnen das Fell ab, und wir fertigten aus den Fellen Kleider für unsere Puppen und Decken für unsere kleinen Tipis an. Manchmal bauten die Jungen Pferche und fingen Ziesel, die sie darin einsperrten. Mein Bruder George brachte den Zieseln in seinen Pferchen gern Brandmale bei und ließ sie dann frei.

Meine Großmutter kochte immer über einem offenen Feuer, sogar im Winter. Im Herbst zogen alle Leute, die nach alter Art lebten, in die Berge, um Holz zu fällen und für den Winter zu jagen. Wir zelteten etwa zwei Monate lang alle zusammen. Es gab da eine andere alte Witwe namens Mrs. Yellow Lodge (Gelbes Tipi), die meine Großmutter liebte. Ich weiß nicht, wie wir miteinander verwandt waren, aber sie kam manchmal und wohnte dann bei Großmutter und mir in unserem Zelt. Unser Lieblingszeltplatz befand sich genau hinter meinem Haus hier, an dem gleichen Ort, an dem ich geboren worden bin.

Meine Großmutter und ich lebten von wilder Nahrung.

Selbst in jener Zeit gab es in dieser Gegend nicht viel Großwild zu erjagen, aber wir fingen viele Kraniche, Waldhühner und Präriehühner in Fallen. Großmutter folgte oft Mausfährten durch den Schnee, um ihre Nester zu finden und sie wegen der Lilienwurzeln, die die Mäuse sich als Vorrat angelegt hatten, auszuheben. In jener Zeit konnten wir von fast allem überleben, und sieh mich jetzt an: Ich brauche Eier zum Frühstück, und wir holen das meiste von unserem Essen halb fertig aus den Läden.

Damals aßen wir auch Eier. Im Frühling und Sommer gingen Großmutter und ich immer wilde Eier sammeln. Enteneier sind eine Köstlichkeit, solange man sie früh holt, wenn sie noch weich sind. Wenn sie hart werden, schmecken sie nicht mehr gut. Einmal haben wir sogar Elsterneier gegessen, aber ich mochte sie nicht.

Verschiedene Leute brachten uns Fleisch und andere Dinge mit vom Jagen und Fallenstellen. Wir aßen meist Bisamratten und Biber. Biberschwänze sind von all dieser wilden Nahrung meine Lieblingsspeise. Man spießt den Schwanz auf einen Stock auf und röstet ihn über einem offenen Feuer. Man muß ihn so lange wenden, bis er sich weich und gar anfühlt. Er schmeckt wie Weißfisch. Außerdem aßen wir alle möglichen Eingeweide. Manche wurden gekocht und manche geröstet, und manche wurden wie Würste mit Fleisch und Beeren gefüllt. Nur die Eingeweide von Pferden aßen wir nicht. Wir bezogen von unsern Nachbarn, den Stoney-Indianern, im Tauschhandel getrocknetes Hirschfleisch. Ihr Reservat liegt näher an den Bergen, und sie erjagen oft Hirsche und Elche. Wir lebten damals wirklich sehr gesund. Wir kannten kaum Süßigkeiten oder Alkohol, und das sind zwei Dinge, die heutzutage die Jugend verderben.

Zu jener Zeit hatten wir keine Quellen oder Brunnen. Im Sommer holten wir unser Wasser aus den Bächen, und im Winter schmolzen wir einfach Schnee oder Eis. Ich wurde mit Schneewasser großgezogen, und heute kann man es gar nicht mehr trinken, weil es giftig ist. Die Luft ist verschmutzt, selbst hier im Reservat, aber damals war alles sauber. Die Städte sind zu groß geworden, und sie verbreiten ihr Gift zu schnell, sogar ins wilde Land hinaus.

Wir pflückten alle Arten von wilden Beeren. Felsenbirnen und Traubenkirschen waren unsere Lieblingsbeeren. Wir pflegten sie zum Trocknen in die Sonne zu legen – entweder so, wie sie waren, oder wir zerquetschten sie mit einem Steinhammer und formten sie zu kleinen Kuchen. Wir pflückten viele wilde Tomaten (Hagebutten), zerquetschten sie und vermischten sie dann mit Fett, um uns einen Wintervorrat anzulegen. Das gleiche machten wir mit Kornelkirschen; wir trennten die Beeren von den Blättern, so daß wir das eine rauchen und das andere essen konnten. Manchmal stellten wir aus den Hagebutten eine Suppe her, indem wir sie mit einem Markknochen kochten und Mehl und Zucker hinzufügten.

Nach dem Tod meines Vaters begann meine Mutter mit mir und meiner Großmutter zusammenzuleben. Alle größeren Strecken legten wir mit dem Pferdewagen zurück. Damals war es schwer, einen Dollar zu verdienen, aber wir konnten auch viel dafür kaufen. Dann und wann gingen wir über die Prärie und sammelten trockene Knochen, die wir dann in der Stadt verkauften. Wie ich gehört habe, machten sie daraus Schießpulver und Dünger. Wir nahmen das Geld und kauften davon Fleisch, das wir mit nach Hause nahmen und im Sommer trockneten. Im Winter konnten wir es gefroren draußen hängen lassen und uns davon abschneiden, was wir brauchten. Die Eingeweide, die wir wollten, bekamen wir umsonst. Für einen Dollar konnten wir fünf Brote oder etliche Pfund Mehl kaufen.

Die alten Sarcee hatten nicht viel für Fisch übrig, aber für mich ist es ein wahres Festessen, wenn ich eine Forelle oder einen Weißfisch bekommen kann. Jedenfalls haben wir aber viele Kaninchen gegessen. Nachdem meine Mutter zu uns gezogen war, besorgten wir die Kaninchen für sie zum Trocknen. Sie hatte ein Räucherhaus, das so ähnlich wie ein Tipi aussah. Im Innern befand sich ein Lattengerüst, an das man Fleisch und andere Dinge hängen konnte. Sie pflegte ein Bündel Kaninchen zu nehmen, ihnen die Köpfe abzuschneiden, das Fell abzuziehen und sie auszuweiden. Dann steckte sie zum Spannen kleine Stöcke hinein und hing sie über ein rauchiges Feuer an das Lattengerüst, bis die Kaninchen ganz geräuchert waren.

Als meine Großmutter starb, war ich bereits verheiratet. Es war im Dezember 1942, und sie lebte noch immer bei mir. Sie war immer wie eine Mutter zu mir gewesen. Gegen Ende wurde sie im Bett so krank und schwach, daß sie kaum mehr gehen konnte. Meine Tochter Lottie wurde damals gerade geboren. Großmutters letzter Wunsch war, noch einmal aufzustehen und Lottie in ihrer Wiege zu schaukeln. Gleich darauf starb sie.

Unvermutet starb 1950 mein Stiefvater, Arnold. Wir wußten nicht einmal, daß er krank war, aber wie sich herausstellte, hatte er Krebs gehabt. In der früheren Zeit nannten sie Krebs »die große Beule« oder »der große Pickel«, und sie besaßen ein Heilmittel dagegen. Ich weiß nicht, welche Wurzel sie benutzten, aber meine Großmutter kannte sich sehr gut mit allen Wurzeln und Kräutern aus. In der alten Zeit kannten sie nicht viel Krankheit, außer den Krankheiten, mit denen sie sich bei den Händlern ansteckten, und dann die, die sie sich auf den Internaten holten. Ich wollte, ich könnte in jene alte Zeit zurückkehren.

Eine Frau, die auf den Kriegspfad zog

Der Vater meines Vaters wurde zu spät geboren, um noch auf den Kriegspfad zu ziehen, aber seine älteste Schwester nicht. Sie hieß Hate Woman (Haßfrau), und sie war die einzige Frau eines berühmten Kriegers namens Weasel Tail (Wieselschwanz). Zu seinen Abenteuern im Leben gehört, daß er sich einmal auf der Fährte eines Grislybären niederlegte, und als der Bär über ihm stand und ihn mit seinen Tatzen zu berühren begann, sprang er auf und stieß ihm ein großes Messer ins Herz. Als Junge verbrachte er einige Jahre beim Stamm der Crow, die unsere geachtetsten Feinde waren. Er starb ungefähr zur gleichen Zeit wie seine Frau, nämlich 1950 im Alter von einundneunzig Jahren.

Weasel Tail machte seine ersten Kriegszüge als Jugendlicher mit, noch bevor er seine Frau geheiratet hatte. Es war üblich für Mitglieder eines Kriegszugs, sich vor dem Wigwam ihres Anführers zu einem Tanz und einigen Liedern der Ermutigung zu treffen. Oft sangen die einzelnen Mitglieder ihre eigenen Lieder mit besonderen Botschaften für ihre Freundinnen und Frauen. Weasel Tail sagte später, daß eins seiner frühen Lieder die Worte enthielt: »Geliebtes Mädchen, mach dir keine Sorgen um mich! Wenn ich nach Hause komme, werde ich Beeren essen.«

Doch nachdem Weasel Tail und Hate Woman geheiratet hatten, saß sie nicht oft zu Hause und sorgte sich um ihn. Er erklärte einmal: »Meine Frau sagte, daß sie mich liebe und daß sie, wenn ich auf einem Kriegszug getötet werden sollte, ebenfalls getötet werden wolle. Ich nahm sie auf fünf Kriegszügen mit. Bei einigen davon war ich der Anführer, und meine Frau brauchte nicht zu kochen oder andere Aufgaben zu erledigen. Sie trug einen sechsschüssigen Revolver. Bei einer Gelegenheit erbeutete sie ein Pferd mit Sattel, Munitionstasche und Kriegskeule.« Das waren selbst für Männer bemerkenswerte Beutestücke.

Weasel Tails Kriegsabenteuer werden noch heute von einigen der alten Leute erzählt. Außerdem verbrachte ein Anthropologe in Weasel Tails letzten Jahren einige Zeit mit ihm und zeichnete die Einzelheiten seines Lebens auf. Leider forderte niemand seine Frau auf, ihre Geschichten von den Kriegszügen, an denen sie teilgenommen hatte, zu hinterlassen, da sie die letzte von unseren Frauen war, die Erfahrungen dieser Art gemacht hatte.

Einer der ersten Trupps, an denen Weasel Tail und Hate Woman gemeinsam teilnahmen, hatte mehr als zwanzig Mitglieder. Sie verließen die Lager der Blood und zogen auf der Suche nach Sitting Bulls (Sitzender Bulle) Sioux, die nach ihrem Sieg über Custer nach Kanada verschlagen worden waren, nach Osten. Obwohl Sitting Bull inzwischen für viele ein berühmter

Held ist, mochten meine Leute ihn damals nicht besonders und trauten ihm auch nicht. Seine Anwesenheit im Land machte das Leben für alle unbehaglich, und seine Krieger überfielen ständig die Nachbarstämme.

Der Anführer dieses Kriegszugs war Eagle Child (Adlerkind), der nicht sehr begeistert darüber war, daß eine Frau mitkam. Er beschäftigte sie mit Fleischschneiden und anderen Arbeiten für die übrigen Teilnehmer des Kriegszugs. Ein weiteres Mitglied war einer ihrer jüngeren Brüder, ein Onkel meines Vaters, der damals unter dem Namen Eagle Fly (Adlerflug) bekannt war. Als sie in die Nähe der feindlichen Lager kamen, begann sich dieser Bruder um die Sicherheit seiner Schwester zu sorgen und versuchte Weasel Tail dazu zu überreden, mit ihr nach Hause zurückzukehren. Schließlich gelangten sie in Sichtweite eines der Lager der Sioux, woraufhin der Anführer und der Bruder der Frau darauf bestanden, daß sie im Schutz eines Wäldchens auf die übrigen wartete. Weasel Tail blieb bei ihr zurück.

Die Nacht verging, und am frühen Morgen beobachtete Weasel Tail, wie die Sioux ihre Pferde aus einem Korral im Lager heraustrieben. Die Blood-Krieger verließen ihr Versteck, fingen sofort einige von den Pferden mit dem Lasso ein, sprangen darauf und trieben den Rest der Herde davon. In der Aufregung vergaßen sie Weasel Tail und seine Frau.

Weasel Tail blieb nichts anderes übrig, als zu einem anderen in der Nähe gelegenen Lager zu gehen und zu versuchen, Pferde zu stehlen, damit sie heimreiten konnten. Er konnte ein Pferd entwenden und brachte es zu seiner Frau. Er forderte sie auf, sich daraufzusetzen und zu warten, während er zurückging, um ein weiteres Pferd zu holen. Er fand bald ein gutes, das eine Feder in der Mähne und eine weitere Feder am Schwanz befestigt hatte. Als er es mit dem Lasso gefangen und bestiegen hatte, erblickte er in der Nähe noch ein schönes Pferd und fing es ebenfalls ein. Er ritt zurück zu seiner Frau, und sie entflohen gemeinsam. In ihrer Aufregung vergaßen sie, ein kleines Bündel mit Dörrfleisch und ein gutes Messer mitzunehmen. Glücklicherweise war etwas getrocknetes Fleisch in einem der Lager zurückgeblieben, in denen sie mit der Hauptgruppe ein paar Tage zuvor übernachtet hatten. Sie brauchten weniger als vier Tage, um nach Hause zurückzukehren.

Bei dem wahrscheinlich aufregendsten Abenteuer von Weasel Tail und Hate Woman kamen die beiden mit drei verschiedenen feindlichen Stämmen in Berührung. Zu Anfang schlossen sie sich einem Blood-Trupp gegen die Crow an, bei denen Weasel Tail als Junge gelebt hatte. Er kannte das Land gut, und die Gruppe hatte keine Schwierigkeiten, eine große Anzahl von Crow-Pferden zu rauben. Doch auf dem Heimweg begegneten sie einem ihnen zahlenmäßig weit überlegenen Cree-Trupp. Es kam zu einem Kampf, bei dem einer der Cree erschossen wurde. Während die Blood Schutz suchten, ritten die Cree mit all den frisch erbeuteten Pferden davon.

Zu Fuß begaben sich Weasel Tail, Hate Woman und ihre Gruppe nach Norden, wo sie auf ein Lager von freundlich gesinnten Gros-Ventre-Indianern zu stoßen hofften. Statt dessen marschierten sie irrtümlicherweise in ein Lager von sehr unfreundlich gesinnten Assiniboine. Zum Glück war der erste Mensch, dem sie im Lager begegneten, ein Blood namens Sliding Down (Hinunterschlitternd), der eine Assiniboine-Frau geheiratet und sich ihrem Stamm angeschlossen hatte. Er bot ihnen an, sie zum Tipi des Häuptlings zu bringen und für sie zu dolmetschen. Als sie das Tipi betraten, fanden sie den Häuptling nicht sehr bereit, sie als Freunde zu empfangen, während der Rest des Lagers sich eilends um das Tipi herum versammelte. Die Blood wußten, daß sie in der Klemme saßen. Schließlich kam es zu einer heftigen Auseinandersetzung, bei der alle Blood aufsprangen und ihre Waffen gegen den Häuptling richteten. Hate Woman trug ihren sechsschüssigen Revolver, den sie wie die übrigen gezielt hochhob. Dann ließ Weasel Tail ein mächtiges Gebrüll hören, um die Leute mit seiner Kraft zu beeindrucken.

Sliding Down rief den Leuten in ihrer eigenen Sprache zu, daß Weasel Tail ein sehr grimmiger Mann sei, der mit seiner

Kraft, die vom Grislybären stamme, viele Menschen getötet habe. Die Leute bekamen es mit der Angst zu tun und liefen fort, um Schutz zu suchen, wodurch Weasel Tails Trupp die Möglichkeit erhielt zu entfliehen.

Danach teilte sich die Gruppe. Weasel Tail, Hate Woman und noch ein Mann brachen nach Süden auf, um noch einmal zu versuchen, den Crow Pferde zu stehlen. Unterwegs begegneten sie einem einsamen Feind – einem Crow –, den sie töten und skalpieren wollten. Doch als er näherkam, machte er einen sehr bemitleidenswerten Eindruck, und sie wußten, daß er trauerte. Es stellte sich heraus, daß er seine Frau verloren hatte und daß es ihm gleich war, ob er lebte oder starb. Also richtete Weasel Tail ein Gebet an Sonne, bat um künftiges Erbarmen für sich und ließ den Mann gehen. Er und seine Frau trafen den gleichen Mann 1926 bei einer indianischen Feier wieder.

Die drei kehrten ins Gebiet der Crow zurück und erbeuteten vierzehn gute Pferde, mit denen sie sicher in ihre eigenen Lager heimkehrten. Hate Woman wurde aufgefordert, über dieses Abenteuer beim Sonnentanz des Stammes zu berichten, was für eine Frau eine große und ungewöhnliche Ehre war.

Running Eagle, die große Kriegerin vom Stamm der Blackfeet

Running Eagle ist die berühmteste Frau in der Geschichte der Blackfoot-Nation geworden, weil sie die Haushaltsarbeit zugunsten der Kriegszüge aufgab, die gewöhnlich von Männern durchgeführt werden. In der Tat war sie so erfolgreich in ihren Kriegsabenteuern, daß viele Männer sie als Häuptling bezeichneten und ihr folgten, wo immer sie sie hinführte. Sie wurde schließlich bei einem ihrer Kriegsabenteuer getötet.

Weil diese Frau um 1850 herum gestorben ist, lassen sich die tatsächlichen Fakten ihres Lebens jetzt schlecht von den populären Legenden darüber trennen. Meine Großmütter von heute sprechen noch von ihr, und auf einigen Bibliotheksborden findet sich ein altes Buch über ihr Leben. Doch alle diese Geschichten berichten übereinstimmend, daß diese Frau bis auf ihre letzten Bemühungen in allem sehr erfolgreich war und daß sie von ihren Leuten gemocht und respektiert wurde. Allgemein wird angenommen, daß sie auch eine heilige Frau war, die Sonnentänze veranstaltete, wofür sie sich dadurch qualifizierte, daß sie nie in ihrem Leben heiratete oder sich einen Liebhaber nahm. Es heißt, daß sie sich infolge einer Vision der Macht Sonne weihte.

Allgemein lautet die Geschichte so, daß Running Eagle ihr Leben als ein normales Blackfoot-Mädchen namens Brown Weasel Woman (Braune Wieselfrau) begann. Sie hatte zwei Brüder und zwei Schwestern, und ihr Vater war ein bekannter Krieger. Als sie in das Alter kam, in dem Jungen zu jagen beginnen, bat sie ihren Vater, ihr einen Bogen und Pfeile anzufertigen, damit sie sich im Schießen üben könne. Er tat es, obwohl seine Frauen etwas dagegen hatten. Es heißt, daß er ihr sogar erlaubte, mit ihm auf Büffeljagd zu gehen, und daß sie so gut schießen lernte, daß sie einige Büffel erlegte.

Auf einer Büffeljagd mit ihrem Vater soll dieses ungewöhnliche Mädchen zuerst ihren Kriegermut bewiesen haben. Die Gruppe bestand nur aus ein paar Blackfoot-Jägern und war nicht weit von ihren Lagern entfernt, als ein feindlicher Trupp sie angriff und ihnen nachzujagen begann. Während die Leute in höchster Geschwindigkeit zum Lager zurückritten, wurde Brown Weasel Womans Vater das Pferd unterm Leib weggeschossen. Eine der tapfersten Taten, die Krieger in der alten Zeit geleistet haben, bestand darin, dem feindlichen Feuer zu trotzen, während man zurückritt, um einen Gefährten zu retten, der sein Pferd verloren hatte. Dies tat die Tochter für ihren Vater, und beide entkamen auf ihrem Pferd, nachdem sie einen Augenblick stehengeblieben war, um das frische Fleisch abzuladen, das hinter ihr befestigt war. Als die Nachricht von dem Angriff den Rest des Stammes erreichte, ritt eine große Anzahl von Kriegern hinter den Feinden her, tötete viele von ihnen und jagte die übrigen davon. Der Name der jungen Frau war tage- und nächtelang in aller Munde, als die Leute sich erzählten, was sich bei jenem Kampf ereignet hatte. Es heißt, daß einige von den Leuten sich beklagten und Angst hatten, das Mädchen habe dadurch, daß es Männertaten vollbrachte, ein schlechtes Beispiel gegeben, das andere Mädchen dazu verführen könnte, ihre Hausarbeit aufzugeben.

Doch als ihre Mutter kurze Zeit später hilflos krank wurde, beschloß die zukünftige Kriegerin von sich aus, die Haushaltsarbeit zu übernehmen. Da sie das älteste Kind in der Familie war, gab es niemanden, der das Kochen und Gerben besorgte, während ihre Mutter langsam dahinblich. Deshalb bemühte sie sich eifrig darum, zu lernen, was sie bisher vermieden hatte, und sie leitete ihre jüngeren Brüder und Schwestern an, ihr zu helfen, wo immer sie konnten.

Es läßt sich schlecht sagen, wie viele Jahre diese junge Frau den Platz ihrer Mutter in der Führung des Familienhaushalts ausgefüllt hat, aber sie soll ihre Arbeit sehr gut gemacht haben. Es heißt jedoch auch, daß sie keine Freude daraus bezog, weil sie an den Abenteuern der Männer vermutlich bereits allzuviel Geschmack gefunden hatte. Auf jeden Fall hatte sie keinen Freund und kein Interesse an den Heiratsplänen, die andere Mädchen ihres Alters schmiedeten.

Der Wendepunkt im Leben der jungen Frau kam, als ihr Vater auf dem Kriegspfad getötet wurde. Die Nachricht von seinem Tod tötete auch seine Witwe in ihrem geschwächten Zustand. Die junge Frau sowie ihre Brüder und Schwestern waren plötzlich Waisen, und an diesem Punkt beschloß sie, sich ihrer Traummacht zu ergeben, von der sie auf die Wege der Männer gewiesen wurde. Sie nahm eine Witwe zu sich ins Tipi, die im Haushalt helfen sollte, und leitete ihre Brüder und Schwestern an, ihren Anteil an der Hausarbeit zu übernehmen. Sie trug sogar zu einer Zeit, in der viele Männer sich noch hauptsächlich auf Pfeil und Bogen verließen, ein Gewehr, das sie von ihrem Vater geerbt hatte.

Ihr erstes Kriegsabenteuer ereignete sich nicht lange, nachdem sie und ihre Familie die erste Trauerzeit hinter sich hatten. Eine Kriegstruppe verließ die Blackfoot-Lager und jagte Crow-

Kriegern nach, die gekommen waren und Pferde gestohlen hatten. Als dieser Trupp ein gutes Stück unterwegs war, bemerkte eins ihrer Mitglieder, daß ihnen jemand aus der Entfernung folgte. Wie sich herausstellte, war es die junge Frau, die für eine Schlacht gekleidet und bewaffnet war. Der Anführer des Trupps forderte sie auf zurückzugehen, drohte ihr und sagte ihr schließlich, daß er den ganzen Trupp nach Hause zurückführen würde, wenn sie sie nicht verlassen würde. Sie soll gelacht und zu ihm gesagt haben: »Ihr könnt ja zurückkehren, wenn ihr wollt. Ich werde allein weiterreiten.«

Eines der Mitglieder dieses Trupps war ein junger Mann, der ein Vetter – nach Blackfoot-Beziehungen ein Bruder – der jungen Frau war, und er bot sich an, sie persönlich zurückzubringen. Als sie sich weiterhin weigerte zu gehen, übertrug der Anführer des Trupps diesem Vetter die Verantwortung für ihr Wohlergehen, so daß sie alle ihren Weg fortsetzen konnten. Sie war mit diesem Vetter aufgewachsen und hatte an seiner Seite jagen gelernt, und so kamen die beiden im allgemeinen gut miteinander aus.

Der Kriegstrupp mit der jungen Frau folgte einige Tage lang der Fährte der feindlichen Crow, bis sie deren Lager erreichte. Sie veranstalteten einen erfolgreichen Raubzug und schlichen sich im Schutz der Nacht viele Male in das Lager hinein und wieder heraus, wobei sie die besten Pferde mitnahmen, die deren Besitzer vor den Tipis angebunden hatten. Es heißt, daß die

Legende zum nebenstehenden Bild:
Helen Goes Ahead (Geht-Voran), eine berühmte Frau des Crow-Stammes, der geachtetsten Feinde meiner Vorfahren. Die Krieger der beiden Stämme machten einen lebenslangen Sport daraus, sich gegenseitig Frauen und Pferde zu stehlen. Infolgedessen gibt es heute viele Verwandtschaftsbeziehungen und Besuche zwischen uns und unseren ehemaligen Feinden. Diese Frau trägt ein damals besonders wertvolles Kleid aus rotem Wolltuch; es ist mit vielen Hirschzähnen, den »Diamanten« meiner Vorfahren, verziert. (Photo: Rodman Wannamaker, Good Medicine Foundation)

Frau zusammen mit ihrem Vetter in das Lager eingedrungen sei und daß sie persönlich elf wertvolle Pferde erbeutet habe. Vor Tagesanbruch saßen sie auf den von ihnen gestohlenen Pferden und ritten heimwärts, wobei sie den Rest der erbeuteten Herde vor sich hertrieben. Die Crow entdeckten ihren Verlust am Morgen und verfolgten den Trupp eine Zeitlang. Aber die Beutemacher waren in der Lage, die Pferde zu wechseln, sobald diejenigen, auf denen sie ritten, erschöpft waren, und auf diese Weise ließen sie die feindlichen Verfolger bald weit hinter sich.

Doch der Legende zufolge, die diese junge Blackfoot-Frau überlebt hat, sollte der aufregendste Teil dieses ersten Kriegsabenteuers für sie erst noch kommen. Während die übrigen Mitglieder des Trupps sich an einem geschützten Ort ausruhten und kochten, hielt sie von einem in der Nähe gelegenen Hügel aus Ausschau über die Prärie. Von dort aus beobachtete sie, wie sich zwei feindliche Reiter näherten, und bevor sie den Rest der Gruppe auf die Gefahr aufmerksam machen konnte, waren die Feinde dabei, die erbeutete Herde von Pferden zusammenzutreiben. Wie es heißt, lief sie mit ihrem Gewehr den Berg hinunter und hielt das Leitpferd am Zügel fest, um die übrige Herde am Davonlaufen zu hindern. Als sich die Feinde ihr daraufhin näherten, da sie von einer Frau nichts Böses erwarteten, erschoß sie den einen von ihnen, der ein Gewehr trug, und zwang den anderen dazu, sich umzudrehen und zu fliehen. Statt ihr eigenes Gewehr erneut zu laden, lief sie zu dem gefallenen Feind, ergriff seins und schoß damit hinter dem davonreitenden Feind her. Sie verfehlte ihn zwar, aber andere Mitglieder der Gruppe jagten ihm nach und töteten ihn nach kurzer Zeit ebenfalls. Ihre Gefährten waren über das, was sie getan hatte, überrascht und erfreut. Sie hatte nicht nur die ganze Herde davor bewahrt, fortgetrieben zu werden, sondern hatte auch einen Feind getötet und sowohl sein Gewehr als auch sein Pferd erbeutet. Einer von der Gruppe nahm seinen Skalp und überreichte ihn ihr. Es heißt, daß sie ihn nicht annehmen wollte, aber sie fühlte sich besser, als man sie daran erinnerte, daß sie den Tod ihres Vaters gerächt hatte.

Obwohl das erste Kriegserlebnis der jungen Frau recht erfolgreich verlaufen war, gab es doch eine Menge Leute, die meinten, die Häuptlinge sollten sie daran hindern, der Lebensweise der Männer zu folgen. Doch die kritischen Einwände fanden ein Ende, nachdem sie den Rat der weisen Ältesten befolgt hatte und hinausgegangen war, um zu fasten und eine Vision zu erhalten. Sie verbrachte vier Tage und Nächte in der Einsamkeit, und die Geister belohnten sie mit einer Vision, die ihr die nötige Kraft gab, um ein erfolgreiches Kriegerleben zu führen. Solche Visionen erhielten nicht alle, die danach suchten, und ganz selten einmal hat eine Frau eine solche Vision erlangt. Nach Stammesbrauch zweifelte niemand ihre Vision oder das Recht an, den Anweisungen, die sie auf diese Weise erhalten hatte, zu folgen. Von da an betrachteten die Leute sie als ungewöhnliche Person mit besonderen Kräften, die nur die Geister beurteilen und leiten konnten.

Das zweite Kriegsabenteuer der jungen Frau führte sie nach Westen über die Rocky Mountains zu den Zelten des Kalispell-Stammes. Unter ihren Begleitern befanden sich einige von den Männern, die bei ihrem ersten Kriegszug dabeigewesen waren, darunter ihr Vetter/Bruder, mit dem sie einen Großteil ihrer Zeit verbrachte. Diesmal trug sie statt ihres Wildlederkleides einen neuen Kriegeranzug einschließlich Gamaschen, Hemd und Lendenschurz. Sie trug auch einen schönen Kriegsschild aus Rohleder, den ihr der Mann geschenkt hatte, der die Witwe geheiratet hatte, welche einige Zeit zuvor in den verwaisten Haushalt gezogen war.

Der zweite Kriegszug erwies sich als recht erfolgreich, obwohl ein Mitglied der Gruppe getötet wurde. Sie erbeuteten eine Herde von über sechshundert Pferden und töteten bei dem Kampf, der ihrer Entdeckung beim Pferdestehlen folgte, eine ganze Reihe Feinde. Die junge Frau wurde beschossen und wäre fast getötet worden, aber die beiden Pfeile trafen nur ihren Schild und nicht ihren Körper.

Als sich der Stamm das nächste Mal zur alljährlich stattfindenden Medizinhütten-Zeremonie versammelte, wurde die junge Frau aufgefordert, zusammen mit den anderen Kriegern aufzustehen und den Leuten von ihren Kriegsabenteuern zu berichten. Andere Frauen hatten vor ihr dasselbe getan, aber sie waren gewöhnlich in Begleitung ihrer Männer auf den Kriegspfad gegangen und hatten nicht so kühne Taten gewagt wie sie. Als sie ihre Erzählungen beendet hatte, applaudierten die Leute ihr mit Trommelschlägen und Kriegsgeschrei, wie es der Brauch war. Dann soll der Oberhäuptling des Stammes, ein Mann namens Lone Walker (Einsamer Wanderer), sie auf eine Weise geehrt haben, wie sie nie zuvor einer Frau zuteil geworden war. Nach einer kurzen Ansprache und einem Gebet verlieh er ihr einen neuen Namen – Running Eagle –, einen althergebrachten Namen, den vor ihr mehrere berühmte Krieger des Stammes getragen hatten. Außerdem forderten die jungen Krieger der Gesellschaft der Tapferen sie auf, bei ihnen Mitglied zu werden, und sie soll diese Ehre ebenfalls angenommen haben.

Von da an wurde Running Eagle, die junge Kriegerin, zur Anführerin der Gruppen, mit denen sie in den Krieg zog. Ich kann nicht sagen, wie viele solcher Kriegszüge sie unternahm oder wie viele Pferde sie erbeutete oder wie viele Feinde sie tötete. Es gibt darüber die verschiedensten Legenden. Es gibt auch Legenden über Männer, die nicht akzeptieren konnten, daß diese stolze Frau keinen Mann wollte, und deshalb versuchten sie alles mögliche, um sie umzustimmen und zur Ehe zu bewegen. Dieses Problem wurde erst gelöst, als sie erklärte, daß Sonne in ihrer Vision zu ihr gekommen sei und ihr gesagt habe, sie dürfe nur ihm gehören, und daß sie nicht weiterleben könne, wenn sie ein solches Gebot überschreite.

Wie Running Eagle auf dem Kriegspfad lebte, starb sie auch darauf. Es geschah bei einem Rachekriegszug gegen den Flathead-Stamm, der einige Männer und Frauen getötet hatte, die eines Morgens die Blackfoot-Lager verlassen hatten, um Büffel zu jagen und zu schlachten. Der Trupp, der sich auf den Rachekriegszug begab, war sehr groß, und Running Eagle führte ihn bei Nacht direkt an den Rand des Flathead-Lagers. Am frühen Morgen wartete sie so lange, bis die besten Pferde aus dem

Lager getrieben worden waren, und stieß dann den Angriffsschrei aus. Es folgte ein langes Gefecht, in dem viele Feinde getötet wurden. Aus der anfänglichen Schießerei entwickelte sich ein allgemeiner Nahkampf, bei dem Keulen und Messer die wichtigsten Waffen waren. Running Eagle wurde von einem großen Feind mit einer Keule angegriffen und tötete ihn, aber ein anderer schlug sie von hinten mit seiner Keule nieder und tötete sie. Dieser Mann wurde wiederum von einem von Running Eagles Kriegern getötet. Als die Schlacht vorüber war, fanden die Mitglieder ihrer Gruppe sie tot in der Mitte zwischen dem großen Mann vor ihr und dem anderen hinter ihr. So endete die Laufbahn der Kriegerin, deren Leben bei den Blackfeet zur Legende geworden ist.

Eine Frau in der Männerrolle

Die Kutenai gehören zu den Nachbarn der Blood im Westen, jenseits der Rocky Mountains. In den Tagen der Büffeljagd kamen sie oft herüber in unser Prärieland, um zu jagen. Zu manchen Zeiten lebten wir in Frieden mit ihnen, und zu anderen Zeiten kämpften wir mit ihnen. Manchmal schlossen unsere Männer und Frauen Ehen mit Angehörigen ihres Stammes.

Die Kutenai hatten einmal eine Frau, die unserer Running Eagle insofern ähnlich war, als sie ihre Hausarbeit aufgab, um wie die Männer auf Jagd zu gehen und in den Krieg zu ziehen. Diese Kutenai-Frau ging sogar noch einen Schritt weiter, indem sie eine andere Frau heiratete. Ihre Geschichte wurde in verschiedenen alten Büchern und Zeitschriften früher Händler und Reisender erwähnt. Claude Schaeffer hat in seinen unveröffentlichten Feldstudien aus ihnen geschöpft und die folgende Geschichte ihrer interessanten Laufbahn zusammengestellt:

»Bei seinem Aufenthalt in Fort Astoria erneuerte Thompson seine Bekanntschaft mit einer ungewöhnlichen und auffallenden Frau der Flatbow-Indianer. Sie sollte nicht nur die am meisten erwähnte Persönlichkeit der frühen Kutenai-Geschichten werden, sondern zu ihrer Zeit neben *Sacajawea* (eine Shoshone-Frau, die die weißen Forscher Lewis und Clark durch ihr ehemaliges Stammesland führte) auch die am besten bekannte Indianerfrau der Hochebene. Außerdem war sie zum Teil verantwortlich für die Ausdehnung der *Pacific Fur Company* ins Innenland. Watersitting Grizzly (Im-Wasser-sitzender-Grislybär), unter welchem Namen sie bei ihren Leuten bekannt wurde, heiratete 1808 Thompsons Bedienten Boisverd. Er lebte mit ihr an einem Pelzhandelsplatz, vermutlich Kootanae House. Dort führte sie einen im Vergleich mit den Kutenai-Standards so lockeren Lebenswandel, daß Thompson gezwungen war, sie heimzuschicken. Madame Boisverd erklärte ihren Leuten, daß der weiße Mann ihr Geschlecht verändert habe, wodurch sie spirituelle Kraft erlangt habe. Danach nahm sie einen männlichen Namen an, trug Männerkleidung und Waffen, ging Männergeschäften nach und nahm sich eine Frau.

Später erregte ihre Anwesenheit in Spokane House (ein Handelsposten im heutigen Staat Washington) Anstoß, und um sie loszuwerden, schickte Finan McDonald sie und ihre Begleiterin mit einer Botschaft zu John Stuart in Fort Estekatadene im heutigen British Columbia. Die beiden kamen vom Weg ab, folgten dem Columbia River bis zu seiner Mündung und gelangten dann zu Astors Handelsposten (in der Nähe von Portland, Oregon, was selbst heute mit dem Auto eine ziemlich lange Strecke ist). Die Händler in Fort Astoria bezogen von der Frau ›wichtige Informationen in bezug auf das Landesinnere‹ und beschlossen, unter Leitung von David Stuart eine Expedition auszusenden.

Als Thompson dem Paar in Fort Astoria begegnete, erkannte er Madame Boisverd sofort wieder und beschrieb seinen Gastgebern ihre Vorgeschichte. Am 22. Juli setzte sich eine Gruppe, die aus Thompson und seinen Leuten, David Stuart und seinen Männern sowie den beiden Kutenai-Frauen bestand, ins Landesinnere in Bewegung. Die letzteren hatten sich bereit erklärt, für die Astorianer als Führer zu dienen. Madame Boisverds Prophezeiungen der Pocken und anderer schrecklicher Ereignisse, die sie auf dem Weg flußabwärts des Columbia River gemacht hatte, waren den örtlichen Indianern nicht angenehm gewesen, so daß sie und ihre Begleiterin bei ihrer Rückkehr Drohungen ausgesetzt waren. Einmal kam es sogar so weit, daß die beiden Frauen bei Thompson Schutz suchten, und dieser beruhigte die Stämme des unteren Columbia River in bezug auf die Zukunft. Thompson und seine Männer drangen bis zum Snake River vor, folgten ihm flußaufwärts bis zum Palouse River und marschierten dann über Land bis nach Spokane House. Die von den beiden Frauen geführte Gruppe von Stuart marschierte den Columbia und den Okanagan River hinauf und errichtete einen Posten im Territorium der Shuswap-Indianer.

Madame Boisverd (Water-sitting Grizzly) und ihre Gefährtin sollen bis zu dem Posten im gegenwärtigen British Columbia weitergezogen und von feindlichen Indianern angegriffen worden sein, wobei erstere an der Brust verletzt wurde. Sie lieferten ihre Nachricht an John Stuart ab und kehrten mit einem Antwortschreiben zum Columbia River zurück.

1825 wird im Tagebuch von John Work, dem Händler der *Hudson's Bay Company* am Flathead-Posten, eine Frau namens *Bundosh* erwähnt, von der er schreibt, daß sie Männerkleidung trug und eine führende Persönlichkeit unter den Kutenai-Indianern war. Zwölf Jahre später wird die Kutenai-Transvestitin im Tagebuch von W. H. Gray erwähnt, dem protestantischen Missionar, der in die Staaten reiste und sich Francis Ermatinger, dem Flathead-Händler anschloß. Ein Flathead-Trupp war von den Blackfeet umzingelt worden, und *Bowdash*, wie sie hier genannt wird, war zwischen den beiden Gruppen hin und her gegangen und hatte versucht zu vermitteln. Auf ihrem letzten Gang täuschte sie die Blackfeet, während die Flathead, wie sie wußte, nach Fort Hall entflohen. Sie wurde von den Blackfeet getötet, nachdem sie den Flathead-Trupp gerettet hatte, die Menschen, mit denen sie in ihren letzten Jahren zusammengelebt hatte.«

Der Blood, der seine gestohlene Frau zurückforderte

In der Zeit, bevor es Gewehre und Pferde gab, bestand der Hauptgrund für Kriegszüge unseres Volkes gegen andere Stämme darin, Frauen des Feindes zu erbeuten oder sich eigene Frauen zurückzuholen. Deswegen sind Ehen zwischen den Stämmen ein alter Brauch, und in der Tat gibt es kaum reinblütige Mitglieder irgendeines Stammes. Aufgrund von Geschichten, die ich gehört habe, war es nicht ungewöhnlich, daß ein ganzes Lager von Männern ausgerottet wurde und ihre Frauen gefangengenommen und von den Siegern heimgebracht wurden. Natürlich wurden einige der gefangenen Frauen ebenfalls getötet, aber wenn sie ihr Schicksal akzeptierten und arbeiten konnten, wurden sie gewöhnlich von ihren Besiegern geheiratet.

In meiner eigenen Familiengeschichte gibt es mehrere Fälle von erbeuteten Frauen. Der Urgroßvater meines Vaters erbeutete einmal eine Frau aus dem Shoshone-Stamm, der südlich von uns lebte. Sie bezeichnen sich selbst als River People (Flußleute), aber das Zeichen, das sie vor langer Zeit für ihren Namen machten, bedeutet in unserer Version der Zeichensprache Schlange, und so nennen wir diese Leute Snakes (Schlangen). Der Urgroßvater meines Vaters war ein Krieger namens Big Top (Großer Gipfel), und er hatte einen Sohn von dieser Shoshone-Frau, bevor ihre Brüder kamen und um ihre Freilassung baten. Big Top ließ sie gehen, da er andere Frauen aus seinem eigenen Volk hatte. Er behielt den Sohn, aber sie ging bereits im siebten Monat schwanger mit einem weiteren Sohn. Derjenige, den er bei sich behielt, wurde der Little Bear (Kleiner Bär), von dem mein Familienname herstammt. Derjenige, den sie gebar, nachdem sie die Blood verlassen hatte, wurde Pocatello, ein bekannter Shoshone-Häuptling, nach dem die Stadt Pocatello, Idaho, benannt ist.

Little Bear hatte eine Reihe von Kindern, darunter der Vater meines Vaters sowie ein bekannter Tänzer und »indianischer Gentleman« namens Spider (Spinne). Es war Spider, der nach einem berühmten Zwischenfall, bei dem es um eine andere geraubte Frau ging, benannt wurde. Hier ist die Geschichte:

Ein Blood namens Yellow-Painted Lodge (Gelb bemaltes Tipi) ging mit einer Gruppe seiner Leute auf Büffeljagd. Während sie fort waren, wurde ihr Lager von einem Kriegstrupp der Cree überfallen, und die meisten Frauen wurden geraubt. Als die Männer zurückkehrten, waren sie über den Verlust sehr erbittert, aber sie wußten, daß die Cree ihnen zahlenmäßig weit überlegen waren, und versuchten deshalb nicht, ihnen zu folgen. Yellow-Painted Lodge erfuhr, daß seine Frau lebendig geraubt worden war, und so schmiedete er Pläne, um sie zurückzuholen.

Yellow-Painted Lodge nahm eine Reihe von Pferden und andere Geschenke mit, die er dem Cree zum Tausch für seine Frau anbieten wollte. Nach kurzer Zeit befand er sich im Cree-Lager, und er brachte heraus, in welchem Tipi sich seine Frau aufhielt. Als Yellow-Painted Lodge seine Frau erblickte, küßte er sie. Sie sagte ihm, daß sie um ihrer beider Leben bange, da ihr Erbeuter einen sehr mächtigen Zauber besäße.

Die Cree waren zur Jagd gegangen. Als sie zurückkehrten, fragte ihr Erbeuter: »Wer ist unser Besucher?« Die Frau antwortete: »Er ist dein Bruder.« Der Cree hatte draußen vor dem Tipi die Pferde gesehen und wußte deshalb, mit welchem Anliegen Yellow-Painted Lodge gekommen war. Er war jedoch nicht bereit, die Frau so leicht aufzugeben. Er sagte: »Ich werde dir die Kraft meines Zaubers zeigen. Wenn du stärker bist, werde ich deine Pferde entgegennehmen, und du kannst deine Frau zurückhaben.«

Der Cree entnahm einem kleinen Sack die rot bemalte hölzerne Figur eines Mannes. Der Cree begann zu singen und zu trommeln, und nach kurzer Zeit stand die Figur auf und ging auf Yellow-Painted Lodge zu. Seine Frau rief ihm zu: »Laß dich von dem Ding nicht berühren, sonst bist du tot!« Yellow-Painted Lodge band von dem Zopf in seinem Nacken einen kleinen Wildlederbeutel los. Er entnahm ihm ein Stück Rohleder, das in Form einer Spinne zugeschnitten war. Er riß ein Büschel Gras aus und setzte die Spinne darauf, während er sein eigenes Lied der Macht sang. Er bedeckte die Spinne einen Augenblick lang mit seiner Hand und blies zwischen die Finger. Als er die Hand wieder hob, war die Spinne lebendig geworden und krabbelte auf dem Grasbüschel herum.

Yellow-Painted Lodge setzte die Spinne auf den Boden, direkt in den Weg des kleinen Mannes. Die Spinne schoß nach vorn und packte die kleine Figur. Im nächsten Moment hatte sie die Figur mit ihren Fäden umwickelt und zog sie hinter sich her, während sie eine der Tipistangen hinaufkletterte.

Der Cree wußte, daß er besiegt war. Er bat Yellow-Painted Lodge, sein Leben zu schonen. Er sagte ihm, daß er seine Frau zurücknehmen und seine Pferde behalten solle. Er bot ihm alles an, was er sich wünschte. Yellow-Painted Lodge sang ein weiteres Lied, und die Spinne ließ ihre Bürde fallen und eilte zurück zu dem Grasbüschel. Er bedeckte die Spinne mit der Hand und blies durch die Finger, und sie sah wieder wie ein spinnenförmiges Stück Rohleder aus. Er steckte es zurück in den Wildlederbeutel und band diesen wieder an seinen Zopf. Die kleine Figur lag zerschunden am Boden, wo die Spinne sie hatte fallen lassen.

Dann sagte Yellow-Painted Lodge zu dem Cree: »Ich bin nur hierher gekommen, um meine Frau zu holen. Wenn du mir jetzt etwas zu essen gibst, werden wir uns auf den Heimweg machen. Ich möchte, daß du die Pferde behältst, die ich mitgebracht habe, und du sollst mein Bruder sein. Du kannst jederzeit in unser Lager kommen und mein Gast sein.« Der Cree war glücklich, dies zu hören, und er wußte, daß in Zukunft nichts Schlimmes mehr zu erwarten war, nachdem Yellow-Painted Lodge in seinem Tipi Essen akzeptiert hatte.

Zu dieser Zeit hatte Little Bear ein sehr krankes Baby. Als Yellow-Painted Lodge zu Besuch kam, gab man ihm das Baby zu halten, und Little Bear bat den alten Mann, für die Kraft des Kindes zu beten. Yellow-Painted Lodge fragte: »Willst du, daß dieses Baby ein Mann wird?« Little Bear antwortete, das wolle er. Dann forderte Yellow-Painted Lodge Little Bear auf, Räucherwerk anzuzünden. Er sagte: »Ich werde das Lied meiner Macht singen. Wenn meine Macht lebendig wird, werde ich dieses Baby nach ihr nennen, und es wird zu einem starken Mann heranwachsen.« Er holte seine Rohlederspinne hervor, legte sie auf ein Grasbüschel und fing an zu singen. Nachdem er durch seine Finger geblasen hatte, begann die Spinne sich zu bewegen und lief dann über den Boden auf Little Bear und seine Frau zu. Sie sahen es. Dann lief die Spinne zurück zu Yellow-Painted Lodge, der sie wieder wegsteckte. Er sagte: »Da meine Macht für euer Kind lebendig geworden ist, werde ich ihm den Namen Spider geben.«

Spider wurde ein alter Mann, der erst ein paar Jahre vor meiner Geburt starb. Er war ein Bauer, dessen Lieblingsbeschäftigung es war, bei indianischen Tänzen mitzumachen. Die alten Leute sagen, er soll beim Tanzen so sanft dahingeglitten sein, daß er wie ein Stück Adlerflaum gewirkt habe. Er trug immer sehr kunstvoll mit Perlen bestickte Kleider, bemalte sein Gesicht mit leuchtenden und auffälligen Mustern und kämmte sein Haar in einem besonderen Stil, für den er bekannt war. Er hat sich sein ganzes Leben lang nie das Haar geschnitten, was ihm seinen anderen Namen, Long Hair (Langhaar), eingetragen hat.

Einweihungen und Aufgaben einer heiligen Frau – Paula Weasel Head erzählt

Ich werde dir ein bißchen über die heiligen Initiationen erzählen, die ich in meinem über siebzigjährigen Leben durchgemacht habe, um dir zu zeigen, an was allem eine Frau in unserer Stammeskultur teilhaben kann. Weil mein Vater mich sehr liebte, nahm er mich zu allen Arten von Zeremonien mit, die er besuchte. Er hieß Iron (Eisen), und er war berühmt dafür, mehr heilige Initiationen durchgemacht zu haben als irgend jemand sonst unter den Blood. Er besaß eine Anzahl verschiedener Medizinpfeifenbündel, und er trat viele Male der Hörner-Gesellschaft bei. Er wurde fast hundert Jahre alt, und er starb vor nicht allzu vielen Jahren.

Als ich noch ein kleines Mädchen war, erwarb mein Vater für mich ein Tipimuster. Das Muster wurde für die Übertragungszeremonie auf ein neues Tipi gemalt. Es war kein großes Tipi, es war klein, gerade groß genug, daß Kinder darin spielen konnten. Meine Mutter fertigte es für mich an, so daß ich es mit meinen Spielkameraden benutzen konnte. Meine Eltern ließen einen alten Mann kommen, der die Zeremonie leitete, damit ich für die Benutzung des Tipis richtig initiiert wurde. Meine Mutter saß als mein Partner mit mir im Tipi. Ich war nicht das einzige kleine Mädchen, das ein solches Tipi bekam. Es gab außer mir noch ein paar andere.

Meine Schwester und ich besuchten damals das Internat. Das war in der Zeit, als sie uns nicht einmal erlaubten, zum Sonnentanz nach Hause zu kommen. Meine Mutter kam zur Schule und stellte das Tipi im Sommer auf. Sie stellte es direkt neben der Schule auf, und es störte niemanden. Sie zog eine niedrige Innenumrandung ein, auf die Muster gemalt waren. Sie gerbte einige kleine Tierpelze und legte sie als Teppiche in mein Tipi. Sie fertigte sogar kleine Taschen aus Rohleder an und legte sie wie in einem richtigen Tipi rund um die Innenwände. Manchmal machte meine Mutter auf ihrem Weg zur Schule, wo sie uns besuchen wollte, in Long-Nosed Crows (Langnasige Krähe) Laden Halt und kaufte eine Unmenge Lebensmittel ein. Dann beauftragte sie mich, alle meine Freundinnen ins Tipi einzuladen, und sie setzte uns ein großes Festmahl vor – alle möglichen Arten von Essen und Beeren. Manchmal kamen sogar die Nonnen herüber und setzten sich zu uns in das kleine Tipi.

Das Muster meines Tipis war sehr hübsch. Es war einem von den alten Leuten aus der Vergangenheit in einem Traum eingegeben worden. Die Plane war gelb angemalt und hatte vier Linien von farbigen Kreisen, die vom Boden bis zur Spitze reichten. Die Kreise bedeuteten Sterne, und in jeder der vier Himmelsrichtungen – Osten, Westen, Norden und Süden – befand sich eine Reihe von ihnen. Ich weiß nicht mehr, wie viele Jahre ich dieses Tipi hatte, aber es ging schließlich kaputt und verschwand. Ich habe dieses Muster nie auf eine andere Plane gemalt, und ich könnte das Muster jetzt auf jemand anderen übertragen, wenn man mich darum bäte.

Als ich noch sehr klein war, wurde ich auch zur Aufbewahrung eines Medizinpfeifenbündels mitinitiiert. Jedes dieser Bündel hat einen Mann und eine Frau als Besitzer, und ein Kind geht mit ihnen und trägt den speziellen Haarschopfwickel und das Kopfband aus Pelz, die mit dem Bündel aufbewahrt werden. Das ist das, was sie auf mich übertrugen, und jedesmal, wenn die Öffnungszeremonie des Bündels abgehalten wurde, saß ich mit den Hauptpersonen vorn. Ich bin mein ganzes Leben lang mit Medizinpfeifenbündeln in Berührung gewesen, und ich kenne alle dazugehörigen Lieder und Zeremonien.

1921 heirateten *Mokakin* und ich. Sein Name bedeutet Dörrfleisch, obwohl er heute auch unter dem Namen seines Onkels, Eagle Ribs (Adlerrippen), bekannt ist. Wir waren noch sehr jung, als wir uns verpflichteten, das *Backside-to-the-Fire* (Rückseite-zum-Feuer) genannte Medizinpfeifenbündel zu übernehmen. Wir behandelten es sehr gut. Ich hatte große Angst, etwas Falsches damit zu machen, es gibt so viele Regeln zu befolgen. Diejenigen, die uns dafür initiierten, waren Leute aus der alten Zeit, also wurden wir auf die alte Weise initiiert. Die Zeremonie dauerte ein paar Tage. Sie initiierten uns sogar dafür, nachts schlafen zu gehen und morgens aufzustehen.

Wir lebten sehr gut mit diesem Medizinpfeifenbündel. Ich brachte es jeden Morgen, bevor die Sonne aufging, nach draußen, wie es der Brauch war. Ich mußte immer ein Feuer im Ofen anzünden, um Räucherwerk bereiten zu können, bevor ich das Bündel hinausbrachte. Ich hielt während des Tages ein Auge darauf gerichtet, damit nichts mit ihm passierte, während es draußen hing. Diese Dreifüße, die zu jedem Bündel gehören, sind dafür da, daß man es daranhängt. Aber als die Leute begannen, in Häusern zu wohnen, schlugen sie einfach auf der Rückseite einen großen Nagel in die Wand, und dort kann das Bündel tagsüber hängen. Dann bereitete ich, bevor die Sonne unterging, noch einmal Räucherwerk und brachte das Bündel nach drinnen. Bevor wir uns schlafen legten, brannte ich noch einmal Räucherwerk ab. Damals lernten wir wirklich beten. Das ist einer der Gründe, weshalb man oft für seine Bündel Räucherwerk abbrennen muß, daß man dabei nämlich beten lernt. Seither habe ich ständig gebetet, und ich bete bis auf den heutigen Tag noch.

Einige Zeit nachdem wir zum erstenmal dieses Medizinpfeifenbündel übernommen hatten, wurde uns ein großes Tipi mit einem gemalten Muster übertragen. Es stammte von der Blackfoot-Abteilung. Es war das *Yellow-Otter-Painted Lodge* (das mit-einem-gelben-Otter-bemalte Tipi). Später bekamen wir auch das *Half-Red-Painted Lodge* (das zur-Hälfte-rot-bemalte Tipi) und das *Yellow-Painted Lodge* (das gelb-bemalte Tipi). Zusammen mit dem bemalten Tipi, das ich als Kind bekommen habe, habe ich in meinem Leben vier heilige Tipis besessen.

Jedes von ihnen hat seine eigenen Kräfte und seine eigene Geschichte, und ich kann sie in meinen Gebeten anrufen und erhalte auf diese Weise Hilfe. Das ist unser religiöser Glaube.

Mokakin und ich haben uns auch mehrmals der Hörner-Gesellschaft angeschlossen. Zuerst hatten wir das Mitgliedschaftsbündel, das *Has-a-Rattle* (Hat-eine-Rassel) genannt wird und das eins der führenden ist. Diese Mitgliedschaftsbündel stammen von altersher. Wir hatten dieses Bündel mehrere Jahre lang bei uns, und ich behandelte es ebenso gut wie unsere Pfeife. Dann gaben wir unsere Medizinpfeife an eine andere Familie weiter, die ebenso wie wir eine Bürgschaft dafür geleistet hatte. Jedesmal, wenn die Medizinpfeife übertragen wurde, gaben die neuen Besitzer dafür ihre besten Pferde, Wagen, manchmal ihr Vieh, Decken, Geld und andere wertvolle Besitztümer. Damit bewiesen sie den Ernst, mit dem sie eine solche heilige Verantwortung übernahmen. Früher bewahrten nur die Oberhäuptlinge und ihre Familien Medizinpfeifenbündel. Der Vater meines Vaters war in der alten Zeit ein Oberhäuptling, und er wurde zu einem der wichtigsten Medizinpfeifenmänner im Stamm.

Die Medizinpfeife *Backside-to-the-Fire* wechselte mehrmals die Familie, und dann leisteten wir einen Eid, sie zurückzunehmen. Das erste Mal erhielten wir sie von Black Forehead (Schwarze Stirn) und seiner Frau, und dieses zweite Mal erhielten wir sie von Day Rider (Tagesreiter) und seiner Frau. Nach einiger Zeit gaben wir sie weiter an Fred Weasel Fat (Wieselfett) und seine Frau. Bei diesem zweiten Mal, als wir die Pfeife übernahmen, waren nicht mehr so viele Leute aus der alten Zeit für die Zeremonie vorhanden, und deshalb war sie kürzer als die erste.

Auf unsere alten Tage haben wir die Pfeife *Backside-to-the-Fire* noch einmal genommen, aber wir hatten sie nicht lange, weil unser Sohn, Frank, darum bat. Wir übertrugen sie an ihn und seine Frau, aber ich blieb bei ihnen, um mich um den Dreifuß zu kümmern, was eine heilige Pflicht ist. Wenn man diese letzte Pflicht mitzählt, habe ich vier Perioden mit dieser Medizinpfeife verbracht, was nach unserer Sitte eine heilige Zahl ist. Sie basiert auf den vier Himmelsrichtungen und den vier Jahreszeiten.

Nicht lange nachdem unser Sohn diese Pfeife hatte, wurde sie auf unseren Enkel, Frederick Weasel Head, übertragen, und letzthin wurde sie auf einen anderen unserer Söhne, Moses, übertragen. Während einige andere Medizinpfeifen der Blood an Museen verkauft worden sind, ist diese noch immer in unserem Besitz. Wenn Leute krank sind oder Hilfe brauchen, können sie sie um Kraft bitten, und sie können sich verpflichten, mit ihr zu tanzen, wenn das Bündel das nächste Mal geöffnet wird. Sie müssen Zahlungen leisten, um das tun zu können, und wenn sie in der Lage sind, eine Menge Zahlungen zu leisten, können sie das Bündel auf sich übertragen lassen, so daß sie eine Zeitlang für es sorgen können.

Früher gab es mehrere Männergesellschaften mit verschiedenen Namen, aber zusammen wurden sie die Alles-Freunde-Gesellschaft genannt. Die einzigen von ihnen, die noch weiterbestehen, sind die Hörner und die Tapferen Hunde. Diese Gesellschaften waren die Polizei des Stammes. Sie sorgten dafür,

Der Biberbündel-Tanz wurde von den Blood zum letztenmal aufgeführt, als diese Aufnahme im Jahre 1967 gemacht wurde. Die Frauen hüpfen auf den Knien und ahmen Biber nach, während vier Männer im Hintergrund singen und Rasseln aus Rohleder schlagen. Die zweite Frau von links ist die Mutter meiner Tante Mrs. White-Man-Left (Weißer-Mann-Ging), die früher einmal mit ihrem Mann zusammen ein Biberbündel besaß. Ihr gegenüber kniet die heilige Frau Mrs. Rides-at-the-Door, die das letzte Biberbündel unter den Blood besaß. Diese Zeremonie war eine dramatische Darstellung des in Harmonie mit der Natur geführten Lebens meiner Vorfahren; sie sangen dabei über alle wichtigen Tiere, die sie kannten, beteten zu ihnen und ahmten sie nach. Jedes von ihnen war durch eine ausgestopfte Haut repräsentiert, die in dem großen Medizinbündel enthalten war, dessen richtige Bewahrung ein Mann und eine Frau ihr Leben lang lernen mußten. (Photo: Provincial Museum of Alberta)

daß die Stammesgesetze und die Anordnungen des Häuptlings befolgt wurden. Die Tapferen Hunde sind vor kurzem wiederbelebt worden, und die Hörner wären vor ein paar Jahren fast ausgestorben. Gerade zur rechten Zeit noch kam eine jüngere Gruppe, die die Mitgliedschaft übernahm. Jetzt ist diese jüngere Gruppe auf meinen Mann, *Mokakin*, angewiesen, daß er ihnen beibringt, was sie zu tun haben. Er ist jetzt ihr Großvater.

Die Hörner sind die Geheimgesellschaft für Männer, und die *Motokiks* sind die Geheimgesellschaft für Frauen. Ich gehörte dieser Gesellschaft viele Jahre lang an. Ich war ein führendes Mitglied, wozu ein Bündel mit einem sogenannten Schlangenkopfschmuck gehörte, den ich nur bei bestimmten heiligen Zeremonien herausnahm und trug. In den letzten Jahren hat eine jüngere Gruppe von Frauen diese Gesellschaft übernommen. Wie *Mokakin* bei den Hörnern fungiere ich als Beraterin dieser neuen Mitglieder. Ich bin ihre Großmutter. Auf diese Weise sind *Mokakin* und ich für unseren Glauben an die heilige Tradition unseres Volkes belohnt worden. Ich habe an allen diesen alten Zeremonien so oft teilgenommen, daß ich in der Lage wäre, sie alle anzuführen, wenn unsere Bräuche nicht erfordern würden, daß Männer die zeremoniellen Leiter sind.

Wir alten Blood sind sehr bestürzt über das Verhalten der jungen Leute. Sie haben kaum mehr Respekt. Einige von uns glauben, der Grund dafür liegt darin, daß viele junge Leute mit der Flasche genährt worden sind. Die Milch, mit der sie aufgezogen wurden, stammte von Kühen, und so haben die jungen Leute von heute das Wesen von Kühen angenommen. Wie man weiß, denken Kühe nur an sich, obwohl sie gern in Herden laufen. Viele von den jungen Leuten sind genauso.

Ja, ich glaube, es besteht noch Hoffnung, daß sie sich in der Zukunft ändern werden ... Wenn sie auf gute Führer hören und lernen, Achtung vor allen Dingen zu haben, nicht nur vor denen, die ihnen gehören, und wenn sie beten. Beten ist das, was uns alte Leute durchs Leben gebracht hat. Wir haben alle schlimme Zeiten durchgemacht. Wir haben alle unseren Anteil an Bösem getan. Aber durch unsere Gebete und unseren Glauben an den Schöpfer finden wir uns wieder zusammen, und wir geben uns große Mühe, auf die richtige Weise zu leben.

Vor ein paar Jahren haben *Mokakin* und ich unseren fünfzigsten Hochzeitstag gefeiert. Sogar die Führer der Regierung haben uns Glückwunschkarten geschickt. Wir haben miteinander ein langes Leben verbracht – gute Zeiten und schlechte Zeiten. Von all den Erfahrungen sind wir weise geworden.

Unsere heiligen Übertragungen haben uns im Leben am meisten gestärkt. Wir glaubten an unsere Religion, wie sie uns von unseren Vorfahren überliefert wurde. Für jede wichtige Sache, die sie im Leben machten, gab es eine Übertragung – eine Initiation. Jemand, der diese Übertragung durchgemacht hat und alles darüber weiß, initiiert den Neuling. Entweder für ein Medizinpfeifenbündel oder für ein Bündel einer Gesellschaft. Dies sind Dinge, nach denen wir leben – die Zeremonien und die Bedeutungen dieser Initiationen lehren uns etwas über das Leben, und so versuchen wir, sie zu lernen. Es ist das gleiche, wie wenn ein weißer Mann zur Schule geht und fürs Leben lernt. Man beschafft sich auf diese Weise seinen Lebensunterhalt. Nur daß sie in der alten Zeit nicht für Geld arbeiteten. Sie arbeiteten nur für Büffel und für Pferde des Feindes und schöne Dinge.

Mokakin und ich machten in unserem indianischen Leben nicht einfach, was wir wollten. Wir übernahmen diese verschiedenen Medizinbündel, und jedes hat seine eigenen Initiationen. Zum Beispiel gibt es eine Initiation, um die heiligen Mokassins herzustellen, die bei einigen Zeremonien getragen werden. Es gibt eine andere Initiation für die Mokassins, die repariert werden müssen. Dann gibt es eine Initiation dafür, die Wildledertaschen herzustellen, in denen wir heilige Farbe aufbewahren. Sie entzünden Räucherwerk, und sie führen einem die Hand bei den ersten Bewegungen, beim Zuschneiden, beim Nähen und beim Fertigmachen. Und die ganze Zeit über beten alle. Jedesmal, wenn wir auf diese Weise initiiert werden, wird uns das Gesicht bemalt. Das bedeutet, daß man etwas anderes erhält, wovon man leben kann, und diese Dinge häufen sich.

Aber heute kümmern sich die meisten Leute nicht sehr um diese Traditionen, wie sie uns überliefert worden sind. Sie möchten sie so ausführen, wie es ihnen gefällt, entsprechend ihrer eigenen Vorstellung davon, Indianer zu sein. Sie fertigen heilige Dinge an oder sagen, daß sie über eine Zeremonie Bescheid wissen, obwohl ihnen für diese Dinge nie ihr Gesicht bemalt worden ist. Sie machen alles auf ihre eigene Art und benutzen dazu die Dinge, die uns der Schöpfer gegeben hat. Ich beobachte all das um mich herum und finde es schlecht. Und ich scheue mich nicht, zu sagen, was ich denke. Ich bin eine alte Frau, und ich bin initiiert worden und habe das Recht erhalten, viele, viele Dinge im Leben zu tun. Alle die älteren Blood wissen das. Wenn ich meine Meinung sage, denken einige Leute vielleicht, daß ich rechthaberisch bin. Aber jeder weiß, es ist unsere Tradition, daß man seine Worte auf seine Initiationen stützt. Die Führer des Stammes haben immer die meisten Übertragungen durchgemacht und haben die wichtigsten Bündel bewahrt. Ich habe das Recht zu einer Menge von Dingen, über die ich nicht einmal spreche, weil ich es nicht allzu kompliziert machen möchte. Aber wir müssen uns an die Weisheit unserer Vorfahren halten und dürfen nicht schlauer sein wollen als sie, wenn wir über den Schöpfer und alles, was geschaffen worden ist, sprechen.

Ich begann Gefallen an *Mokakin* zu finden, als ich noch im Internat war – es war St. Paul's, hier im Reservat. Das war in der Zeit, als wir praktisch das ganze Jahr in der Schule lebten. Wir, meine Schwester und ich, wuchsen dort auf. Mein Vater plante, mir einen Mann auszusuchen, wenn ich die Schule hinter mir hatte. Er stellte sich jemanden aus einer reichen Familie vor, jemanden, der eine Menge Übertragungen durchmachen und auf diese Weise gut für seine Familie sorgen würde. Ich wollte *Mokakin* heiraten, und so kam er eines Tages zu Pferde und holte mich. Ich lief aus der Schule davon und ließ mich von ihm entführen. In jener Zeit pflegten die Väter noch einen Mann für ihre Töchter auszusuchen.

Heutzutage fragen die jungen Leute ihre Eltern nicht einmal

um Rat, wenn sie heiraten wollen. Sie schauen sich nur nach jemandem um, selbst wenn sie noch sehr jung sind. In meiner Jugend durften wir nur mit anderen Mädchen zusammensein. Unsere Mütter und Tanten und Verwandten hielten uns sehr streng. Sie erlaubten nicht, daß ein Junge auch nur in unsere Nähe kam. Wir wußten nicht, wie es war, draußen allein herumzuspazieren. Sobald es dunkel wurde, mußten wir im Haus sein. Dies traf besonders für die Sonnentanzlager zu. Heutzutage stromern die Kinder dort Tag und Nacht wild herum. Ich sage dir, es war viel besser, als das Leben noch in geordneten Bahnen verlief.

In der Schule sprachen sie davon, *Mokakin* ins Gefängnis zu stecken, weil er mich entführt hatte. Er war älter als ich. Aber so jung war ich auch nicht mehr. Ich plante bereits, die Schule zu verlassen, und mein Vater sah sich schon nach einem Schwiegersohn um. Aber er wollte *Mokakin* nicht, und so bin ich eben einfach mit ihm davongelaufen. Danach mußte er *Mokakin* akzeptieren, da ich seine *Minipoka*, seine Lieblingstochter, war.

Zwei kleine Schwestern – Annie Red Crow erzählt

Mein Vater nahm meine Schwester (Paula Weasel Head) als seine *Minipoka* oder Lieblingstochter. Ich weiß nicht, warum er sie auswählte, aber zu jener Zeit war es Sitte, so etwas zu tun. In allem, was sie tat, wurde sie bevorzugt behandelt, und mein Vater nahm sie zu Zeremonien und Tänzen mit, während ich zu Hause blieb und spielte.

Es war nicht so, daß mein Vater mich deswegen schlecht behandelte. Manchmal bemühte er sich darum, daß ich zur gleichen Zeit wie meine Schwester für irgendeine heilige Sache initiiert wurde, aber ich lief stets davon. Ich zog es immer vor, mit meinen Freundinnen zu spielen. Ich wurde ganz und gar nicht schlecht behandelt, aber ich war auf jeden Fall eifersüchtig, weil meine Schwester bevorzugt wurde. Ich versuchte sie dauernd zu ärgern. Wenn mich niemand beobachtete, schnitt ich Grimassen und machte sie auf mich aufmerksam. »Ponah! Ponah!« sagte ich leise, und wenn sie aufblickte und meine Grimassen sah, wurde sie richtig böse. Ihr eigentlicher Name ist Different-People Woman (Verschiedene-Leute-Frau), aber sie nannten sie Paula und mich Annie. In der Schule wurden wir Paula Iron und Annie Iron genannt. Die alten Leute konnten Paula nicht aussprechen, deshalb nannten sie sie Ponah, und dieser Name ist ihr geblieben.

Von Kindheit an wußte meine Schwester viel über die indianische Lebensweise. Wir fertigten Puppen aus Stoff und Wildleder an und gaben ihnen echtes Haar. Sie konnte wirklich gute Puppen machen. Sie besaß ein kleines bemaltes Tipi, das ihr sogar mit einer Zeremonie übertragen wurde. Danach schmollte sie unseren Eltern etwas vor, weil sie kein Medizinpfeifenbündel für ihr Tipi hatte. Unsere Eltern hatten zu verschiedenen Zeiten mehrere davon. Also fertigten sie ihr ein kleines Medizinpfeifenbündel an, das sie in ihrem Tipi aufhängen konnte. Sie ging damit ebenso sorgfältig um wie unsere Mutter mit den echten – auf diese Weise lernte sie, sich so gut um Medizinbündel zu kümmern. Dieses kleine Bündel, das sie hatte, wurde ihr nicht übertragen, es war nur eine Imitation. Aber es gab eine Anzahl von echten kleinen Bündeln, die den Kindern wohlhabender Leute übertragen wurden. Eines von ihnen befindet sich noch heute bei den Blood. Es ist bekannt als das Medizinpfeifenbündel der Kinder. Als mein Mann, Frank, noch lebte, ließen wir dieses Bündel auf eine unserer Lieblingsenkeltöchter übertragen.

Sobald meine Schwester etwas wollte, brauchte sie nur zu unserem Vater zu gehen und ihm zu schmeicheln, und er verschaffte es ihr. Wenn Schmeicheln nichts nützte, pflegte sie zu schmollen, bis er nachgab. Wenn ich dasselbe machte, wurde er wütend und jagte mich fort. Unsere Familie war reich an Pferden und anderen Besitztümern. Unser Vater fertigte für meine Schwester kleine Spielpferde mit echtem Pferdehaar an. Für einige von ihnen hatte sie sogar kleine Travois. Bei einem davon schauten wie in der Wirklichkeit vier kleine Puppenkinder mit ihren Köpfen aus der Travoistasche heraus. Sie hatte sogar kleine Bündel, die der Hörner-Gesellschaft und den *Motokiks* nachgemacht waren. Das ist der Grund, weshalb sie an allen diesen Dingen teilnahm, als sie noch jung war. Ich habe mich den *Motokiks* erst im Alter angeschlossen.

Ich erinnere mich an einen Tag, als wir jung waren, an dem ich meinem Vater und meiner Schwester wirklich das Leben schwer gemacht habe. Jeden Morgen bemalte er uns das Gesicht, damit der Tag uns Glück brächte. Er betete, während er uns vor dem Familienaltar bemalte. Früher haben die Leute das immer so gemacht. Meine Schwester bestand dauernd darauf, als erste bemalt zu werden, und mein Vater ließ ihr ihren Willen. Er rief sie zu sich, damit sie bemalt werden konnte, und ich lief fort und versteckte mich. Mir lag nichts daran, bemalt zu werden.

An diesem bestimmten Morgen schlief Ponah länger als sonst. Ich sagte zu meinem Vater: »Beeil dich damit, mich zu bemalen, weil ich hinausgehen und reiten will.« Er antwortete: »Warte, deine Schwester schläft noch.« Aber ich bedrängte ihn weiter und sagte schließlich: »Wenn du es nicht gleich tust, werde ich mir heute überhaupt nicht das Gesicht bemalen lassen.« Er mußte daran gedacht haben, wie Ponah sich aufführen würde, wenn er mich als erste bemalte. Doch schließlich war er damit einverstanden, mein Gesicht zu bemalen, damit ich hinausgehen konnte und ihn in Ruhe ließ.

Sobald mein Gesicht bemalt war, lief ich hinaus, aber ich dachte nicht mehr ans Reiten. Statt dessen lungerte ich am Fenster herum, weil ich hineinblicken und sehen wollte, ob sie schon aufgewacht sei. Schließlich sah ich sie sitzen. Sie hatte schönes langes Haar, und meine Mutter kämmte es. Dann forderte mein Vater meine Mutter auf, sie mit nach draußen zu nehmen. Wir hatten damals keine Toiletten. Als sie zurückkamen, war ich bereits drinnen und hatte mich hingesetzt. Ponah schaute dauernd zu mir herüber, aber sie sagte nichts. Ich glaube, sie wußte, daß irgend etwas nicht stimmte, doch sie wußte nicht, was es war. Mein Vater sagte meiner Mutter, sie solle ihr etwas zu essen machen. Sie fragte meine Mutter: »Sind Eier da?« Ich sagte zu ihr: »Ja, draußen fliegt ein großer Vogel herum, und er hat wirklich große Eier!« Meine Mutter wurde wütend auf mich, aber ich sagte nur: »Sie will doch Vogeleier, und ich wollte ihr nur helfen.« Meine Mutter sagte darauf bloß, ich solle den Mund halten.

Die Eier wurden gebraten und Ponah auf einem Teller serviert. Sie wollte gerade den ersten Happen zum Munde führen, als ich leise zu ihr sagte: »Ponah!« Sie sah mich an, und ich deutete nur auf mein Gesicht. Sie schrie laut: »Ihr Gesicht ist bemalt!« warf sich zurück, stieß ihr Essen um und schrie wie am Spieß. Mein Vater sprang auf, und ich lief so schnell ich konnte hinaus zu meinem Pferd. Keiner faßte mich, doch sie riefen mir nach: »Komm zurück, wir wollen dir das Gesicht waschen, damit sie als erste bemalt werden kann.« Ich war schon fast bei meinem Pferd angelangt und rief deshalb nur: »Nein, ich bin schon bemalt, warum sollte ich es wieder abwaschen?« Gewöhnlich wischte ich mir sofort nach dem Bemalen das Gesicht ab, doch diesmal ließ ich die Farbe den ganzen Tag drauf. Ponah hörte nicht auf zu weinen.

Kindheitserinnerungen – Paula Weasel Head erzählt

Als wir klein waren, lernten wir Dinge über Hausarbeit, indem wir unserer Mutter dabei zuschauten, wie sie es machte. Sie arbeitete hart und war sehr gut in allem. Das war in der Zeit, als die Männer von den Frauen noch wie Könige behandelt wurden; sie rührten im Haushalt keinen Finger. Mein Vater pflegte dazusitzen und seine Pfeife zu rauchen oder Lieder zu singen und Besuche zu machen und sich von meiner Mutter bedienen zu lassen, die für alles sorgte. Wir waren noch recht jung, deshalb verlangte sie auch nicht, daß wir arbeiteten. Wir spielten nur und schauten ihr zu.

Als wir Kinder waren, lebten wir in keinem sehr großen Haus. Aber es war ein gutes und warmes Haus aus Holzstämmen. Mein Vater sorgte immer dafür, daß meine Mutter ein separates Blockhaus hatte, worin sie kochen konnte. Sie hatte darin Tische und Stühle und richtete es so ein, wie es ihr gefiel. Sie begann ihre Arbeit immer damit, daß sie Holz hackte und dann ihren Arbeitsplatz saubermachte. Wenn eine Mahlzeit hergerichtet werden mußte, kochte sie. Sonst setzte sie sich hin, um zu nähen oder Perlenstickerei anzufertigen. Sie saß niemals müßig herum. Von meiner Mutter lernten meine Schwester und ich, nie müßig zu sein.

Tagsüber geschah es oft, daß mein Vater sein Pferd sattelte und Besuche machte. Er ritt zum Haus seiner Mutter. Sein Vater hatte mehrere Frauen, und sie waren alle die Mütter meines Vaters. Zu anderen Zeiten besuchte er verschiedene Verwandte und Freunde. In der Zeit vor unserer Geburt hatte mein Vater mit einigen dieser Freunde Kriegszüge unternommen, und immer wenn sie sich trafen, sprachen sie über diese Zeit. Das verwöhnte Verhalten meines Vaters war ein Überbleibsel aus der Zeit, in der die Männer kämpften, jagten und sich um die Pferde der Familie kümmerten, während die Frauen die gesamte Hausarbeit erledigten.

Wenn mein Vater ausritt, blieb meine Mutter bei uns daheim und tat ihre Arbeit. Manchmal nähte sie Sachen für uns oder gerbte Felle für Decken oder Kleidung. Sie gab auf die Sonne acht, und wenn diese einen bestimmten Stand am Himmel hatte, machte meine Mutter Feuer. Sie kochte Tee, weil sie wußte, daß mein Vater bald nach Hause kommen würde. Er kehrte immer vor Anbruch der Dunkelheit zurück. Wenn er hereinkam, servierte sie ihm Tee. Er saß immer auf seinem Platz an der Rückseite des Raumes neben dem Altar und unter seinen Bündeln. Dabei trank er langsam seinen Tee, und wenn er etwa die Hälfte davon getrunken hatte, schüttete er den Rest aus. Ich glaube, er tat das, um zu zeigen, wer der Boß war. Er hatte wirklich eine sehr hohe Meinung von sich.

Während er seinen Tee trank, saß ich gewöhnlich nahe bei ihm. Er drückte mich an sich und hätschelte mich, und meine Schwester saß auf der gegenüberliegenden Seite des Raums und schnitt Grimassen zu mir herüber. Wenn das Essen fertig war, setzte meine Mutter es ihm vor, und ich aß mit ihm aus seiner Schüssel. Meine Schwester hielt mich für ein verzogenes Gör.

Als ich klein war, hatte ich meinen eigenen Sack mit Dörrfleisch. Meine Mutter nahm mich immer mit, um einmal in der Woche die Regierungsrationen abzuholen. Wenn wir damit heimkamen, schnitt sie das Fleisch in Streifen. Ich saß neben ihr und machte ihr alles nach. Sie hatte oben unter der Decke eine Schnur durch den Raum gezogen, an der sie die Streifen Fleisch zum Trocknen aufhing. Sie spannte auch für mich eine Schnur auf, und ich hing meine eigenen Streifen Fleisch auf. Ich hatte meine eigenen Taschen mit Felsenbirnen und Traubenkirschen, die ich selbst getrocknet hatte. Während ich sie pflückte und trocknete, fertigte mein Vater mir schöne Taschen aus den Fellen von ungeborenen Kälbern und anderen kleinen Tieren an. Ich bewahrte damals alle meine Sachen in Taschen auf.

Manchmal hatte ich große Vorräte an getrocknetem Essen gesammelt, und meine Mutter sagte zu mir: »Koch etwas von deinem Fleisch, wir haben in diesem Haus nichts zu essen.« Ich sprang dann auf und begann zu kochen. Meine Schwester und ich hatten jede unser eigenes, zueinanderpassendes Kochgeschirr, das mein Vater beim Handelsposten für uns gekauft hatte. Wir besaßen kleine gußeiserne Töpfe – die mit den drei kurzen Beinen, auf denen sie stehen. In der Blackfoot-Sprache nennen wir sie »Hat-Titten«. Es waren wirklich niedliche kleine Töpfe.

Ich holte also meinen kleinen dreibeinigen Topf heraus und bereitete das Essen. Gewöhnlich bestanden meine Mahlzeiten aus getrocknetem Fleisch, das ich mit etwas Fett und getrockneten Beeren kochte. Dies war für mich eine Übung für später.

Ich bediente meinen Vater immer zuerst. Einmal, als ich mein Essen austeilte und zu meiner Schwester kam, sagte sie: »Ich werde nichts von dem essen, was sie gekocht hat, weil die Fliegen darauf Babys abgelegt haben und ich es schmutzig finde.« Ich begann deswegen zu weinen, und mein Vater blickte auf und sagte: »Was ist meinem kleinen Mädchen passiert?« Meine

Schwester lief aus dem Haus, bevor sie gescholten werden konnte.

Meine Schwester ging vor mir ins Internat. Das war die Zeit, in der ich am meisten über unsere alten Traditionen und unsere Religion lernte, weil ich dauernd mit meinem Vater zusammen war. Mein Vater und meine Mutter behandelten ihre heiligen Dinge sehr sorgfältig, und mein Vater bemühte sich, alles darüber zu lernen. Kein Wunder, daß er sehr alt wurde. Es fiel niemandem ein, jemals vor ihn oder vor seinen Altar zu treten. Das war in unserer Religion streng verboten.

Schließlich kam ich ebenso ins Internat wie meine Schwester, und wir lernten eine Menge Dinge von den Nonnen. Sie lehrten uns die moderne Lebensweise, aber selbst das, was wir damals lernten, wird jetzt als altmodisch betrachtet und geht verloren. Als wir die Schule beendet hatten, heirateten wir beide und lebten im Heim unserer jeweiligen Schwiegermutter. Und das war die Zeit, in der wir wirklich lernten, wie die Dinge gemacht werden und wie das Leben läuft. Alles übrige war nur eine Vorübung dafür, aber unser wirkliches Leben begann erst mit der Ehe und dem Kinderkriegen.

Mokakins Mutter war wirklich gut in der Art von Arbeit, die von Frauen erledigt wird, und es war angenehm, mit ihr zusammenzuleben. Mir schien es, als ob alles, was sie anfaßte, gut wurde. Und sie war auch sehr heilig und kannte sich in unserer Religion aus. Sie und ihr Mann hatten eine ganze Anzahl Medizinbündel gehütet. Ich pflegte ihr bei der Perlenstickerei zuzuschauen und darüber zu staunen, wie vollkommen immer alles aussah. Ich glaube, ich habe von der Mutter meines Mannes sehr viel darüber gelernt, wie man eine gute Ehefrau und Hausfrau ist.

Nach meiner Heirat hatte ich sehr viel Sehnsucht nach meinem Vater und meiner Mutter. Selbst wenn wir alle auf dem Sonnentanzgelände versammelt waren, pflegte meine Mutter weit entfernt von uns zu zelten, und ich bekam sie kaum zu Gesicht. Sie war sehr altmodisch und hielt sich deshalb strikt von ihrem Schwiegersohn fern. Sie pflegte frühmorgens zu unserem Tipi zu kommen und uns Essen zu bringen. Sie rief uns von draußen und sagte: »Hier ist etwas Gekochtes für euch zum Essen.« Das war der alte Brauch. Oder sie forderte mich auf, später am Tag zu ihrem Tipi zu kommen. Wenn ich Zeit hatte, ging ich hinüber, und dann hatte sie oft ein neues Paar mit Perlen bestickte Mokassins für meinen Schwiegervater. Das war ebenfalls ein Brauch, daß die Mutter der Frau für den Vater des Mannes Mokassins anfertigte. Wenn ich zu ihr ging, um die Mokassins zu holen, konnte ich nicht lange zu Besuch bleiben, denn damals galt es als unschicklich, wenn ich mich irgendwo anders als in meinem eigenen Haushalt längere Zeit aufhielt. Damals gingen Frauen, die auf sich achteten, nicht im Lager herum und machten Besuche und ratschten.

Als ich jünger war, gab es ein paar Frauen, die für ihren lockeren Lebenswandel bekannt waren. Es waren gewöhnlich Frauen, die älter als ich waren. Sie waren oft geschieden oder verwitwet. Die Leute hatten verschiedene Ausdrücke für sie. Sie sagten etwa: »Sie hat ein leichtes Kind« (ein Kind, das von jemandem aus der Stadt gezeugt worden ist) oder »Sie ist dazwischen geraten« oder »Die hat einen weißen Vater«. Solche Frauen blieben gewöhnlich für sich, weil ihre Freunde sich ihrer schämten. In meinen jungen Jahren wußten wir nicht viel darüber, wir hörten nur davon. Wir erfuhren keine Einzelheiten, sondern nur Gerüchte. Heutzutage denkt sich niemand viel bei dieser Art von Verhalten, weil es so häufig anzutreffen ist. Das ist ein Zeichen dafür, wie sehr sich das Leben inzwischen geändert hat.

Einmal, als meine Schwester und ich noch sehr jung und Schülerinnen im Internat waren, brachten die Nonnen uns zum Sonnentanz. Es war Sommer, und die Leute zelteten alle auf dem Sonnentanzgelände. Wir wünschten uns alle, dabeizusein. Ich hatte furchtbare Sehnsucht nach meinem Vater, der ebenfalls dort zeltete.

Die Nonnen hatten in der Schule große Schwierigkeiten damit, uns daran zu hindern, in der Blackfoot-Sprache miteinander zu reden. Deshalb versprachen sie uns, uns zum Sonnentanz zu bringen, wenn wir eine Woche lang nur Englisch miteinander reden würden. Du liebe Zeit, du hättest uns in der nächsten Woche hören sollen – nichts als Englisch, wo immer wir auch hingingen. Wir hielten uns die ganze Zeit über daran.

Es kam der Tag, an dem wir zum Sonnentanz gehen sollten, und wir machten uns auf den Weg. Ein ganzes Stück entfernt von den Lagern befand sich ein Bach, und bevor wir diesen überquerten, forderten die Nonnen uns auf, uns hinzusetzen. Das war es, was sie darunter verstanden, uns zum Sonnentanz zu bringen. Wir konnten kaum jemanden erkennen, geschweige denn besuchen. Dabei hatten wir gedacht, sie würden uns direkt ins Lager lassen.

Damals dauerte der Sonnentanz noch ziemlich lange – einen Monat oder länger –, weil noch viele Gesellschaften aktiv waren und eine Reihe von Zeremonien durchgeführt werden mußten. Die Gesellschaften tanzten abwechselnd an verschiedenen Tagen. Es waren die Tauben, die Verrückten Hunde, die Tapferen, die Krähenträger und die Hörner. Die Hörner brauchten für ihre Tänze vier Tage und ebenso die *Motokiks,* eine Gesellschaft, die nur aus Frauen bestand. Am Schluß gab es noch einen oder zwei Tage lang Powwow-Tänze der Scheitelhaar-Gesellschaft, an denen alle teilnahmen.

In jener Zeit wurden auch die Medizinpfeifen viel gebraucht. Während des Sonnentanzes wurden manchmal bis zu vier Pfeifen übertragen. Einige der Besitzer öffneten ihre Medizinpfeifenbündel, um einen Tanz zu veranstalten und Tabak auszugeben. Manchmal will ein Besitzer sein Medizinpfeifenbündel abgeben, und niemand verpflichtet sich, es zu übernehmen. Dann

Legende zum nebenstehenden Bild:
Drei Kinder vom Stoney-Stamm, einer den Blood benachbarten Untergruppe der Blackfeet, vor ihrem aus Mehlsäcken hergestellten Spieltipi. Indianerkinder trugen im allgemeinen Miniaturversionen der Kleidung der Erwachsenen, manchmal auch sehr komplizierten Kopfschmuck sowie Wildlederanzüge und -kleider. (Photo: Glenbow-Alberta Institute)

versammelt der Besitzer einige alte Medizinpfeifenmänner, und sie öffnen in der Nacht das Bündel. Früh am nächsten Morgen gehen sie zu jemandem, der viel Besitz hat. Er kann sich die teure Übertragungszeremonie leisten. Vielleicht hat er ein besonderes Pferd, das der Besitzer des Bündels gern haben möchte. Er schläft noch, wenn die Gruppe ankommt. Sie tragen die Medizinpfeife und andere Teile des Bündels bei sich. Er merkt erst etwas, wenn der Anführer der Gruppe den Kriegsschrei ausstößt und die anderen einstimmen. Manchmal schläft er unbekleidet und wird so überrascht. Wir sagen: »Er ist mit einer Medizinpfeife aufgeweckt worden.«

Zu jener Zeit wurden beim Sonnentanz auch noch andere Zeremonien durchgeführt. Es gab zwei oder drei Biberbündel, und manchmal wurden sie geöffnet oder übertragen. Mein Vater hatte einmal eins davon. Sein Vater hieß *Khi-soum* – Sonne –, und er war der wichtigste Bibermann unter den Blood. Er und seine Frauen wußten alles über die Vögel und Tiere, die sich im Bündel befanden. Es müssen Hunderte gewesen sein, alle enthäutet und gegerbt. Einige hatten Glasperlen als Augen. Andere waren mit Haar ausgestopft, damit sie wie lebendig aussahen. Wir Kinder wurden für einige dieser Dinge bemalt und gesegnet. Mein Großvater *Khi-soum* war ein echter Bibermann, so etwas Ähnliches wie ein Bischof. Er kannte all die vielen Lieder für das Bündel, und er kannte die Legenden und Zeremonien. Bibermänner kannten sich mit dem Wetter und dem Wechsel der Jahreszeiten aus. Mit Stöcken aus ihren Bündeln zählten sie die Tage und Monate. Sie waren verantwortlich für den Sonnentanz und die Heiliger-Rauch-Zeremonien, die wir noch immer in Winternächten durchführen. Sie hatten sogar Medizinpfeifen in ihren Bündeln. Diese wurden Biber- oder Wasserpfeifen genannt, weil sie den Leuten zuerst am Wasser gegeben worden sind.

Vom traditionellen Leben lernen

In einem Tipi aufzuwachen hat etwas Beglückendes. Ich glaube, dies hat dazu beigetragen, daß das Leben im Tipi bei vielen verschiedenen Leuten in den letzten Jahren so populär geworden ist. Selbst unter den Indianern hat es eine Wiederbelebung der Benutzung von Tipis bei Stammeslagern gegeben. Tipis sind sowohl ein ästhetisches Verbindungsglied zur Vergangenheit unserer Vorfahren als auch schmucke und praktische Wohnstätten zum Zelten.

Dies trifft in besonderem Maße zu, wenn das Tipi Teil eines traditionellen heiligen Lagers wie dem Sonnentanz meines Volkes ist. Wir zelten noch immer nach Familien und Gruppen innerhalb eines großen Stammeskreises. Dieser Kreis umfaßt immer die meisten von unseren alten Leuten, die sich das ganze Jahr lang auf dieses Ereignis freuen. Außerdem scheint der Kreis von Jahr zu Jahr größer zu werden, da immer mehr junge Leute entdecken, welche spirituelle Kraft aus diesem Erlebnis geschöpft werden kann.

Ich liebe es, früh an einem Sommermorgen aufzuwachen und einen alten Menschen in einem der Tipis singen zu hören. Ein anderer Alter geht im Lager herum und verkündet die Ereignisse des Tages, wobei er ein paar Worte des Rates und der Ermutigung hinzufügt. Dies ist unsere traditionelle Form der Nachrichten- und Informationsverbreitung.

Doch das Beste am Sonnentanzlager ist, daß ich alle meine verschiedenen Großmütter besuchen kann – meine tatsächlichen Verwandten ebenso wie diejenigen älteren Frauen, mit denen ich eng befreundet bin. Beim Sonnentanzlager haben sie das Gefühl, ihrer alten Lebensweise ganz nahe zu sein, und deshalb ist dies der beste Zeitpunkt für mich, die Lebensweise meiner Großmütter zu erlernen. Ich bemühe mich darum, vor dem Sonnentanzlager für meinen eigenen Haushalt alles so gut wie möglich vorzubereiten, so daß ich viel Zeit habe, um meinen Großmüttern zu helfen und von ihnen zu lernen. Sie sind immer froh darüber, wenn jemand vorbeikommt und kleine Arbeiten für sie erledigt, und dies ist die beste Möglichkeit, um zu lernen, wie man traditionelle Arbeiten richtig ausführt.

Ich bewundere die Hingabe, mit der meine Großmütter ihre traditionelle Lebensweise pflegen. Sie führt mir vor Augen, wie schwer es ist, die Art und Weise, in der wir jüngeren Leute aufgewachsen sind, zu überwinden. Heutzutage haben wir die Freiheit, auf die moderne Weise oder, wenn wir wollen, auf die traditionelle Weise zu leben. Bis vor kurzem hatten unsere jüngeren Generationen diese Entscheidungsfreiheit nicht. Aber dennoch fällt die Entscheidung schwer, nach welchen Werten man sich richten soll, um für sich die richtige Lebensweise herauszufinden. Und währenddessen gehen dauernd ältere Menschen für immer von uns und nehmen ihr traditionelles Wissen mit ins Grab.

Viele unserer jungen Leute haben eine sehr wirre Vorstellung darüber, was es heißt, ein echter Indianer zu sein. Obwohl sie die Freiheit besitzen, Wissen über ihre Traditionen zu erwerben – in der Schule werden sie sogar dazu ermutigt und angehalten –, wollen viele von ihnen anscheinend einfach nichts mit der alten Lebensweise zu tun haben. All die generationenlange Regierungs- und Missionspropaganda gegen unsere traditionelle Lebensweise läßt sich in ein paar kurzen Jahren nicht überwinden.

Zum Beispiel wissen viele junge Leute nichts weiter über die Medizinbündel des Stammes, als daß man sie fürchten muß. Sie verstehen nicht, daß diese Bündel heilige Symbole sind, die unserem Volk helfen und es erziehen sollen. Selbst die Kinder von Leuten, die Bewahrer solcher Bündel sind, wissen oft nicht mehr darüber, als daß sie sich von ihnen fernzuhalten haben. Ich kann nicht sagen, daß die Eltern in solchen Fällen irgendeine Hilfe sind. Weil viele Eltern auch gerade erst damit begin-

Auf diese Weise brachten meine Großmütter Tag für Tag, sommers und winters, ihr Feuerholz nach Hause. Man kann sich vorstellen, wie froh sie waren, als sie von den Händlern Äxte bekamen, die ihnen ihre Arbeit erleichterten. Die Männer halfen manchmal dabei, Feuerholz zu holen, aber meistens besorgten die Frauen diese Arbeit und das Wasserholen. (Photo: George Bird Grinnell, Good Medicine Foundation)

nen, unsere alten Lebensweisen zu erlernen, wissen sie vielleicht noch nicht genug, um ihre Kinder zu unterweisen. Unsere jungen Leute brauchen viel Ermutigung und Anleitung, um diese Dinge zu lernen und einige von ihnen auszuprobieren.

Als ich zuerst anfing, meine Großmütter über ihre traditionelle Lebensweise zu befragen, erinnere ich mich daran, daß sie mich manchmal entmutigten und mir das Gefühl gaben, es sei albern, solche Interessen zu haben. Als ich begann, lange Röcke und Kleider zu tragen, sagte mir sogar meine eigene Großmutter, daß ich damit aufhören solle. »Du siehst wie eine alte Frau aus«, sagte sie zu mir. Obwohl sie sehr stark an diese Traditionen glaubten, hatte man ihnen das Gefühl gegeben, daß ihre Kinder und Enkelkinder in dieser Welt keine Zukunft hatten, wenn sie diese alten Lebensweisen nicht ablegten.

Doch sobald meine Großmütter gesehen hatten, daß ich aufrichtig wünschte, ihre traditionelle Lebensweise zu erlernen, waren sie sehr ermutigend. Sie konnten nicht glauben, daß eine von uns jüngeren Frauen Interesse daran hatte, Fleisch auf die richtige Weise zum Trocknen zuzuschneiden oder an Mokassins Sohlen zu nähen, die gut halten. Ich glaube, es freute sie zu wissen, daß sie uns jungen Leuten etwas ganz Besonderes anzubieten hatten, selbst wenn sie eine Weile brauchten, um einzusehen, daß die Zeiten sich genügend gewandelt hatten, um in uns jungen Leuten den Wunsch aufkommen zu lassen, von unseren Großmüttern zu lernen.

Ich glaube, daß die Geschichtsschreibung über die Indianer häufig die Frauen vernachlässigt hat. Wir bekommen den Eindruck, daß die Frauen nur ihr tägliches Einerlei an Arbeit verrichteten und nichts hatten, worauf sie sich freuen oder worüber sie reden konnten. Als ich jung war, glaubte ich, daß die indianischen Frauen früher wie Sklaven verkauft und behandelt wurden, weil es so in den Büchern stand. Inzwischen habe ich herausbekommen, daß die Frauen in manchen Stämmen nicht allzu gut behandelt wurden, aber in anderen waren sie den Männern gleichgestellt, und in einigen wurden sie sogar als Häuptlinge und Führer behandelt.

Wenn man das traditionelle Leben meiner Großmütter nach modernen Wertmaßstäben bemißt, könnte man in der Tat sagen, daß sie ein schweres Leben hatten und sehr schlecht behandelt wurden. Die moderne Frau würde sich dagegen auflehnen, mitten im kalten Winter Bündel von Feuerholz nach Hause zu tragen, während ihr Mann untätig im Haus sitzt, raucht und seine Freunde unterhält. Doch meine Großmütter taten dies, solange sie in der Lage waren zu gehen, und nie kam eine Klage über ihre Lippen. Sie brachten auch Wasser aus den Löchern herbei, die sie in den zugefrorenen Fluß gehackt hatten. Dafür verbrachten meine Großväter aber auch zahllose kalte Wintertage und -nächte im Freien auf der Jagd nach etwas Eßbarem, das sie mit nach Hause bringen konnten; oder sie verteidigten ihre Familien gegen umherstreifende Feinde oder legten mehrere hundert Kilometer weite Wege zu Fuß zurück, um mit benötigten Pferden und gesellschaftlichem Ansehen heimzukehren. Die Zeiten haben sich so geändert, daß wir uns kaum vorstellen können, welche Herausforderungen unsere Vorfahren täglich zu bestehen hatten. Aus diesem Grund ist es ziemlich schwer, Urteile darüber zu fällen, wie sie Dinge gemacht haben.

Ich möchte nur sagen, daß die Arbeit der Frauen in der Kultur meines Volkes im allgemeinen geachtet und geehrt wurde, denn die Männer wußten sehr wohl, daß sie ohne die Frauen nicht leben konnten. Die Menschen der Vergangenheit betrachteten es als eine große Ehre, daß die Frauen die Kinder gebaren und großzogen und damit für die Zukunft des Volkes sorgten. Ebenso achtbar war es auch, daß die Frauen mit ihrer Arbeit für ein wohnliches Zuhause sorgten, indem sie Tipis herstellten, diese auf- und abbauten, wenn das Lager weiterzog, sie beheizten und die Haushaltsmitglieder mit Bettzeug und Bekleidung versorgten. Im gesellschaftlichen Leben meiner Großmütter wurde ein Haushalt nicht nur nach der Tapferkeit und Großzügigkeit des Mannes, sondern auch nach der Freundlichkeit und den Arbeitsgewohnheiten der Frau beurteilt. Selbst die Frau eines armen Mannes konnte unter ihrem Volk zu Ehren gelangen, wenn sie eine gute Hausfrau war.

Diese traditionelle Haushaltsführung wurde durch tägliche Erfahrung, nicht in Klassenzimmern oder aus Büchern, von der Mutter an die Tochter weitergegeben. Aus diesem Grund halte ich die Sonnentanzlager für so wichtig für unsere jungen Leute. Aus diesem Grund halte ich es auch für so wichtig, daß junge Frauen den alten ihre Hilfe und Freundschaft anbieten. Gibt es eine bessere Möglichkeit zu lernen, welches Holz in einem Feuer am besten brennt oder welche Art von Fleisch sich am besten rösten läßt? Woher sollte ich sonst wissen, daß eine der schönsten Belohnungen für eine alte Frau darin besteht, jeden Morgen den Kreis der Zelte zu verlassen, um die Sonne aufgehen zu sehen und die Namen aller Kinder, Enkel, Urenkel und Freunde in einem Gebet zu nennen, das die Dankbarkeit und Demut der alten Frau gegenüber dem Schöpfer zeigt und die Augen aller derer im Lager, die es hören können, mit Freudentränen füllt?

Der Zelthaushalt meiner Großmutter – Ruth Little Bear erzählt

So wie ich mich an meine Großmutter erinnere, zeltete sie sehr einfach in ihrem Tipi. Sie benutzte kaum irgendwelche großartigen Hilfsmittel wie ein Kochzelt oder einen Ofen oder Stühle. Sie kochte über einem offenen Feuer, während sie daneben auf dem Boden kniete. Sie bewirtete ihre Gäste auf dem Boden und aß dort auch selbst. Aber ich muß sagen, daß sie eine sehr saubere und tüchtige Hausfrau war.

Wenn meine Großeltern sich bereitmachten, von ihrem Blockhaus zum Sonnentanzlager zu ziehen, nahmen sie den Kasten vom Fahrwerk ihres Wagens herunter, was ungefähr dasselbe ist, wie wenn man von einem Auto die Karosserie abbaut. Dann legten sie die Tipistangen zwischen die Räder auf das Fahrgestell und zogen die Tipiplane über das Ganze. Meine Großmutter erledigte den größten Teil der Arbeit, aber mein Großvater half ihr dabei. Sie klappte die Plane auf und packte den Rest ihrer Sachen hinein. Zuerst kamen die Weidenrückenstützen und die Dreifüße, die diese im Tipi aufrecht hielten. Sie besaß vier davon, ein Paar für sich selbst und ein Paar für meinen Großvater. Dann legte sie ihre Tipiinnenverkleidung hinein. Sie hatte eine altmodische Truhe, in der sie ihr gemeinsames Tanzzeug und ihre religiösen Sachen aufbewahrte. Diese packte sie auf die Tipiplane und daneben ihre Taschen aus Rohleder, die Nahrungsmittel, Kleidung und andere Dinge enthielten. Dies alles bedeckte sie mit ihrem Bettzeug, das aus einer Matratze und einigen Decken und Fellen bestand. Nachdem sie dies alles aufgeladen hatte, schlug sie die Tipiplane darum und band den ganzen Packen am Fahrgestell fest.

Ich zog immer mit meinen Großeltern zum Sonnentanz, damit ich für sie Botengänge erledigen konnte. Mein Bruder blieb zu Hause, um für die Pferde meines Vaters zu sorgen. Wenn wir zum Sonnentanzgelände kamen, bestimmte meine Großmutter den Platz für unser Lager. Sie stellte alle ihre Sachen in säuberlichen Haufen am Boden ab. Dann legte sie ihre Tipistangen zurecht. Sie hatte die vier Hauptstangen bereits an der Stelle markiert, an der sie zusammengebunden werden mußten. Sie band sie zuerst zusammen und ließ sie dann von den Männern aufstellen. Sie benutzten zum Ziehen ein langes Lederseil. Dann wies sie die Männer an, den Rest der Stangen für das Tipigerüst aufzustellen, bis alle standen. Es waren im ganzen etwa achtundzwanzig bis dreißig Stangen. Die Hauptstange ist diejenige, an der man die Tipiplane befestigt, und zuletzt wies meine Großmutter die Männer an, die Plane darüber zu spannen. Um die Vorderseite zu schließen, benutzte sie kleine Stöcke, die fünfzehn bis zwanzig Zentimeter lang waren. Wir nennen sie Knöpfe. Sie knöpften das Tipi bis zum Eingang hinunter zu. Meine Großmutter rief einen Jungen herüber, der hinaufklettern und die obersten Knöpfe schließen mußte. Sie hatten immer eine Leiter dabei, mit der sie hinaufsteigen konnten.

Nachdem die Plane angebracht worden war, ging meine Großmutter hinein und begann, die Stangen nach außen zu schieben, bis die Plane straff war und das Tipi seine endgültige Form hatte. Dann holte sie ihren Sack mit Weidenpflöcken hervor und ging um das Tipi herum, wobei sie überall, wo sich eine Schlaufe am unteren Ende der Tipibespannung befand, einen Pflock hinwarf. Daraufhin kniete sie sich nieder und befestigte die Tipiplane am Boden, indem sie die Pflöcke durch die Schlaufen steckte und mit ihrem kleinen Beil in den Boden schlug. Zwei Tipistangen waren übriggeblieben, die sie durch die Spitzen der Luftklappen ihres Tipis steckte. Mit ihrer Hilfe kontrollierte sie den Abzug des Rauches von der Feuerstelle innerhalb des Tipis.

Nachdem meine Großmutter die Außenseite des Tipis in Ordnung gebracht hatte, ging sie hinein, um die Innenbespannung anzubringen. Das ist der lange Vorhang, der rund um das Innere des Tipis hängt und den Wind abhält. Er ist so an den Tipistangen befestigt, daß der Wind nach oben bläst und den Rauch mit hinauszieht. Sie befestigte die lange Schnur, an die der Vorhang gehängt wurde, an der Hauptstange auf der Rückseite des Tipis, die auch die Außenbespannung trug. Von da aus führte sie die Schnur auf beiden Seiten bis zum Eingang. Sie schlang sie um jede zweite Tipistange und befestigte beide Enden an den Stangen seitlich des Eingangs.

Dann holte sie ihre beste Innenbespannung hervor und befestigte sie dort, wo das Hauptbett hinkommen sollte – ihr und meines Großvaters Bett. Dies war nicht direkt gegenüber dem Eingang, sondern ein bißchen weiter südlich. Die Medizinbündel nahmen den Ehrenplatz gegenüber dem Eingang ein. Danach befestigte sie die restliche Innenbespannung bis hin zum Eingang. Als nächstes richtete sie die Betten her, indem sie die Matratzen auf den Boden legte und die Rückenstützen an ihre Dreifüße lehnte. An jedes Ende einer Matratze kam jeweils eine Rückenstütze, und damit war das Bett komplett. Ein Tipi faßt leicht sechs Betten, aber gewöhnlich sieht man nur vier: zwei an der Südseite und zwei an der Nordseite.

Dann verstaute sie ihre Taschen zwischen den Dreifüßen der Rückenstützen. Manchmal werden sie auch rundherum auf der Innenseite des Tipis aufgestellt, um den unteren Teil der Innenbespannung festzuhalten, denn sie sind gefüllt mit Dörrfleisch und Pemmikan und sehr schwer. Als Teppiche und Unterlagen für die Matratzen benutzte sie immer Häute mit Fell. Da Büffelfelle selten waren, benutzten sie meistens Kuhfelle. Ich habe meiner Großmutter bei vielen Arbeiten zugeschaut, und sie hat viele von diesen großen Häuten gegerbt.

Wenn das Innere des Tipis fertig war, stellte sie in der Mitte ihren Dreifuß zum Kochen auf. An diesem hing sie gewöhnlich an einer Kette ihre Kessel über dem Feuer auf. Sobald die schwere Arbeit des Tipiaufstellens getan war, begann sie ein Essen zu kochen. Gewöhnlich ging mein Großvater gleich am ersten Abend, an dem sie ankamen, durchs Lager und verkündete laut, daß er zum Abendessen Gäste erwartete.

Die Männer gingen hinaus, um die Pferde anzubinden – das heißt die Reitpferde. Sie ließen die Zugpferde, die die beladenen Wagen gezogen hatten, grasen. Sie legten die Sättel und das Geschirr nahe beim Eingang auf der südlichen Seite innerhalb des Tipis ab. Wenn sie ein freies Beizelt hatten, legten sie die Sättel und das Geschirr dort hinein, und wenn meine Großmutter zu viele Gäste bekam, schickte sie die ebenfalls dort hinein.

Wenn der Besucher eine bekannte Persönlichkeit war, kam er mit seiner ganzen Familie ins Tipi. Andernfalls kam nur der Mann, oder er brachte seine Frau mit, wenn diese eingeladen war. Da es in der Nähe des Sonnentanzgeländes weder eine Stadt noch einen Laden gibt, mußte meine Großmutter sich gut vorbereiten, bevor sie ins Lager zogen. Sie hielten sich dort drei bis vier Wochen lang auf und empfingen eine Menge Gäste, die sie bewirten mußten. Meine Großmutter mußte in dieser Zeit groß auftischen, denn es wurde viel gefuttert.

Oh, ich erinnere mich noch sehr deutlich daran, wie das Tipi meiner Großmutter aussah, wenn es vollständig eingerichtet und voll von Gästen war. Weil mein Großvater ein religiöser Führer war, wurde er gewöhnlich von wichtigen Leuten besucht, und so wurde ich von Anfang an angewiesen, sie nicht zu belästigen und im Tipi auch keinen Unsinn zu machen.

Wenn meine Großmutter mit Kochen begann, kniete sie sich nieder und erledigte so ihre Arbeiten; sie stand nicht oft auf. Sie

Eine der Großmütter von Mary One Spot zerstampft auf einem Steinmörser mit einem Stein frische Beeren und raucht dabei eine kleine Frauenpfeife. Wenn sie die Beeren zerstampft hatte, formte sie kleine Kuchen aus dem Brei und legte sie zum Trocknen in die Sonne. (Photo: Arnold Lupson, Glenbow-Alberta Institute)

hatte in die Mitte des Tipis einen Kreis von Steinen gelegt, und darin entzündete sie ein offenes Feuer. Sie besaß weder einen Camping-Ofen aus Zinn noch einen dieser modernen Coleman-Öfen, die heutzutage benutzt werden. Sie hatte ihre Essenszutaten neben sich aufgestapelt, und sie kniete so, daß sie das Feuerholz erreichen konnte, das auf der gleichen Seite lag wie die Sättel und das Geschirr. Ihre Zutaten bestanden hauptsächlich aus getrocknetem Fleisch, Mehl, Backpulver, Beeren, Kartoffeln, Fett, Zucker, Salz und Tee. Sie legte keinen Wert auf ausgefallene Nahrungsmittel. Ich sah sie kaum einmal kistenweise Dosennahrung kaufen, wie es viele Frauen zu der Zeit taten. Hin und wieder servierte sie Obst oder Tomaten aus Dosen, aber es war immer etwas Besonderes. Manchmal hatte sie auch Reis, Bohnen oder Makkaroni. Aber meistens kochte sie auf die alte indianische Weise, in der sie sich wirklich auskannte.

Das Tipi wurde von ihrem Kochfeuer immer sehr warm, besonders während jener heißen Sommertage, in denen kein Wind wehte. Doch unten am Boden, wo sie saß, war es nicht so heiß. Das war der Arbeitsbereich, und hinter ihr war der Besuchs- und Schlafbereich. Sie hatte keine großen Teppiche, die sich von einem Ende des Tipis zum andern erstreckten, wie es heute oft der Fall ist. Das ist nicht möglich, wenn man in der Mitte ein offenes Feuer hat. Sie hatte nur einige Kalb- und Kuhfelle um die Betten liegen, vor allem am Kopfende ihrer beider Betten. Die Häute waren mitsamt dem Fell gegerbt worden. Ihre heiligen Taschen hingen an den Dreifüßen am Kopfende ihrer Betten. Niemand fragte sie, was darin war, und niemand durfte die Taschen berühren oder vor sie treten. Mein Großvater war der Führer der Hörner-Gesellschaft, und meine Großmutter war eine *Motoki* in der Frauengesellschaft. Sie hatten für jede der beiden Gesellschaften ein heiliges Bündel und daneben Taschen mit Heilkräutern und anderen Medizinen. Außerdem befand sich ihre Truhe am Kopfende der Betten, und darin bewahrten sie ihre heiligen Gegenstände auf. Da mein Großvater ein indianischer Heiler war, hatte er seine Medizinen immer nahe bei sich.

Der alte Mann bewahrte auch sein Rauchzeug neben den Medizintaschen am Kopfende seines Bettes auf. Er hatte gewöhnlich mehrere Pfeifen mit schwarzen Steinköpfen und einige andere Dinge, die auf seinem Tabakbord lagen – einer großen viereckigen Holzplatte, die zum Schneiden und Mischen der Kräuter und des Tabaks benutzt wurde, die er seinen Gästen zum Rauchen anzubieten pflegte. Das Bord war mit Messingnägeln dekoriert.

Zwischen ihrem Bett und der Feuerstelle in der Mitte des Tipis befand sich der Altar, eine Stelle am Boden, an der sie das Gras entfernt und die Erde in einer bestimmten Form aufgekratzt hatten. Dort räucherten sie immer, wenn sie beten wollten oder wenn sie morgens ihre Medizinbündel hinausbrachten oder sie abends vor Anbruch der Dunkelheit wieder hereinholten. An schönen Tagen wurden die Bündel hinter dem Tipi an hölzerne Dreifüße gehängt. Neben dem Altar lag immer ein besonderer gegabelter Stock, mit dem sie glühende Kohlen aus dem Feuer holten, um damit ihr Räucherwerk zu entzünden. Sie nahmen Süßgras zum Räuchern, wovon sie immer einige frische Büschel zur Hand hatten. Medizinpfeifenleute nehmen statt dessen Fichtennadeln. Manchmal nahm mein Großvater Fichtennadeln zum Räuchern, weil er ein Leiter von Medizinpfeifenzeremonien war. Gewöhnlich war meine Großmutter diejenige, die in ihrem Tipi das Räuchern besorgte.

Meine Großmutter kochte immer über offenem Feuer. An sehr heißen Tagen legte sie außerhalb des Tipis ein Feuer an und kochte darüber, aber gewöhnlich kochte sie im Tipi. Von dem großen hölzernen Dreifuß, der über dem Feuer stand, hing eine Kette herab. Am Ende der Kette befand sich ein Haken, und an diesem hing sie ihre gußeisernen Kessel auf. Sie besaß mehrere Kessel, darunter auch die von der *Hudson's Bay Company*, die sechs bis acht Liter Wasser faßten. Sie waren die erste Art von Kesseln, die die Blood-Frauen vor hundert Jahren oder mehr bekamen. Meine Großmutter hängte den Kessel mit Wasser direkt über das offene Feuer.

Als erstes bereitete sie Tee zu. Während das Wasser sich erhitzte, holte sie Mehl heraus, um Fladenbrot zu backen, das ein Hauptbestandteil ihrer Mahlzeiten war. Sie knetete einen Klumpen Teig, der für etwa drei Brote ausreichte. Inzwischen kochte das Wasser. Sie nahm den Kessel vom Feuer und goß ihren Tee auf. Dann legte sie Kartoffeln und Dörrfleisch in den Rest des Wassers und hängte den Kessel wieder übers Feuer. Ab und zu legte sie etwas Holz nach, damit das Feuer weiter brannte.

Wenn sie soweit war, die Fladenbrote zu backen, fettete sie ihre Bratpfanne ein und gab einen Teil des Teiges hinein, den sie glattstrich. Dann kratzte sie die Glut aus der Mitte des Feuers, strich sie glatt und setzte ihre Bratpfanne direkt darauf. Sie rückte die Pfanne hin und her, damit das Brot unten auch schön braun wurde. Sie wußte immer genau, wann der Boden braun war, und nahm dann die Pfanne von der glühenden Asche. Sie holte einen ihrer Tipipflöcke und benutzte ihn dazu, die Pfanne am Stiel so abzustützen, daß sie aufrecht stand und die Hitze die Oberseite des Fladens bräunte. Sie drehte den Fladen nicht um, sondern stellte die Pfanne nur aufrecht und ließ ihn an der Oberseite von der Hitze bräunen.

Wenn sie mit dem Essenkochen fertig war, saßen die Gäste meines Großvaters bereits da und unterhielten sich. Natürlich hatte sie sich durch ihre Kochtätigkeit nicht davon abhalten lassen, an der Unterhaltung teilzunehmen. Sie legte vor jeden Gast eine Essensdecke. Später benutzten wir Tischdecken aus dem Laden, aber zu jener Zeit benutzte sie weiße Mehlsäcke, die sauber gewaschen waren. Sie legte vor jeden Gast einen in der Mitte zusammengefalteten Mehlsack hin. Die erste Person, der sie Essen vorsetzte, war immer ihr Mann; das ist bei uns so Sitte. Sie legte Fleisch, Kartoffeln und Brot für ihn in eine Schüssel. Diese religiösen Leute haben immer besondere hölzerne Schüsseln, aus denen niemand sonst ißt. Sie legte sein Messer und seine Gabel ebenfalls in die Schüssel; bei uns wird das Besteck nicht daneben gelegt. Dann stellte sie direkt neben ihn Salz und Zucker, auch Butter, wenn welche da war. Sie mochten gern Butter auf ihrem Brot. Erst wenn er vollständig bedient war, setzte sie den übrigen Besuchern Essen vor.

Wenn sie keine Gäste hatten, bekam ihr ältester Sohn oder ihr Lohnarbeiter als erster Essen. Sein Bett war das erste in nördlicher Richtung an der Rückwand, vom Eingang her gesehen rechts von der Feuerstelle. Doch wenn sie Gäste hatten, saß er nicht dort oben, weil mein Großvater seinen Gästen ihre Plätze immer nach ihrem traditionellen Status anwies. Die angesehensten Gäste saßen ihm am nächsten, genau gegenüber von ihm und seinen Bündeln. Die Leute, die Medizinpfeifen und Biberbündel besaßen, wurden immer in seiner nächsten Nähe placiert.

Die Männer saßen alle mit gekreuzten Beinen auf dem ihnen angewiesenen Bett. Die Männer saßen natürlich immer auf der Nordseite des Tipis und die Frauen auf der Südseite. Wenn ein Mann in Begleitung seiner Frau gekommen war, saß sie gewöhnlich an der gleichen Stelle auf der Seite der Frauen wie ihr Mann auf der Seite der Männer. Aber die Frauen sitzen niemals mit gekreuzten Beinen. Sie sitzen entweder mit seitlich zurückgeschlagenen oder mit gerade ausgestreckten Beinen.

Nachdem alles Essen ausgeteilt war, servierte meine Großmutter die Getränke. Angenommen, sie hatte Tee. Sie schenkte den Tee ein und reichte dann alle Tassen an die Gäste herum. Wenn sie mit Essen fertig sind, schieben sie ihre Teller einfach von sich, und meine Großmutter geht herum und sammelt sie ein. Dann setzt sie sich am Feuer hin und wäscht alle ihre Teller sofort ab. Die meisten der Besucher brachten ihre eigenen Teller und Schüsseln mit, vor allem, wenn sie religiöse Leute waren. Wenn am Ende Essen übriggeblieben war, teilte sie es auf die Schüsseln auf, und die Besucher nahmen es mit nach Hause.

Mein Onkel, Joe Heavy Head (Schwerer Kopf), war derjenige, der gewöhnlich alle Arbeiten außerhalb des Tipis erledigte. Er war ihr ältester Sohn, und er schlief gewöhnlich auf dem Bett an der Rückwand des Tipis. Er versorgte die Pferde und holte Wasser und Holz aus dem Wald. Mein Großvater hatte keine Zeit für solche Aufgaben, weil er ein religiöser Führer war. Er hatte im Lager Ankündigungen zu machen oder mußte sich um die Medizinpfeifenbündel der Leute kümmern. Meine Großmutter hatte ebenfalls eine Menge religiöser Pflichten zu erfüllen. An bestimmten Tagen erledigte sie alle ihre häuslichen Arbeiten am Morgen, so daß sie sich für den Rest des Tages ihren religiösen Aufgaben widmen konnte.

Zelten nach alter Art

Die Art und Weise, wie meine Leute bei dem alljährlichen Sonnentanztreffen zelten, hat sich seit der Zeit, als meine Mutter als kleines Mädchen bei ihren Großeltern lebte, sicherlich sehr verändert. Ich kenne zum Beispiel niemanden, der noch ein offenes Feuer benutzt, um alle Mahlzeiten darauf zu kochen. Und niemand fährt mehr mit Pferd und Wagen zum Sonnentanzgelände; alle bringen ihre Sachen mit Lastwagen, und ein paar kommen sogar mit dem Wohnwagen, um darin zu leben. Es gibt viele leuchtend orange und gelbe Zelte, und viele Leute benutzen Propangasöfen.

Als mein Mann und ich zuerst am Sonnentanzlager teilzunehmen begannen, wollten wir es auf eine sehr traditionelle Weise machen. Meine Mutter half mir dabei, ein neues Tipi zu nähen, und meine Großmutter brachte uns bei, es mit einem der beiden Muster zu bemalen, die sie und mein Großvater vor vielen Jahren besessen hatten. Diese Tipimuster bei den Blackfeet sind sehr alt; sie werden von einer Familie an die nächste überliefert. Das Tipi selbst mag abgenutzt und viele Male erneuert werden, aber das Muster bleibt immer das gleiche. Mit ihm zusammen werden besondere Lieder, Geschichten und Gesichtsbemalungen überliefert, und eine Familie muß zuerst initiiert sein, bevor sie das Recht hat, diese Dinge zu benutzen. Eigentlich sollte mit jedem Tipimuster auch ein Medizinbündel überliefert werden, aber diese sind im Laufe der Zeit verlorengegangen. In der Blackfoot-Nation sind jetzt noch mehrere Dutzend Tipimuster in Gebrauch. Sie werden alle als heilig betrachtet.

Moderne Tipibenutzer interessieren sich sehr für die Ausmaße ihrer Tipis. Immer wenn solche Leute unser Tipi zu Hause oder im Lager sehen, fragen sie: »Fünf Meter fünfzig oder sechs Meter im Durchmesser?« Es überrascht sie, daß Indianer ihre Tipis nicht auf diese Weise messen. Sie sagen vielleicht: »Dies ist ein Vier-Streifen-Tipi oder ein Fünf-Streifen-Tipi«, wobei sie sich auf die Anzahl der Streifen aus Zeltleinwand beziehen, aus denen die Plane besteht. Meistens beschreiben die Indianer ihre Tipis einfach nur als klein, groß oder sehr groß.

Unser erstes Tipi war nicht sehr groß. Es hatte nur viereinhalb Streifen von ein Meter zwanzig breiter Zeltleinwand, einer über dem anderen. Zu der Zeit lebten wir nur zu dritt darin. Meine Mutter und ich fertigten es in etwa zwei Tagen an, und wir brauchten dazu Material im Wert von ungefähr hundert Dollar. Die Arbeit ging so rasch, weil meine Mutter schon viele Tipis angefertigt hat, und sie benutzt ihre mechanische Nähmaschine für den größten Teil der Näharbeiten. Es kommen sogar von anderen Stämmen Leute zu ihr und bitten sie, ihnen ihre Tipis zu nähen. Sie fühlt sich dadurch so geehrt und möchte gern behilflich sein, daß sie kaum etwas für ihre Arbeit verlangt. Das trägt wahrscheinlich dazu bei, daß sie so viele Aufträge erhält.

Meine Mutter benutzt ein anderes Tipi als Vorlage, wenn sie beginnt, die Stücke für ein neues Tipi zuzuschneiden. Sie zieht es vor, ein Tipi dazu zu nehmen, das schon mehrmals aufgestellt worden ist und sich als gut geschnitten erwiesen hat. Leichte Variationen im Zuschnitt und in der Vernähung können große Unterschiede ausmachen, wenn man versucht, das Tipi richtig aufzustellen. Manche Tipis haben am Schluß eine sehr gute Form und manche nicht.

Wir erledigten all das Ausmessen und Zuschneiden im Freien auf der offenen Prärie neben dem Haus meiner Mutter. Ich kann mich noch gut an den Tag erinnern, weil es echt windig war und wir große Schwierigkeiten hatten zu verhindern, daß die großen Stücke Zeltleinwand in der Gegend herumflogen. Wir numerierten die Streifen und trugen sie dann ins Haus hinein, um sie zusammenzunähen.

Nachdem wir die Streifen zusammengenäht hatten, gingen wir wieder hinaus in den Wind, um die Öffnung an der Spitze, die Luftklappen und den Eingang zu markieren. Diese mußten ausgeschnitten, gesäumt und verstärkt werden. Meine Mutter zieht es vor, Baumwollstoff zum Verstärken zu verwenden. Sie sagt, daß Zeltleinwand die fertige Plane zu schwer macht. Dies ist ein weiterer Unterschied zwischen indianischen und nichtindianischen Tipibewohnern. Die letzteren leben heute häufig das ganze Jahr über in ihren Tipis, und sie brauchen starke, dauerhafte Tipiplanen. Dagegen benutzen die meisten Indianer ihre

Tipis jedes Jahr nur für ein paar Wochen, und ihnen liegt daran, daß die Plane leicht genug ist, um problemlos auf- und abgebaut werden zu können, wenn sie von einem Fest zum nächsten ziehen. Im Unterschied zu den modernen Tipibenutzern imprägnieren Indianer ihre Tipiplanen selten. Die Imprägnierung macht die Plane zu schwer und bewirkt, daß sich Staub auf der Leinwand festsetzt.

Wir mußten die neue Plane ein drittes Mal mit hinaus in den Wind nehmen, um den unteren Rand rund zu schneiden. Nachdem der Rand zugeschnitten war, wurde er eingesäumt, und dann wurden rundherum Schlaufen angenäht. An diesen wird das Tipi mittels Pflöcken am Boden befestigt. Die Leinwandschlaufen, die wir gewöhnlich benutzen, sehen zwar gut aus, aber ich glaube, sie reißen leichter aus als die Metallösen an fertig gekauften Tipis. Wenn die Präriewinde zu wehen anfangen, müssen diese Schlaufen starken Belastungen standhalten.

Obwohl die Anfertigung meiner ersten Tipiplane dank der Mithilfe meiner Mutter nicht lange dauerte, war es nicht einfach, mit soviel Leinwand zu arbeiten. Ich staunte über die Geschicklichkeit meiner Vorfahren, deren Tipis oft ebenso groß, aber aus riesigen, schweren Büffelhäuten statt aus Zeltleinwand angefertigt waren. Für ein Tipi wie unseres hätte man zwölf bis vierzehn solcher Häute gebraucht. Man stelle sich nur vor, so viele Häute in einem Stück hochzuheben! Außerdem hätte ich alle diese Häute abschaben und gerben müssen, und dann hätte ich sie alle mit der Hand zusammennähen müssen, wobei ich als Faden Sehnen benutzt hätte. Ich hätte weder eine Schere zum Zuschneiden noch Nadeln zum Nähen gehabt – nur mein Messer und eine spitze Ahle, mit der ich die Löcher für die Sehnen gestochen hätte. Natürlich lebten sie zu jener Zeit das ganze Jahr über in ihren Tipis, und die dicken Häute hielten sie viel wärmer, als es unsere dünne Zeltleinwand getan hätte. Man stelle sich vor, im Januar bei vierzig Grad minus in einem Tipi zu sein, wenn ein Blizzard schneidend kalt durch jede Pore und Öffnung der einzigen Behausung pfeift.

In der Büffelzeit meiner Großmütter kamen mehrere von

ihnen zusammen und halfen einander bei der Anfertigung ihrer Tipis. Wenn eine Frau all die benötigten Häute gegerbt und die Sehnen vorbereitet hatte, lud sie ihre Freundinnen und Verwandten zur Arbeit ein. Sie bereitete eine große Mahlzeit und stellte Tabak für die Arbeitspausen zur Verfügung. Manchmal forderte sie eine alte Frau auf, zuerst zu beten und die Gesichter der Hilfskräfte zu bemalen, damit das neue Heim auch gut gelingen möge. Die meisten Familien legten sich jedes Jahr eine neue Tipibespannung und neue Tipistangen aus den Fichtenhügeln oder den Wäldern in der Nähe der Berge zu.

Einige Tipis aus Büffelhäuten waren recht klein und andere sehr groß. Unter den Vorfahren meines Vaters gab es einen berühmten Häuptling, dessen Tipi so groß war, daß es in zwei Teilen verpackt wurde. Wenn sie es aufstellten, mußten sie nicht nur die Vorderseite, sondern die Vorder- und die Rückseite zusammenstecken. Er hatte eine Reihe von Frauen und viele Kinder, so daß viele Hilfskräfte zur Verfügung standen, um ein so großes Tipi anzufertigen und aufzustellen. Er hieß, nebenbei bemerkt, Father-of-Many-Children (Vater-vieler-Kinder). Die Stammesgruppe, zu der meine Familie gehört, wird Many Children (Viele Kinder) genannt.

Man kann sich vorstellen, wie begierig ich darauf war, mein erstes Tipi auszuprobieren, nachdem es fertiggestellt war. Doch da uns ein gemaltes Tipimuster übertragen werden sollte, mußten wir zuerst dieses Muster auf das Tipi malen. Die neuen Besitzer eines Tipimusters können jemanden damit beauftragen, es für sie zu malen, oder sie können es selbst machen, falls sie nicht die alte Plane mit dem Muster darauf übernehmen. Gewöhnlich haben die früheren Besitzer sie schon so abgenutzt, daß sie sie zu einem See bringen und mit Steinen versenken, wie die Tradition es erfordert.

Das Muster, das wir von meiner Großmutter erhielten, wird *Yellow-Otter-Painted Lodge* (mit-einem-gelben-Otter-bemaltes Tipi) genannt. Das letztemal, als es auf einer Tipiplane benutzt wurde, war Jahre bevor mein Großvater starb, und ich habe ihn nie kennengelernt, also war die Plane längst verschwunden. Meine Großmutter sagte, daß sie dem alten Paar, von dem sie das Muster erhalten haben, dafür ein gutes Pferd und viele andere Dinge gegeben haben.

Ich hatte ein ungutes Erlebnis mit unserer neuen Plane, noch bevor wir sie angemalt oder aufgezogen hatten. Mein Mann und ich hatten sie am Abend, bevor wir die Bemalung anbringen wollten, neben unserem Haus auf dem Boden ausgelegt. Wir verbrachten die letzten Stunden, in denen es noch hell war, mit der Aufzeichnung des Musters und wollten früh am nächsten Morgen mit der Malarbeit beginnen. Zu der Zeit lebten wir in einem alten Blockhaus in Bullhorn Coulee im Blood-Reservat. In unserem Teil des Landes wanderten eine Menge Pferde frei herum, und einige von ihnen kamen in jener Nacht zu unserem Haus. Ich nehme an, daß sie auf meiner neuen Tipiplane wohl einen Pferdetanz aufgeführt haben, denn als wir aufstanden, war sie über und über mit schmutzigen Hufabdrücken bedeckt. Ich war so wütend, daß ich dem Beispiel meiner Großmütter folgte und gar nichts sagte. Ich holte ein Bleichmittel und warmes Wasser und wusch das ganze verdammte Ding ab.

Wir hatten eine Skizze davon, wie das fertige Muster aussehen sollte, und übertrugen sie genau auf die große Bespannung. Ein Fehler bei der Bemalung hätte unser erstes Tipi vollkommen verderben können, deshalb arbeiteten wir sehr sorgfältig. Der obere Teil der Bespannung wurde schwarz gemalt, um den Nachthimmel darzustellen, den der ursprüngliche Besitzer in seiner Vision gesehen hatte. Auf den Luftklappen wurden in zwei verschiedenen Anordnungen tellergroße gefleckte Kreise gemalt, die zwei wichtige Sternbilder darstellen sollten. Auf der Rückseite ließen wir am schwarzen Himmel Raum frei für ein großes Malteserkreuz, das den Morgenstern darstellte. Um die Mitte des Tipis malten wir acht Otter, vier männliche und vier weibliche. Es ist interessant, daß die Tradition erfordert, weibliche Tiere auf die Seite des Tipis zu malen, auf der die Männer im Innern sitzen, während die männlichen Tiere auf die andere Seite gemalt werden, auf der die Frauen sitzen. Niemand scheint zu wissen, wie diese Tradition entstanden ist.

Der Hauptteil unseres Tipis wurde gelb bemalt, um den Sand an den Ufern der Flüsse, wo die Otter leben, darzustellen. Wir benutzten für dieses Tipi Ölfarben aus dem Laden, weil die alten Erdfarben meiner Vorfahren selten und kaum zu finden sind, vor allem bestimmte Farben wie Gelb. Um den unteren Rand des Tipis malten wir ein breites schwarzes Band mit abgerundeten Erhebungen, das die Hügel in der Nähe der Flüsse, in denen Otter leben, symbolisierte. Für dieses Band und den Nachthimmel hätten wir mit Fett und warmem Wasser vermischte Holzkohle verwenden können, aber wir wollten die Bemalung einheitlich gestalten und verwendeten durchgehend Ölfarben. Zu der Zeit wußten wir noch nicht, daß die Plane dadurch doppelt so schwer werden würde wie die ursprüngliche Leinwand. Andrerseits wurde unser Tipi dadurch eins der wärmsten und wasserdichtesten Tipis im ganzen Umkreis.

Bevor mein neues Tipi zum Zelten benutzt werden konnte, mußte ich noch die Vorhänge nähen, die innen an den Stangen hängen. Ich hatte keine Ahnung, als wie wichtig sich diese Arbeit erweisen sollte. Infolgedessen nähte ich einfach aus dem Stoff, der von der Tipibespannung übriggeblieben war, zwei lange Rechtecke zusammen. Ponah und *Mokakin* liehen uns außerdem eine alte Innenverkleidung mit bildlichen Darstellungen von Kriegsgeschichten, und so nahm ich an, daß alles richtig beisammen sei.

Man wird sich, nebenbei bemerkt, vielleicht darüber wundern, daß ich von »meinem Tipi« spreche. Eine unserer alten Traditionen besteht darin, daß das Tipi sowie die Haushaltseinrichtung der Frau gehören. Wenn sie und ihr Mann sich trennen, bleibt er draußen in der Kälte zurück, obwohl er sich gewöhnlich zu Verwandten oder Freunden begibt. Das Tipimuster wird zwar dem Mann und der Frau gemeinsam übertragen, aber die Plane, auf die es gemalt ist, gehört ihr.

Die Tipistangen zum Lager zu bringen ist gewöhnlich das größte Problem der ganzen Unternehmung. Diejenigen, die das Glück haben, einen guten Wagen zu besitzen, der von einem Fahrzeug gezogen werden kann, werden von ihren Bekannten stark in Anspruch genommen. *Mokakin* besitzt einen solchen Wagen, und wie ich weiß, hat er damit im Laufe von ein paar Tagen sechs oder sieben Satz Tipistangen zum Lager befördert. Die meisten Stangen sind mindestens zehn Meter lang, und zu einem Satz gehören in der Regel ungefähr zwanzig Stangen; damit wird ein Satz Stangen zu einer sperrigen und schweren Ladung. Dennoch schaffen es eine Reihe von Leuten, ihren Satz Stangen auf ihren halbtönnigen Lastwagen zu befestigen und sie so zum Lager zu befördern – im allgemeinen auf den Landstraßen im Reservat, um den stirnrunzelnden Polizisten auf den Hauptstraßen aus dem Weg zu gehen. Manchmal sind die Fahrzeuge, die zur Fahrt zum Lager benutzt werden, so überladen, daß sie nur mit größter Mühe ins Lager gelangen, vor allem wenn sie die ganze Zeltausrüstung, die Familie mit den Kindern sowie einige aufgesammelte Nachbarn, die sonst hätten zu Fuß gehen müssen, befördern müssen.

Mokakin und mein Vater halfen uns beim Aufstellen unseres Tipis, als wir es das erste Mal benutzten. Gewöhnlich tun sich einige Männer aus dem gleichen Teil des Lagers zusammen, um einander beim Aufbauen der Tipis zu helfen. Heutzutage beaufsichtigen die Frauen diese Arbeit kaum mehr, geschweige denn, daß sie wie früher die Tipis selbst aufstellen. Ich höre immer, wie die Männer über jeden Schritt, der gemacht werden muß, argumentieren, und mir ist gesagt worden, daß die ganze Unternehmung viel glatter ablief, als die Frauen sie noch in der Hand hatten.

Jenes erste Tipi hatte eine gute Form, wie es die meisten Tipis haben, die meine Mutter macht. Aber sobald ich meine Arbeit im Innern begann, entdeckte ich, daß ich etwas falsch gemacht hatte. Als ich meine Innenverkleidung rechteckig nähte, hatte ich nicht berücksichtigt, daß das Tipi am oberen Ende schmäler ist als am unteren. Da die Innenverkleidung wie ein Rock herunterhängt, war meine in seltsamen Formen an der Hauptschnur befestigt, die von Stange zu Stange geschlungen wird. Außerdem war die Innenverkleidung nicht lang genug, um das ganze Innere des Tipis auszukleiden. Zum Eingang hin hatten

Angehörige der Motokiks, *der Frauengesellschaft der Blood, richten im Zentrum des alljährlichen Sonnentanzlagers ihre Versammlungshütte auf. Dieses Bild stammt aus dem Jahre 1891, aber wir zelten noch immer jeden Sommer am gleichen Ort. (Photo: Glenbow-Alberta Institute)*

wir nur die Tipistangen und die Außenplane, was so aussah, wie wenn man in einem Haus mit Wandträgern und Außenverschalung, aber ohne Isolation und Innenverschalung lebt. Meine Großmütter hatten alles auf das Einfachste beschränkt, so daß man eigentlich nichts weglassen kann, ohne die Funktionsfähigkeit zu beeinträchtigen. Während unserer ersten Zelterfahrung mit unserem Tipi zog es manchmal sehr darin.

Wir brauchten zwei Fuhren mit einem Lieferwagen, um unsere gesamte Ausrüstung zum Sonnentanzlager zu befördern. Meine Mutter lachte darüber und erzählte mir, wie leicht und praktisch ihre Großmutter immer gepackt hatte. In den Jahren, die seit damals vergangen sind, ist mir zu Bewußtsein gekommen, daß es Zeit braucht, wenn man lernen will, diese Dinge richtig zu machen, selbst wenn sie Teil eines vermeintlich einfachen Lebensstils sind. Dies ist eine der Herausforderungen für uns jüngere Generationen, wenn wir versuchen, unsere traditionelle Lebensweise zu befolgen. Wir sind an viel Komfort gewöhnt, aber wir wissen wenig darüber, mit dem Notwendigsten auszukommen. Außerdem sind die jungen Leute der Vergangenheit mit dieser Lebensweise aufgewachsen und brauchten keine Experimente und Fehler zu machen. Diese Fehler können heute auf Kosten von Sicherheit und Komfort für die ganze Familie gehen, welches meiner Meinung nach der Grund dafür ist, daß viele Indianer die moderne Lebensweise der traditionellen vorziehen.

In Lagern wie dem Calgary Stampede, wo Preise für die besten Stücke verliehen werden, sieht man auch heute noch gutgearbeitete traditionelle Tipieinrichtungen. Aber man sieht selten, daß solche Tipis von indianischen Familien bei Sonnentanzlagern oder bei *Powwows* benutzt werden. Zum einen haben die Sammler von solchen traditionellen indianischen Gegenständen ihren Kaufwert so hinaufgetrieben, daß viele Indianer sich weder leisten können, sie zu kaufen, noch sie zu behalten, wenn sie sie zu Hause anfertigen können. Zum andern sind so wichtige traditionelle Einrichtungsgegenstände wie Büffelroben und Messingkessel auch gegen höchste Bezahlung sehr schwer zu finden. Oftmals sind die einzigen Tipis, in denen ein offenes Feuer brennt, diejenigen, in denen Medizinbündel aufbewahrt werden. Selbst in diesen wird gewöhnlich auf einem Ofen oder in einem danebenstehenden Zelt gekocht und das

Feuer in erster Linie dazu unterhalten, das erforderliche Räuchern vorzunehmen. Bett und Feldbett nehmen gewöhnlich die Stelle der altmodischen Lagerstatt ein, so daß weder ein Bedürfnis nach den Dreifüßen und Rückenstützen der Vergangenheit besteht, noch Platz für sie vorhanden wäre. Die alte zentrale Feuerstelle hat den Bewegungsstrom im Tipi immer im Kreis gelenkt – als Teil des heiligen Kreises, den viele Leute mit dieser Art von Leben in Verbindung bringen. Moderne Tipis haben keinen besonderen Mittelpunkt oder Bewegungsstrom, was sehr irritierend und unbequem für diejenigen sein kann, die an die alte Weise gewöhnt sind, selbst wenn viele Leute heute darin eine größere Funktionsfähigkeit sehen.

Alte Leute, die nicht mehr in der Lage sind, ihr eigenes Tipi zu errichten, lassen sich gern in die Tipis von anderen einladen, vor allem wenn diese in der traditionellen Weise aufgebaut und eingerichtet sind. Weil wir in unserem Haushalt ein Medizinpfeifenbündel haben, muß unser Tipi immer die grundlegende traditionelle Ausstattung wie eine zentrale Feuerstelle, einen Altar und Rückenstützen besitzen. Meine Großmütter kommen gern herein und entspannen sich und schauen mir bei der Arbeit zu. Natürlich zögern sie nicht, mich auf Fehler hinzuweisen, was mir dabei hilft zu lernen.

Nachdem wir bei jenem ersten Sonnentanzlager nur mit einem offenen Feuer in meinem Tipi angekommen waren, habe ich es schätzen gelernt, außerdem einen Holzfeuerofen zu benutzen. Ich stelle ihn direkt neben der Feuerstelle auf der Seite, die zum Eingang hin liegt, auf. Ich bringe ein Ofenrohr an, das höher ist als die Augen einer stehenden Person. Gewöhnlich befestigen wir das Ofenrohr mit Draht an zwei einander gegenüberstehenden Tipistangen, um es am Umkippen zu hindern.

Das schlimmste am offenen Feuer war der Rauch, der viele meiner Kochsitzungen in tränenreiche Martern verwandelte. Außerdem beschränkte das offene Feuer die Art der Mahlzeiten, die ich kochen konnte, und verbrannte jedes Essen, das ich nicht genau richtig kochte. Schließlich flogen immer, wenn ich das falsche Holz nachlegte, vom offenen Feuer Funken im Tipi herum, die die Betten und Bewohner gefährdeten. Ich nahm zuerst an, daß viele meiner Schwierigkeiten mit dem offenen Feuer auf das falsche Holz zurückzuführen seien (Fichtenholz war das schlechteste und Pappelholz das beste), aber ich stellte fest, daß sogar ein leichter Wechsel der Windrichtung draußen den Rauch daran hinderte, richtig aufzusteigen. Häufig verdichtete er sich genau auf der Höhe, auf der ich arbeitete. Ein weiteres Problem bestand darin, genügend trockenes Holz bei der Hand zu haben.

In gewisser Weise unterscheidet sich mein Lager nicht sehr von dem meiner Urgroßmutter, als meine Mutter bei ihr lebte. Ich benutze ähnliche Betten, Dreifüße und Rückenstützen sowie eine Truhe für Kleider und Tanzsachen. Ich habe eine Feuerstelle und einen Altar, um Räucherwerk für die Medizinbündel anzuzünden. Vor allem habe ich ein Tipi, das jeder Zelterfahrung den zeitlosen guten Geist meiner Vorfahren verleiht.

Aber ich stelle in meinem Tipi auch einen Tisch auf, um darauf die Mahlzeiten zuzubereiten. Ich bin nicht wie meine Großmütter auf dem Boden aufgewachsen, und deshalb fällt es mir schwer, längere Zeit so zu arbeiten. Ich nehme eine Petroleumlampe, eine Kühlflasche für Trinkwasser und ein paar Stühle für diejenigen von unseren alten Leuten mit, die Schwierigkeiten damit haben, aufzustehen und sich niederzusetzen. Ich nehme auch eine Menge Obst, Gemüse und andere Lebensmittel mit, die meine Großmütter als sehr ausgefallen betrachtet hätten. Aber oft machen mir meine Großmütter Komplimente für meine Bemühungen, und das trotz der neumodischen Zutaten, und sie essen meine Mahlzeiten immer mit Genuß, wenn ich ihnen die althergebrachte Kombination von Dörrfleisch, gekocht mit Kartoffeln und mit in Fett gebackenem Fladenbrot serviert, gefolgt von einer Schüssel Beeren, auftische. Bei all den modernen Bequemlichkeiten und der großen Auswahl von Nahrungsmitteln in den Geschäften ist es befriedigend zu wissen, daß die einfache Art, in der meine Großmütter Mahlzeiten angerichtet haben, noch immer Freude bereitet und von vielen sogar als Delikatesse und Besonderheit gewertet wird.

Die öffentlichen und die heiligen Tänze

In der vergangenen Zeit gab es grundsätzlich nur zwei Arten von öffentlichen Tänzen. Der eine war der Kriegstanz, der von Kriegern aufgeführt wurde, die bereit waren, auf den Kriegspfad zu ziehen. Sie tanzten, um ihren Mut und ihre Begeisterung zu erhöhen. Die Frauen standen um die Tänzer herum und unterstützten sie durch Gesang und Kriegsschreie, aber sie tanzten nicht im eigentlichen Sinne. Der andere Tanz wurde abgehalten, wenn die Krieger zurückkehrten und Skalps mitbrachten und keine Verluste erlitten hatten. Dieser Skalptanz wurde hauptsächlich von Frauen aufgeführt – den Ehefrauen, Müttern und Schwestern derjenigen, die die Skalps gemacht hatten, sowie von denjenigen, die für einen Verwandten zu trauern hatten, der vom Feind besiegt worden war. Diese Frauen hielten die frischen Skalps am Ende eines Stockes in die Höhe, während sie sich einem Siegestanz überließen, zu dem viel Geschrei und Pantomime gehörte. Nach den Tänzen wurden die Skalps gewöhnlich fortgeworfen.

Neben den beiden öffentlichen Tänzen hatten die Leute der Vergangenheit auch viele zeremonielle Tänze. Die Teilnahme daran war in der Regel auf initiierte Mitglieder beschränkt. Einer dieser Tänze war der Medizinpfeifentanz, der mindestens einmal im Jahr für jedes Medizinpfeifenbündel abgehalten wurde. Die Männer tanzten abwechselnd mit verschiedenen Gegenständen aus dem Bündel. Die Frauen standen gewöhnlich im Hintergrund und tanzten auf der Stelle, wobei sie in den Knien federten und gelegentlich schrien, um die tanzenden Männer zu unterstützen und zu inspirieren. Zu einem Medizinpfeifenbündel gehört der ungewöhnliche Brauch, daß Frauen ebenso mit seinem Inhalt tanzen dürfen wie Männer, wobei die einen die anderen ablösen. Dies ist die Pfeife *Backside-to-the-Fire*, die Paula Weasel Head gehört hat und über die an anderer Stelle berichtet worden ist.

Eine andere Tradition, die für alle Medizinpfeifenbündel gilt, erlaubt Frauen ebenfalls zu tanzen. Dies ist der Fall, wenn eine Frau dem Tod nahe ist und sie oder ein Verwandter die Kräfte einer bestimmten heiligen Pfeife anruft, um sie zu retten. Wenn sie überlebt, darf sie mit der heiligen Pfeife oder einem anderen Teil des dazugehörigen Bündels tanzen. Ihr Tanz ist jedoch sehr zurückhaltend und ernst im Vergleich zu dem allgemeinen Medizinpfeifentanz der Männer. Er wird als eine besondere Gnade betrachtet, für die man von der Frau und ihren Verwandten erwartet, daß sie den Bewahrern des Bündels großzügige Geschenke in Form von Decken und anderen Gütern machen. Dieser Brauch wird heute noch ausgeübt. Für viele Frauen ist er die einzige Gelegenheit, einem der heiligen Gegenstände des Stammes so nahe zu sein.

Die Biberbündel meiner Vorfahren hatten sogar noch kompliziertere Zeremonien als die Medizinpfeifenbündel. Diese Bündel enthielten die präparierten Häute und Felle von fast jeder Tierart, die im Land unseres Stammes lebte. Zu jeder dieser Häute gehörten ein oder mehrere Lieder, die während Abschnitten der Zeremonie gesungen wurden. Gleichzeitig tanzten die Teilnehmer mit den Häuten und imitierten das jeweilige Tier mit symbolischen Bewegungen. Einige dieser Tänze wurden von den Männern aufgeführt, andere von den Frauen, und an manchen nahmen beide teil. Einer der abschließenden Tänze symbolisierte die Paarung von Büffeln. Jeweils ein Tänzer und eine Tänzerin taten sich zusammen und versuchten ihr Bestes, um die Bewegungen der wilden Büffel zu imitieren, was die übrige zuschauende Menge sehr ergötzte.

Ein anderer zeremonieller Tanz, bei dem Frauen die Bewegungen von Büffeln imitieren, wird von der alten Gesellschaft für Frauen, den *Motokiks*, aufgeführt. Ich habe gehört, daß diese Gesellschaft früher bei allen Abteilungen der Blackfoot-Nation aktiv gewesen ist, doch heute besteht sie nur noch bei den Blood. Beim alljährlichen Sonnentanzlager errichten die Mitglieder der Gruppe ein besonderes Tipi innerhalb des Zeltkreises. Vier Tage lang halten sie ihre Versammlungen und religiösen Zeremonien ab, die meistens privat sind. Männer nehmen nur an bestimmten Zeremonien teil, vor allem an den öffentlichen Tänzen, bei denen vier Männer mit Rasseln die Tanzlieder singen. Die Mitglieder tragen alten Kopfschmuck, den sie den größten Teil des Jahres über in ihren Medizinbündeln aufbewahren. Diese und der beim Sonnentanz benutzte *Natoas* sind die einzigen Medizinbündel, die speziell im Besitz von Frauen sind, und sie werden vom ganzen Stamm hoch geachtet.

Als die Zeit der Kriegszüge und des Skalpnehmens im späten neunzehnten Jahrhundert endete, entwickelte sich der Skalptanz zu einem Gesellschaftstanz, der unter dem Namen Kreistanz oder Langschwanztanz bekannt ist. Es war ein langsamer Tanz, bei dem die Leute sich gegenseitig bei den Händen faßten oder sich unterhakten und sich in großen Kreisen seitwärts bewegten. An diesem Tanz nahmen Männer, Frauen und Kinder teil, aber wenn man alte Fotografien betrachtet, hat es den Anschein, als ob die Tänzer meistens Reihen von Frauen waren. Dieser Tanz wird in einem etwas schnelleren Rhythmus noch heute aufgeführt und trägt jetzt den Namen Rundtanz. Er ist die indianische Version eines »langsamen Tanzes« und wird oft gewünscht, wenn die Tänzer von schnellen Tänzen ermüdet sind.

Ein weiterer beliebter Tanz für Männer und Frauen heißt Eulentanz. Er hat einen lebhaften hart-weichen Trommelschlag, zu dem die Leute im allgemeinen paarweise tanzen, wobei sie einander in einer kreisförmigen oder Wellenlinie über den Tanzboden folgen. Einige aufgeputzte Männer folgen diesem Tanz allein, während andere mit einer Frau in jedem Arm folgen. Selbst den älteren Leuten scheint dieser Tanz Freude zu machen, obwohl die Stammessitte in ihrer Jugend die öffentliche Zurschaustellung von Intimitäten, die für die richtige Ausführung dieses Tanzes erforderlich ist, ungern sah. Wie die meisten der neueren indianischen Tänze, die bei den Blood aufge-

Eine Frau von der Abteilung der »zottigen Bullen« der Motokiks, *die sich während der heiligen Tänze der Gesellschaft wie wütende Bullen aufführen, schnauben und nach den anderen treten mußten.*

führt werden, wurde dieser Tanz von anderen Stämmen übernommen.

Tanzveranstaltungen haben in der Begegnung der Geschlechter bei meinen Großmüttern immer eine bedeutende Rolle gespielt. Sie gehörten zu den seltenen Gelegenheiten in der Vergangenheit, bei denen junge Männer und junge Frauen miteinander verkehren durften – selbst wenn die jungen Frauen dabei in der Regel streng beaufsichtigt wurden. Jeder zog seine besten Kleider an, um gut auszusehen. Diejenigen, die bereits ein Auge aufeinander geworfen hatten, gaben sich große Mühe, einander Signale und Botschaften zu übermitteln, obwohl eine direkte Kommunikation bis nach der Heirat gewöhnlich verboten war. Mein Großvater erzählte uns folgende Geschichte über öffentliche Tanzveranstaltungen in seinen jungen Jahren um 1920:

»Die Frauen saßen bei einer Tanzveranstaltung auf der einen Seite und die Männer auf der anderen. Bevor ein Mädchen zu einer Tanzveranstaltung ging, dachte sie an ihren Freund. Sie dachte: ›Ich werde mein bestes Kleid anziehen, damit er mich bemerkt.‹ Alleinstehende Männer dachten ähnlich. Die Frauen saßen da und schauten zu, und die Trommler begannen mit einem guten Lied. Die Männer tanzten, so gut sie konnten, um ihre Freundinnen zu beeindrucken. Sie verhielten sich wie diese neumodischen Tänzer – sie bewegten ihre Hüften wie diese weißen Tänzer, die den Eindruck machen, als ob sie ganz für sich tanzen. Die Männer tanzten, so gut sie konnten, und schauten dabei dauernd zu ihren Freundinnen hinüber. Sie machten es sehr gut; einige wußten, wie man Mädchen schöne Augen macht.

Männer, die auffallen wollten, hatten ihr Gesicht bemalt, und die Frauen schauten einfach zu. Diejenigen, die sich zur Schau stellen wollten, tanzten ganz langsam, damit sie auch jeder gut sehen konnte. Sie setzten ihr bestes Gesicht auf. Am Ende der Tanzveranstaltung waren ihre Augen seitlich verdreht, weil sie ihre Freundinnen den ganzen Abend so angeschaut hatten. Die Frauen verhielten sich ebenso, wenn sie aufstanden und ihre Kreistänze aufführten.«

Ein interessanter Aspekt der Kreistänze war, daß die Frauen dabei den besonderen Kopfschmuck ihrer Männer tragen durften – Kopfschmuck mit Schwanzfedern des Adlers, die steil nach oben stehen, und solchen mit Wieselfellen und Hörnern. Dies war heiliger Kopfschmuck, für den die Männer initiiert worden waren. Bei der Übertragung ließen sie ihre Frauen ebenfalls bemalen und segnen, damit sie das Recht hatten, den Kopfschmuck zu tragen. Dieser Brauch ging auf die alten Skalptänze zurück, bei denen die Frauen die Kriegskleidung und die Waffen ihrer Männer trugen, während sie mit den Skalps tanzten.

Es gab sogar besonderen Kopfschmuck im Stil der Männer, der nur unter Frauen übertragen wurde, um bei den Kreistänzen benutzt zu werden. Wie ich gehört habe, soll es vier davon bei den Blood gegeben haben, aber sie sind vermutlich alle mit ihren letzten Besitzerinnen begraben worden.

Diese Erörterung der Tänze wäre nicht vollständig ohne einige Bemerkungen über die heutigen Tänze, da diese zu den wichtigsten kulturellen Veranstaltungen zählen, die noch immer von einer großen Zahl meiner Leute besucht werden. Wenn man den heutigen indianischen Tänzern und Tänzen zuschaut, kann man deutlich sehen, daß sie ihre Wurzeln in den alten Tänzen haben, die ich gerade beschrieben habe. Wie bei allem im Leben sind jedoch in den letzten Generationen und Jahren auch hier viele Veränderungen eingetreten. Frauen nehmen praktisch an allen Tänzen teil. Einige Mädchen haben in Männerkleidung einschließlich Lendenschurz und Kopfschmuck moderne Versionen des alten Kriegstanzes aufgeführt. Andere haben sich mit Miniröcken aus Wildleder und anderer modischer Kleidung auf die Tanzfläche gewagt. Selbst diejenigen, die Straßenkleidung wie Hosen und Blusen tragen, haben Zutritt, solange sie das obligatorische Schultertuch umgelegt haben.

Wenn man den Frauen bei diesen gegenwärtigen Tanzveranstaltungen zuschaut, hat man das große Vergnügen, einige von ihnen in schönen traditionellen Kleidern zu sehen, die man sonst selten zu Gesicht bekommt. Einige Frauen tragen bei

Tanzveranstaltungen der Blood wunderschöne Wildleder- und Tuchkleider, die sie von ihren Großmüttern geerbt haben und die in der alten Zeit angefertigt worden sind. Andere tragen neue Kleider, die Imitationen von solchen alten Kleidern sind. In den letzten Jahren hat es eine Wiederbelebung traditioneller Kleidungsstile sowohl bei weiblichen als auch bei männlichen Tänzern gegeben. Davor haben die Männer oft mit anderen Kleidungsstilen experimentiert, die von anderen Stämmen und sogar von anderen Nationen inspiriert waren, während die Frauen meistens beim Kleidungsstil ihres Stammes geblieben sind.

Der verbreitetste indianische Tanz ist heute der moderne Kriegstanz oder Phantasietanz, bei dem die Männer eine Menge lebhafter Schritte und Drehungen vollführen. In der alten Zeit haben die Frauen dieser Art von Tanz immer nur zugeschaut. Doch heute sind Frauen bei jeder Runde auf dem Tanzboden zu sehen, außer bei Tänzen, die speziell für Männer angekündigt werden, und das sind gewöhnlich die Wettbewerbstänze. Es gibt auch besondere Wettbewerbstänze für Mädchen und Frauen, bei denen die Männer die Zuschauerrolle übernehmen. Von Frauen wird erwartet, daß sie mit Anmut und Bescheidenheit tanzen, nicht mit lebhaften Schritten und Drehungen. Sie werden nach der Geschmeidigkeit ihrer Schritte sowie ihrer Hand- und Körperbewegungen und nach der äußeren Erscheinung beurteilt. Indianische Zuschauer amüsierten sich, wenn Nicht-Indianerinnen gelegentlich auf der Tanzfläche erschienen und versuchten, den schnellen Trommelrhythmus mit lebhaften Ballsaalschritten zu kombinieren, wobei sie das, worum es ging, nämlich Bescheidenheit und Geschmeidigkeit, vollkommen verfehlten. In letzter Zeit sind einige jüngere Mädchen jedoch auf einen neueren Tanzstil verfallen, der eine Art Mischung aus dem der Männer und dem der Frauen ist. Sie tragen oft modernisierte indianische Kleidung mit langen, dünnen Fransen, die ihre lebhaften Bewegungen betonen. Ein paar Gruppen von Mädchen und jungen Frauen sind sogar in die traditionelle Domäne der Männer, das Trommeln und Singen zum *Powwow*, eingedrungen und haben für ihre Bemühungen Lob geerntet. In der Vergangenheit mußten sich Frauen, die den Wunsch hatten, die eingängigen *Powwow*-Weisen zu singen, damit begnügen, um die männlichen Trommler und Sänger herumzustehen und sie mit hohen Kopfstimmen zu begleiten, was oft wunderbare Harmonien erzeugte.

Mythen und Legenden meiner Großmütter

Eine meiner liebsten Kindheitserinnerungen ist die, wie ich bei meinen Großmüttern gesessen und ihnen zugehört habe, wenn sie uns Kindern die vielen verschiedenen Mythen und Legenden erzählten, die von meinen Vorfahren überliefert worden sind. Genau wie die Märchen anderer Völker lassen unsere Legenden die Kindheitsphantasie das Unmögliche bewirken. Doch viele dieser Legenden machten Erwachsenen ebensoviel Vergnügen wie Kindern. In der Tat waren viele Legenden speziell an Erwachsene gerichtet und voll anregender Themen und Stammesabenteuer. In Übereinstimmung mit unseren Stammestraditionen kann ich diese Legenden nicht an einem öffentlichen Ort, wie dieses Buch ihn darstellt, erzählen.

Kriege und Kämpfe sind zwar beliebte Themen für primitive Legenden, aber diejenigen, die ich gelernt habe, haben oft mythische Abenteuer von Frauen zum Gegenstand. Vielleicht war das Erzählen dieser Legenden eine Form von Ausgleich für meine Großmütter, deren tägliches Leben gewöhnlich weniger dramatisch verlief als das der Männer. Viele Legenden berichten von Frauen, die wilde Tiere geheiratet und Kinder von ihnen bekommen haben, ein Thema, das viel mehr Bedeutungen für ein mit der Natur verbundenes Leben haben könnte, als wir in dieser modernen Zeit verstehen können.

Viele Blackfoot-Legenden handeln von den Ursprüngen unserer komplexen heiligen Zeremonien, unserer Medizinbündel und Kriegergesellschaften. Diese Geschichten sind ein weiterer Beweis für den hohen gesellschaftlichen Rang, den die Frauen zu den Zeiten meiner Großmütter innehatten. Frauen spielen bei den meisten dieser legendären religiösen Ursprünge eine Rolle, und sie sind die Empfängerinnen der wichtigsten religiösen Rituale, die beschrieben werden. Obwohl unsere Kultur in jeder Hinsicht großen Wert auf Tugend legt, ist es interessant festzustellen, daß in diesen Geschichten die meisten Rituale an Frauen übergeben werden, nachdem diese ungewöhnliche Beziehungen zu mystischen Wesen gehabt haben. Gewöhnlich werden die Rituale von den mystischen Wesen den Ehemännern oder Eltern der Frauen übergeben. Dies geschieht in Übereinstimmung mit unseren Stammestraditionen, die es einem Mann erlauben, nach der Schändung einer Ehefrau oder Tochter seine Ehre wiederzugewinnen, indem er dem Ehemann oder den Eltern großzügige Geschenke macht. Der Mann kann die Geschenke jedoch zurückweisen und statt dessen das Leben der Frau oder des Liebhabers oder beider fordern.

Eine andere interessante Tatsache in bezug auf unsere Stammeslegenden ist die, daß sie die Ursprünge vieler natürlicher Phänomene erklären, an denen Kinder normalerweise ein neugieriges Interesse haben. Außer spezifischen Ursprungsgeschichten für religiöse Zeremonien und Gegenstände und für Sterne und Sternbilder haben wir die vielen Legenden über *Napi*, in denen die Ursprünge für alles aufgezeigt werden, vom Land und den Bergen bis hin zum Nähen und Gerben. Da meinen Großmüttern die wissenschaftlichen Erkenntnisse der modernen Welt abgingen, beriefen sie sich bei irgendwelchen Fragen auf diese legendären Ursprünge. Diese Art von Einstellung könnte heute von vielen als primitiv bezeichnet werden, aber sie war sehr brauchbar, als es den Leuten noch hauptsächlich darum ging, in Harmonie mit der Natur zu leben, statt wissenschaftliche Theorien zu verfolgen. Mit anderen Worten, was auch immer meine Großmütter ihren Kindern nicht aus tatsächlicher Kenntnis erklären konnten, erklärten sie dadurch, daß sie einen Mythos oder eine alte Legende erzählten.

Die in diesem Buch aufgezeichneten Legenden sind nur eine kleine Auswahl aus den vielen, die existierten. Jede Geschichtenerzählerin lieferte eine etwas andere Version, je nachdem, wie sie die Geschichte zuerst erzählt bekommen hatte. Geschichtenerzählen war früher ein beliebter Zeitvertreib, und jeder interessante Zwischenfall wurde erzählt und wiedererzählt. Ich habe sogar zu meinen eigenen Lebzeiten beobachtet, wie solche Zwischenfälle zu Legenden geworden sind. Ich kann mir nur vorstellen, wie das farbige Leben der Vergangenheit diejenigen inspiriert haben muß, die am abendlichen Lagerfeuer vor einem Zuhörerkreis saßen, der gespannt darauf wartete, unterhalten zu werden.

Wie die Frauen erschaffen wurden

So wie ich die von unseren Vorfahren überlieferten Geschichten gehört habe, wurde die erste Frau als Gefährtin für den ersten Mann geschaffen. Der Schöpfer nahm ein Stück Büffelknochen und ein paar Sehnen, bedeckte das Ganze mit Lehm und formte es. Als der Schöpfer den Körper anblies, erwachte dieser zum Leben. Auf die gleiche Weise schuf er auch die Frau, und er lehrte sie beide, mehr von ihrer eigenen Art zu machen. Währenddessen kam ein Wolf vorbei und bot seine Hilfe an. Er blies die Frau an und stieß dabei ein Wolfsgeheul aus, und die Alten sagen, daß die Frauen aus diesem Grund höhere Stimmen haben als die Männer.

Der erste Mann und die erste Frau sollen eine ganze Zeit lang glücklich zusammengelebt haben. Sie hatten zwei Kinder, beides Jungen. Jeden Tag ging der Mann auf die Jagd, und die Frau sammelte Feuerholz und holte Wasser. Doch eines Tages kehrte der Mann früher als gewöhnlich heim und stellte fest, daß seine Frau noch immer nicht zu Hause war. Er schöpfte Verdacht und sagte den Jungen, sie sollten sich auf etwas Schlimmes gefaßt machen.

Am nächsten Morgen erzählte der Mann seiner Frau, daß er wieder zur Jagd ginge, doch statt dessen bestieg er einen hohen Bergrücken, von dem aus er hinunterblicken und sein Lager beobachten konnte. Bald sah er, daß seine Frau Holz sammeln und Wasser holen ging. Kurz bevor sie zum Fluß kam, beobachtete der Mann, wie eine große Schlange hinter einen Felsen kroch und sich in einen gutaussehenden Mann verwandelte. Daraufhin wußte er Bescheid und eilte zurück zum Lager, um es seinen Kindern mitzuteilen. Er gab ihnen vier magische Gegenstände, die große Kraft besaßen. Er sagte den Jungen, daß ihre Mutter unter dem Einfluß der Schlange stehe und daß sie sich in ein schreckliches Ungeheuer verwandeln würde, wenn sie erfahren würde, daß sie davon wußten. Er sagte ihnen, sie sollten um ihr Leben laufen.

Als die beiden Jungen fortliefen, vernahmen sie hinter sich im Lager Lärm, und bald bemerkten sie, daß ihnen ein schreckliches Ungeheuer folgte. Sie warfen einen der magischen Gegenstände hinter sich, und es bildete sich eine große Gebirgskette. Das Ungeheuer mußte erst über diese Berge klettern, aber bald holte es die Jungen wieder ein. Sie warfen noch einen von den magischen Gegenständen hinter sich, und es bildete sich ein großer Wald. Das Ungeheuer mußte sich seinen Weg durch Dickicht und dichten Baumbewuchs bahnen, aber nach kurzer Zeit war es wieder hinter ihnen. Sie warfen den dritten magischen Gegenstand hinter sich, und es bildete sich ein großer Sumpf, den das Ungeheuer nur mit großer Mühe durchwatete. Schließlich warfen die Jungen ihren letzten magischen Gegenstand hinter sich, und es bildete sich ein großes Wasser, über welches das Ungeheuer nicht gelangen konnte. Sie sagen, dieses Wasser sei der Ozean gewesen. Die beiden Jungen befanden sich jetzt auf der anderen Seite des Ozeans.

Es vergingen einige Jahre, und schließlich sagte einer der Jungen zum anderen: »Mein Bruder, ich fühle mich hier einsam. Bleib du hier und hilf den Leuten, während ich auf die andere Seite zurückgehe und sehe, was ich dort machen kann.« Derjenige, der hierher zurückkam, hieß *Napi*, was in der Blackfoot-Sprache Alter Mann bedeutet. *Napi* kam herüber und tat viele geheimnisvolle Dinge, von denen einige sehr hilfreich und andere sehr grausam und gemein waren. Seine Taten sind in einer Reihe von Stammeslegenden, die noch heute erzählt werden, durch die Jahrhunderte hindurch überliefert worden. Viele von diesen Legenden sind so vulgär, daß die Erwachsenen sie nur unter sich erzählen. *Napi* war der erste Mann, der Frauen zu seinem eigenen Spaß und Vergnügen benutzte und mißbrauchte. Er soll auch viele Veränderungen an der Natur vorgenommen haben. Sein Lieblingslagerplatz lag am Fuß der Rocky Mountains, an einer Stelle, an der moderne Landkarten den Beginn des Old Man River im südlichen Alberta verzeichnen.

Wie Männer und Frauen wieder zusammengebracht wurden

Zu der Zeit, als *Napi* wieder auf diese Seite des Ozeans zurückkam, hatte der Schöpfer bereits mehr Menschen gemacht. Sie konnten sich nur mit Mühe durchbringen, weil das ganze Land noch immer mit Bergen, Wäldern und Sumpf bedeckt war. Also füllte *Napi* den Sumpf mit Land auf, und er unterteilte die Leute in verschiedene Stämme. Aber die Frauen konnten nicht mit den Männern auskommen, und so trennte *Napi* sie in verschiedene Gruppen. Nicht lange danach kam er mit der Anführerin der Frauen zusammen, damit sie über wichtige Dinge eine Entscheidung treffen konnten.

Die Anführerin der Frauen sagte *Napi*, daß er jeweils die erste Entscheidung treffen könne, wenn sie nur das letzte Wort behielte. Er war damit einverstanden, und die Alten sagen, daß es seither immer so zwischen Männern und Frauen gewesen sei.

Napi sagte, seine erste Entscheidung sei, daß die Körper der Menschen mit Haar bedeckt sein sollten, damit sie es warm hätten. Doch die Frau sagte: »Sie können Haar haben, aber nur auf dem Kopf, um den Regen und den Schnee abzuhalten. Wenn sie ihren Körper warm haben wollen, werden sie Felle und Häute tragen müssen.«

Darauf sagte *Napi*: »Dann werden die Leute lernen müssen, Werkzeug zu benutzen, damit sie die Felle und Häute gerben können. Die Männer werden in der Lage sein, rasch zu gerben, während die Frauen dafür längere Zeit brauchen werden.« Die Frau antwortete: »Ja, sie werden gerben lernen. Wenn die Männer rasch gerben, werden ihre Felle steif und armselig sein, doch wenn die Frauen zum Gerben längere Zeit brauchen, werden ihre Felle schön und weich sein.«

Dann beschloß *Napi*, daß die Leute lernen müßten, ihr Essen zu kochen. Er sagte: »Die Männer werden in der Lage sein, rasch über einem offenen Feuer zu kochen, während die Frauen langsam kochen und dazu allerlei Geschirr brauchen werden.« Die Frau war damit einverstanden, fügte jedoch hinzu: »Wenn die Männer über ihrem offenen Feuer kochen, werden ihre Mahlzeiten fad schmecken und anbrennen, während das Essen, das die Frauen langsam kochen, viel besser schmecken wird.«

Schließlich trafen sie eine Entscheidung über Leben und Tod. *Napi* hob ein kleines Stück Büffelleder auf, warf es in den Fluß und sagte: »Die Menschen werden sterben müssen, sonst wird es zu viele von ihnen geben. Doch genau wie dieses Stück Leder auf dem Wasser treibt, werden die Menschen vier Tage lang treiben und dann wiedergeboren werden.« Die Frau hob einen Stein auf, warf ihn in den Fluß und sagte: »Ja, sie werden sterben müssen, aber genau wie dieser Stein versinkt und verschwunden bleibt, werden die Menschen verschwunden bleiben, sobald sie gestorben sind.«

Es verging einige Zeit, und eines Tages traf *Napi* die Anführerin der Frauen wieder. Sie weinte, weil ihre einzige Tochter gestorben war. Sie sagte zu *Napi*: »Laß uns eine Sache, über die wir uns geeinigt haben, ändern. Laß die Leute vier Tage lang treiben, wie du gesagt hast, und dann laß sie wieder ins Leben zurückkehren.« Doch *Napi* antwortete: »Nein, wir haben abgemacht, daß du das letzte Wort haben würdest, und du hast bereits entschieden.« Und so verlor die Frau ihre Tochter.

Das nächste Mal, als *Napi* mit der Anführerin der Frauen zusammentraf, sagte sie zu ihm: »Du hast beschlossen, daß Männer und Frauen getrennt leben, und jetzt möchte ich das letzte Wort dazu sagen. Von jetzt an werden die Männer und die Frauen zusammenleben, damit sie einander helfen können. Ich wünsche, daß du alle Männer ins Lager meiner Frauen bringst, damit sie sich einen Partner auswählen können.« *Napi* war damit einverstanden.

Drei Generationen von Blackfoot-Indianerinnen, aufgenommen etwa im Jahre 1920. In der Mitte meine Tante Mary One Spot. Rechts von ihr steht ihre Mutter, die spätere Mrs. Arnold Lupson, und links ihre Großmutter. (Photo: Glenbow-Alberta Institute)

Zu der Zeit führten die Männer wirklich ein sehr armseliges Leben. Die Kleider, die sie trugen, waren aus steifen, kaum gegerbten Fellen und Häuten gefertigt. Sie konnten keine Mokassins oder Wigwams herstellen und konnten sich nicht einmal sauberhalten. Sie waren fast verhungert, denn das Essen, das sie zu sich nahmen, war immer fad und gewöhnlich verbrannt. Als *Napi* ihnen mitteilte, was beschlossen worden war, waren sie sehr begierig darauf, sich mit den Frauen zusammenzutun.

Die Frauen putzten sich auf und parfümierten sich für den großen Augenblick. Nur ihre Anführerin tat nichts dergleichen. Statt dessen hüllte sie sich in steife alte Fellkleider und zog ihre Mokassins aus, weil sie glaubte, so am anziehendsten zu sein für denjenigen, den sie wollte. Sie sagte den anderen Frauen, daß sie sich jeden Mann aussuchen könnten, den sie wollten, nur *Napi* nicht. Sie wollte ihn für sich.

Dann kamen die Männer zum Lager der Frauen, und die Frauen suchten sich einen nach dem andern als Partner aus. Die Anführerin der Frauen ging zu *Napi* hinüber und nahm seinen Arm, um ihn in ihr Tipi zu führen. *Napi* riß seinen Arm los und beschimpfte sie: »Hau ab, du scheußlich aussehende Frau. Mit einer wie dir will ich nichts zu tun haben.« Dann wandte er sich ab und warf allen gutaussehenden Frauen bewundernde Blicke zu, wobei er sich fragte, welche von ihnen ihn wohl auswählen würde.

Die Anführerin der Frauen war durch seine Reaktion beleidigt, ging zurück zu ihrem Tipi und zog ihre schönsten Kleider an. Sie säuberte sich, flocht sich das Haar, parfümierte sich und trat dann hinaus, um sich einen anderen Mann zu suchen. Als *Napi* sie erblickte, dachte er: »Sie sieht wirklich gut aus, und ich glaube, sie kommt, um mich zu holen.« Statt dessen nahm sie den Mann, der neben ihm stand, und bald hatten sich alle Männer und Frauen bis auf *Napi* zu Paaren zusammengetan. Er ging weinend in die Berge, und sie sagen, daß er aufgrund seiner Einsamkeit von da an unleidlich geworden sei.

Die Frau, die einen Haufen heiratete

Es war einmal eine schöne junge Frau, die bei ihren Eltern lebte. Viele Männer wollten sie heiraten, doch sie wies alle ab. Ihre Träume hatten ihr einen bestimmten Mann gezeigt, den sie heiraten würde, und so wartete sie darauf, daß ein solcher Mann auftauchen würde. Sie würde ihn an seinem hellbraunen Haar, seiner hellen Haut und seiner Büffeldecke von einer bestimmten hellbraunen Farbe erkennen.

Eines Tages ging die junge Frau hinaus, um Holz für ihre Mutter zu sammeln. Dort im Gebüsch erblickte sie einen Kothaufen, der sehr groß war und eine ungewöhnliche Form hatte. Es war Spätherbst, und der Haufen war fest gefroren. Sie konnte nicht davon lassen, ihn anzustarren und sich zu fragen, wie er wohl zustande gekommen sein mochte, vor allem weil er eine eigenartige braune Farbe hatte, die sie an ihren Traum erinnerte. Sie dachte bei sich: »Nach allem, was mir mein Traum gesagt hat, könnte ich mit diesem Haufen verheiratet sein.«

Am nächsten Tag ging das Mädchen wieder hinaus, um Feuerholz zu sammeln, und plötzlich tauchte vor ihr der Mann auf, den sie in ihrem Traum gesehen hatte. Er hatte helle Haut, braunes Haar und trug eine hellbraune Büffeldecke. Ohne zu zögern trat sie auf ihn zu, küßte ihn und wurde seine Frau. Sie eilte heim und erzählte ihren Eltern von ihrem neuen Schwiegersohn, und diese packten rasch ihre Sachen zusammen und zogen zu Verwandten, damit ihre Tochter ein eigenes Tipi hätte.

Alle sagten, daß der Mann des Mädchens ihnen sehr seltsam vorkäme, aber auch, daß er sehr gut aussehe. Sie war so in ihn verliebt, daß sie ihn oft küßte und streichelte. Sie lebten den ganzen Winter über sehr gut und glücklich zusammen. Doch als der Frühling kam, wurde er krank und sagte seiner Frau, daß er sterben würde. Die Frau war ganz fassungslos und wollte, daß er sich behandeln ließe, aber er versicherte ihr, daß es zwecklos sei, weil er wußte, daß er sterben würde.

Ein paar Tage lang lag der Mann im Bett und wurde immer kränker. Seine Frau bemerkte, daß er einen starken Geruch auszuströmen begann. Als sie eines Morgens erwachten, herrschte große Aufregung im Lager, weil sich über den Bergen dunkle Wolken bildeten, die die Ankunft eines *Chinook* ankündigten – eines warmen Windes, der im Blackfoot-Land Schnee und Eis schmilzt.

Als der Mann vom bevorstehenden Wetterumschwung hörte, bat er seine Frau, ihn hinaus ins Gebüsch zu führen. Er küßte sie und umarmte sie und sagte ihr, sie solle gut für das Kind sorgen, das sie zusammen gezeugt hatten, das er jedoch nie zu Gesicht bekommen würde. Dann forderte er die junge Frau auf, fortzugehen und ihn allein sterben zu lassen. Sie machte sich auf den Weg, aber dann besann sie sich eines anderen und kehrte zurück, um ihren Mann im Arm zu halten, doch er war bereits verschwunden. Statt dessen fand sie den Schnee rund um die Stelle, an der er gestanden hatte. geschmolzen, und in der Mitte davon erblickte sie den gleichen großen ungewöhnlichen Kothaufen und wußte, was geschehen war. Später in jenem Sommer brachte sie einen Jungen zur Welt, der eine helle Haut, braunes Haar und viele magische Kräfte besaß. Als er herangewachsen war, wurde er Häuptling, und die Leute nannten ihn Häuptling Haufen.

Der Mann, der von seinen Frauen verlassen wurde

Da war einmal ein Mann, dessen zwei Frauen schamlos in ihrem öffentlichen Verhalten waren. Ihr Mann war davon so peinlich berührt, daß er sein Lager weit hinaus in die Prärie verlegte, abseits von den übrigen Leuten. Er verbrachte seine Zeit mit Jagen und Fallenstellen oder saß auf einem bestimmten Stein auf der Spitze eines Hügels. Das isolierte Leben, das sie führen mußten, langweilte die beiden Frauen sehr, und so beschlossen sie, den Mann zu töten und zurückzulassen.

Das nächste Mal, als der Mann auf die Jagd ging, stiegen die beiden Frauen seinen Lieblingshügel hinauf und hoben eine sehr tiefe Grube aus. Als die Grube fertig war, deckten sie sie zuerst mit Weiden und Gestrüpp und dann mit dem ursprünglichen Erdreich zu. Obenauf legten sie den Stein, auf dem der Mann immer zu sitzen pflegte. Dann gingen sie nach Hause und taten so, als ob nichts geschehen sei.

Als der Mann am nächsten Tag seinen Hügel hinaufstieg, um dort zu sitzen und aufs Land hinauszuschauen, gaben die Weiden unter dem Stein, auf den er sich setzte, nach, und er fiel in die Grube, aus der er nicht herausklettern konnte. Die Frauen packten ihr Tipi und ihre Sachen zusammen und kehrten zum Lager ihrer Leute zurück. Als sie dort ankamen, begannen sie zu weinen und zu trauern und sagten, daß ihr Mann auf der Jagd getötet worden sei.

Nun geschah es, daß ein großer Medizinwolf in die Nähe des Hügels kam und den Mann weinen hörte. Er bekam Mitleid mit dem Mann und sagte, daß er ihn als Sohn adoptieren würde. Zuerst rief er andere Wölfe aus der Gegend zusammen, und sie wühlten alle gemeinsam einen Graben hinunter in die Grube, so daß der Mann hinausklettern konnte. Dann veranstaltete der Medizinwolf eine Zeremonie für seinen neuen Sohn, und der Mann nahm einige Züge eines Wolfes an. Von da an war er in der Lage, zusammen mit den Wölfen zu laufen und zu jagen.

Danach stellten die Leute vergeblich Fallen für Wölfe und Kojoten auf, deren Felle sie für einige ihrer Kleider benutzten. Wo immer sie Fallen für diese Tiere aufstellten, fehlte am nächsten Tag der Köder, ohne daß sich ein Wolf in der Falle befand. Die Leute schöpften Verdacht und beschlossen, sich in den Hinterhalt zu legen, um herauszukriegen, was an der Sache nicht stimmte. Sie ließen eine Gruppe Krieger hinter einem großen Felsblock, der in der Nähe einer Wolfsfalle lag, im Versteck zurück. Als der Mann in der Nacht mit seinen Wolfsfreunden kam, warfen die Krieger ihre Lassos aus und fingen ihn. Er fauchte und biß um sich, aber es gelang ihnen, ihn zu fesseln und ins Lager zurückzubringen. Bei Tagesanbruch erkannten sie den Mann und erfuhren von ihm, was geschehen war.

Der Medizinwolf hatte dem Mann gesagt, wenn er jemals

von seinen eigenen Leuten gefangen werden sollte und den Wunsch hätte, den Wolfszauber zu durchbrechen, müsse er seine beiden Frauen finden und opfern. Sie hatten bereits einen anderen Mann, doch mit Hilfe der Krieger fing er sie, fesselte sie und brachte sie hinaus in die Prärie für die Wölfe. Sie wurden nie mehr gesehen, und der Mann lebte den Rest seines Lebens ganz normal unter seinen Leuten.

Die Pferdfrau

Vor langer Zeit zog eine Gruppe von Blood von einem Lagerplatz zum anderen. Während sie so dahinwanderten, lockerte sich ein Bündel, das einer jungen Frau gehörte, und fiel zu Boden. Sie blieb stehen, um das Bündel wieder aufzuladen, während die übrigen Leute zu ihrem neuen Lagerplatz weiterzogen. Nicht lange nachdem sie fort waren, trat ein gutaussehender junger Mann aus dem Gebüsch und stellte sich vor die Frau. Sie bekam es mit der Angst zu tun und bat ihn, sie allein zu lassen, da sie bereits einen Mann hätte. Doch der Mann zwang sie, mit ihm zu gehen. An jenem Abend kam der Ehemann der Frau zurück, um nach ihr zu suchen, aber alles, was er fand, war das zum Teil zusammengepackte Bündel, das an der Stelle lag, wo sie es liegengelassen hatte. Er nahm an, daß sie von einem Feind gefangengenommen worden war, und trauerte um ihren Verlust.

Ein paar Jahre später schlug die gleiche Gruppe von Leuten zufällig ihr Lager wieder an dieser Stelle auf. Während sie sich dort aufhielten, entdeckten sie eine Herde Wildpferde, und jemand bemerkte, daß sich anscheinend ein Mensch unter ihnen befand. Die Krieger stellten der Herde rasch nach und waren in der Lage, die seltsame Person einzufangen. Sie besaß den Kopf und die Brust einer Frau, aber den Körper und die Beine eines Pferdes, beides mit Haar bedeckt. Sie kämpfte und bäumte sich auf wie ein Wildpferd, und ein Fohlen wieherte ihr nach, als die Krieger sie schließlich mit sich zerrten.

Im Lager erkannte der Ehemann der Frau sie wieder, aber sie wollte weder mit ihm noch mit sonst jemand etwas zu tun haben. Sie kämpfte wie ein wildes Tier darum, freizukommen. Schließlich sagte der Ehemann, daß es zwecklos sei, sie weiter anzubinden, und so ließen sie sie frei und sahen ihr nach, wie sie hinter der Pferdeherde her galoppierte. Keiner sah sie je wieder.

Die mißhandelte Frau

Es war einmal ein Mann, der hatte zwei Frauen; eine davon war seine Lieblingsfrau, und die andere mußte alle Arbeit tun und wurde allgemein schlecht behandelt. Eines Abends hörten sie diese Frau hinter dem Tipi Holz hacken. Der Mann und seine Lieblingsfrau küßten und liebkosten sich, doch schließlich begannen sie sich zu wundern, warum die andere Frau so lange Holz hackte. »Geh und schau nach, was sie macht«, sagte der Mann zu seiner Lieblingsfrau, und die ging nachsehen.

Gleich darauf kam sie zurückgelaufen und sagte zu ihrem Mann: »Sie hackt kein Holz, sie benutzt die Axt, um ihr Bein zu schärfen!« Beide bekamen große Angst und liefen aus dem Tipi, um zu fliehen. »Wartet auf mich«, rief die andere Frau. »Ich wollte gerade ein Kickspiel mit euch beiden spielen.« Sie liefen, so schnell sie konnten, während die andere Frau ihnen nachjagte. Schließlich gelangten sie in ein anderes Lager, wo sie zum Tipi des Häuptlings liefen und ihn baten, sie zu beschützen.

Der Häuptling trat hinaus, um zu sehen, um was es sich handelte, und da rief die andere Frau ihm zu: »Du wirst der erste sein, an dem ich mein neues Kickspiel ausprobiere.« Dann stieß sie ihm mit ihrem zugespitzten Bein ein Loch in den Bauch, woran er starb. Als die anderen Leute im Lager sahen, was geschehen war, versuchten sie davonzulaufen, doch sie setzte ihnen nach und tötete viele. Schließlich schlug sie ein tapferer Krieger von hinten nieder, woraufhin die Leute rasch ein Feuer über ihrem Körper errichteten und sie verbrannten.

Das weiße Mädchen, das einen indianischen Geist heiratete

Einer der ersten weißen Siedler im alten Blackfoot-Land soll ein weißer Mann gewesen sein, der sich durch Büffelzucht ernährte. Er und seine Frau hatten nur ein Kind, ein Mädchen, das gerade erwachsen geworden war. Sie war sehr einsam, weil es keine Nachbarn mit Kindern gab, unter denen sie eine Spielgefährtin oder einen Freund hätte finden können. Eines Tages fand sie ein Skelett, das sie mit nach Hause nahm und wie einen Freund behandelte.

Diese weißen Leute hatten keine Angst vor Geistern wie wir Indianer, und so ließen die Eltern dem Mädchen das Skelett. Sie sprach mit ihm und schlief mit ihm und versuchte sogar, es zu füttern. Eines Morgens wachte sie auf und stellte fest, daß das Skelett sich in einen gutaussehenden jungen Indianer verwandelt hatte. Ihre Eltern waren sehr glücklich darüber und ließen die beiden als Mann und Frau zusammenleben.

Es verging einige Zeit, da sagte der junge Indianer, daß er seine Verwandten besuchen wolle. Daraufhin sattelte der Vater des Mädchens zwei seiner Büffel, damit das junge Paar auf ihnen reiten konnte. Auf diese Weise gelangten sie zu dem Lager der Blood, wo der junge Mann herstammte, und die Leute waren alle sehr überrascht, als sie sie sahen, und noch mehr, als sie seine Geschichte hörten. Er und sein Mädchen blieben einige Zeit im Tipi seiner Eltern, doch schließlich begann das Mädchen sich einsam zu fühlen, und sie beschlossen, zur Ranch ihres Vaters zurückzukehren. Sie nahmen die Eltern des jungen Mannes mit, und nachdem sie die Zelte der Blood verlassen hatten, hat man von keinem von ihnen jemals mehr etwas gesehen und von keinem mehr etwas gehört.

Das Mädchen, das eine böse Bärin wurde

Vor langer Zeit lebte in den Zelten der Blood eine Familie von verwaisten Kindern in ihrem eigenen Tipi. Es waren sechs ältere

Jungen und ein ziemlich kleiner Junge sowie ein älteres Mädchen und ein junges Mädchen. Die älteren Jungen gingen auf die Jagd, das ältere Mädchen kochte, und das junge paßte auf ihren kleinen Bruder auf. Sie kamen gut miteinander aus.

Jeden Morgen in der Früh verließen die Jäger das Tipi, und die ältere Schwester ging ebenfalls bald hinaus, um Feuerholz zu sammeln und Wasser zu holen. Doch mit der Zeit begann diese ältere Schwester den größten Teil des Tages draußen zu bleiben, was sie damit erklärte, daß sie viel Zeit brauchte, um ihre Arbeit zu tun. Die jüngere Schwester wurde neugierig, und eines Tages beschloß sie, der älteren zu folgen. Sie war sehr überrascht, als sie entdeckte, daß ihre ältere Schwester sich mit einem großen Bär im Gebüsch liebte. Sie eilte heim und fragte sich, was sie tun solle.

Während das ältere Mädchen an jenem Abend hinausging, erzählte das jüngere Mädchen seinen Brüdern, was es entdeckt hatte. Die Brüder wurden sehr böse, weil sie wußten, daß der Rest des Stammes sich über sie lustig machen würde, wenn diese Sache herauskam. Am nächsten Morgen folgten sie ihrer Schwester dorthin, wo sie sich mit dem Bären traf, und töteten ihn. Sie gingen voll Abscheu fort und ließen sie weinend und trauernd zurück.

Als die ältere Schwester schließlich bereit war, sich von ihrem toten Liebhaber zu trennen, schnitt sie zum Andenken eine seiner Tatzen ab und trug sie dicht an ihrem Körper. Sie kehrte heim, weigerte sich aber, irgend etwas anderes zu tun, als um ihren toten Geliebten zu trauern. Irgendwie war die Nachricht von der Affäre zu den Leuten gedrungen, und sie kamen herüber, um das Mädchen zu verspotten und aufzuziehen, wodurch sie sich noch schlechter fühlte. Jemand ging so weit, ihr Dreck ins Gesicht zu werfen, was sie sehr wütend machte. In ihrer Wut wurde sie plötzlich sehr stark und böse. Sie brüllte wie ein Bär und griff die Leute an. Bevor ihre Wut sich legte, hatte sie viele im Lager getötet, und der Rest war geflohen. Die kleine Schwester nahm den kleinen Bruder und lief mit ihm in den Wald, um sich zu verstecken.

Als die älteren Brüder von der Jagd heimkehrten und in die Nähe des Lagers kamen, stießen sie auf ihre kleine Schwester und ihren kleinen Bruder, die ihnen erzählten, was sich ereignet hatte. Die Brüder besprachen sich und sagten ihr, sie solle nach Hause zurückkehren und sich keine Besorgnis anmerken lassen, aber Mokassins und Kleidung zusammenpacken, damit sie entfliehen könnten. Sie sagten ihr, sie würden Kaktusstacheln vor den Tipieingang streuen und für sie eine schmale Durchgangsspur lassen, die ihre Schwester jedoch nicht bemerken würde.

Die kleine Schwester nahm ihren kleinen Bruder bei der Hand und ging zurück nach Hause. Die ältere Schwester verhielt sich sehr freundlich und sagte, daß ihr die Art, wie sie sich aufgeführt habe, leid tue. Die kleine Schwester packte inzwischen sorgfältig alles zusammen, was ihr aufgetragen worden war, und bereitete sich zur Flucht vor. Sie war mit den Sachen und ihrem kleinen Bruder schon fast zur Tür hinaus, als die ältere Schwester das Spiel durchschaute und wieder sehr wütend wurde. Sie brüllte und sprang auf, um sie zu packen, doch sie liefen hinaus und folgten der schmalen Spur, während die Bärenschwester in die Stacheln trat und vor Schmerz aufschrie. Die älteren Brüder sammelten ihre jüngeren Geschwister auf, und alle liefen in den Wald, um zu entfliehen. Die böse Bärin setzte ihnen bald nach.

Nun verhielt es sich so, daß einer der Brüder eine Menge geheimnisvoller Kräfte besaß. Als er sah, daß die Bärin sie binnen kurzem einholen würde, spuckte er über die Schulter, und sofort bildete sich hinter ihnen ein See. Die Bärin verlor an Zeit, weil sie ihn erst umgehen mußte. Als sie die Geschwister wieder einzuholen drohte, warf der mit magischen Kräften begabte Bruder seine aus einem Stachelschweinschwanz bestehende Haarbürste hinter sich, und sofort bildete sich ein schwer zu durchdringendes Dickicht. Als die böse Bärin dort durchgedrungen war, beschlossen sie alle, auf einen hohen Baum zu klettern. Die böse Bärin stand unten und sagte: »Nun werde ich euch alle töten.« Daraufhin begann sie den Baum mit all ihrer Kraft zu schütteln.

Es dauerte nicht lange, bis vier der Brüder aus dem Baum gefallen waren und benommen am Boden lagen. Die Bärin wollte gerade hinübergehen und sie töten, als der mit Kraft begabte Bruder einen Pfeil aus seinem Köcher nahm und der Bärin zwischen die Augen schoß. Sofort verwandelte sich diese wieder in ihre Schwester, aber sie war tot. Der mit Kraft begabte Bruder fühlte sich für den Mord an seiner eigenen Schwester so schuldig, daß er den anderen vorschlug, weit fortzugehen. Sie fragten, wohin sie gehen könnten, und als Antwort sagte er ihnen, daß sie alle die Augen schließen sollten. Dann nahm er einen weiteren Pfeil aus seinem Köcher und schoß ihn weit hinaus in den Himmel. Als sie ihre Augen wieder öffneten, schwebten sie alle am Himmel.

Die Alten sagten, daß dies der Ursprung des Sternbildes war, das als der Große Bär bekannt ist. In der Blackfoot-Sprache wird es die Sieben Brüder genannt. Sie sagen, daß die vier Brüder, die vom Baum gefallen sind, die vier unteren Sterne des Großen Bären sind. Die kleine Schwester soll herangewachsen sein und einen der Sterne des Kleinen Bären geheiratet haben. Sie sagen, daß sie der helle Stern ist, der als Nordstern bekannt ist und den die Alten den »unbewegten Stern« nennen. In der alten Zeit benutzten sie ihn nachts als Kompaß.

Die Frau, die einen Hund heiratete

Es heißt, dies sei eine wahre Geschichte, weil sie die Ursprünge der alten Blackfoot-Kriegergesellschaft der Hunde erklärt. Es geschah vor langer, langer Zeit, bevor die Leute je Pferde gesehen hatten. Sie benutzten noch Hunde, um ihre Sachen von einem Ort zum nächsten zu befördern.

Es lebte da eine schöne junge Frau, die die Tochter eines Häuptlings war. Viele junge Männer wollten sie heiraten, aber ihr gefiel die Art und Weise nicht, wie sie um sie warben, und deshalb blieb sie ledig. Ihr bester Freund war ein großer alter Hund, der ihrem Onkel gehörte. Sie lieh sich diesen Hund oft aus und ließ sich von ihm Holz und Wasser tragen. Der Hund mochte sie und war immer sehr gehorsam. Eines Tages sagte sie zu ihm: »Ich wollte, du wärst ein junger Mann, dann würde ich dich heiraten.«

In jener Nacht wachte die junge Frau davon auf, daß jemand in ihr Bett gekrochen kam. Der Mann hielt ihr den Mund zu, so daß sie nicht schreien konnte, aber sonst behandelte er sie sehr sanft. Sie waren eine Zeitlang zusammen, und sie besaß die Klugheit, mit etwas Kohle von der Feuerstelle seinen Rücken und sein Haar zu markieren, ohne daß er es merkte. Sie war überrascht, wie weiches, feines Haar er hatte.

Am nächsten Tag fand zufällig ein großer Tanz statt, und die junge Frau musterte sehr aufmerksam die Männer, um zu sehen, ob einer von ihnen schwarze Markierungen von ihrer Kohle hatte. Sie war begierig darauf herauszufinden, wer der Mann war, obwohl sie ihrem Vater nichts davon zu sagen wagte aus Angst, beschuldigt zu werden, den Mann nachts in ihr Bett eingeladen zu haben. Sie erblickte niemanden mit schwarzen Markierungen und kehrte traurig in ihr eigenes Tipi zurück, als der große Hund ihres Onkels zu ihr gelaufen kam und ihre Hand leckte. Er hatte zufällig Rußflecken auf seinem Kopf und seinen Schultern, und einen Augenblick lang packte die junge Frau echtes Entsetzen. Aber dann dachte sie: »Dieser Hund kann es nicht sein, denn ich weiß, daß ich mit einem Menschen zusammen war.«

In jener Nacht kam der gleiche Mann ins Bett der jungen Frau. Während er bei ihr war, nahm sie einen seiner Mittelfinger und biß sehr fest hinein, so daß ihre Zähne auf den Knochen stießen. Am folgenden Tag fand wieder ein großer Tanz statt, und die junge Frau schaute sich aufmerksam danach um, welcher Mann eine verletzte Hand hatte. Da ihr Vater der Häuptling war, stellte sie eine besondere Forderung, die ihr Vater ausrufen ließ. Sie verlangte, daß alle Männer ihre Hände hoch in die Luft hielten, während sie im Kreis herumtanzten. Sie taten dies, aber sie konnte bei niemandem die Verletzung feststellen, nach der sie Ausschau hielt.

Als sie an diesem Nachmittag hinausging, um Wasser und Nahrung zu holen, kam der große Hund ihres Onkels angelaufen und schloß sich ihr an. Sie bemerkte sofort, daß er hinkte, und als sie sich bückte, um seine Pfote anzuschauen, stellte sie fest, daß einer seiner Zehen stark verletzt war. Sie sah den Hund an und sagte: »Du bist es, der nachts in mein Bett gekommen ist!« Der Hund verwandelte sich augenblicklich in einen jungen Mann, der zu dem Mädchen sagte: »Es ist nicht meine Schuld. Du bist diejenige, die wünschte, daß ich ein junger Mann wäre, und so bin ich es geworden.«

Jetzt war das Mädchen ob seiner Entdeckung sehr beunruhigt. Die Leute würden wissen, daß ihr Geliebter ein Fremder war, und wenn sie herausfinden würden, daß er eigentlich ein Hund war, wäre sie entehrt. Doch sie wußte, daß sie ihr Wort halten und ihn heiraten mußte, und außerdem war er ein sehr gutaussehender und freundlicher junger Mann. Sie beschlossen, zusammen fortzulaufen und anderswo zu leben.

Als an jenem Abend alle zu Bett lagen, packte das Mädchen ein zweites Paar Mokassins, Essen und andere Vorräte zusammen und verließ das Tipi ihrer Eltern. Draußen im Unterholz wartete ihr Geliebter in Gestalt eines jungen Mannes auf sie. Bei Tagesanbruch schickte der Vater des Mädchens einen Ausrufer durch das Lager, der fragte, ob jemand sie gesehen hatte. Sie fragten sich, wo sie hingegangen sein mochte, vor allem nachdem ihr Onkel verkündete, daß sein großer Travois-Hund ebenfalls fehlte.

Es vergingen einige Jahre, und die junge Frau bekam große Sehnsucht nach ihren Eltern und den übrigen Leuten aus ihrem Lager. Schließlich beschlossen sie und ihr Mann, einen Besuch im Lager zu machen, ohne jemandem ihre wahre Identität zu enthüllen. Sie kamen mit ihren beiden Kindern und einer Anzahl von Hunden, die ihr Gepäck beförderten. Sie gelangten zum Tipi des Onkels der jungen Frau, und er lud sie zu sich ein. Die junge Frau trug ihr Haar so, daß es den größten Teil ihres Gesichtes bedeckte, und niemand schöpfte Verdacht.

Doch der Onkel wunderte sich über einige seltsame Dinge,

die seine Gäste machten. Als er fragte, wie es komme, daß sie die Blackfoot-Sprache sprächen, wurde ihm gesagt, daß ihr Stamm diese Sprache ebenfalls spreche. Er hatte nie einen anderen Stamm Blackfoot sprechen hören. Und immer wenn es Fleisch gab, entschuldigte sich der Besucher und nahm sein Stück Fleisch mit, bevor es gekocht werden konnte. Eines Tages folgte ihm eins der Kinder des Onkels und überraschte ihn dabei, wie er sein Fleisch draußen hinter dem Tipi roh aß. Schließlich wachte der Onkel eines Morgens früher als die anderen auf und fand den Besucher noch schlafend vor, wobei einer seiner Füße unter der Decke hervorschaute. Der Fuß sah aus wie der Fuß eines Hundes.

Als das junge Paar vom Onkel zur Rede gestellt wurde, sagte der Mann zu ihm: »Ja, ich bin früher dein großer Hund gewesen, und diese Frau ist die Tochter deines Bruders. Ich besitze große Macht, und auf diese Weise sind wir Mann und Frau geworden.« Die junge Frau ging zum Tipi ihrer Eltern und erklärte ihnen ebenfalls alles. Ihre Eltern waren froh, sie wiederzusehen und zu erfahren, daß sie Enkel hatten. Sie respektierten die Macht des Hundes und sagten, sie wären froh, ihn als Schwiegersohn zu haben, und so errichtete das Paar im Lager sein eigenes Tipi.

Doch als die Geschichte sich im Lager herumgesprochen hatte, wurden einige der jungen Männer eifersüchtig darauf, daß der Hundmann eine so gutaussehende Frau besaß. Sie hetzten die Leute auf, und bald war das junge Paar die Zielscheibe rüder Bemerkungen und anderer Schmähungen. Der Vater der Frau versuchte dies zu verhindern, aber die Leute trieben es immer schlimmer. Schließlich packte das junge Paar sein Tipi zusammen und schlug es abseits vom Lager auf. Dann begann der Mann wie ein Hund zu bellen, bis alle Hunde des Lagers ihm geantwortet hatten und zu ihm gelaufen kamen. Er wurde der Häuptling der Hunde, und die Leute hatten niemanden mehr, der ihnen ihre Sachen trug.

Einige von den jungen Männern, die den Ärger angezettelt hatten, kamen herüber und sagten, sie würden den Häuptling der Hunde töten. Aber der junge Mann gab den Hunden den Befehl zum Angriff, und diejenigen, die nicht getötet wurden, liefen zurück zum Lager. Daraufhin ließen ihm alle Leute ihre Entschuldigungen zukommen und versprachen, den Hundmann und seine Familie mit Achtung zu behandeln, wenn er ihnen ihre Hunde zurückgäbe. Er stimmte zu und zog mit seiner Familie zurück in den Lagerkreis.

Als der Hundmann alt wurde, gab er seine besondere Hundkraft an seinen Sohn weiter. Der Sohn wurde ein großer Häuptling, und er benutzte die Kraft, um mit einer Gruppe junger Männer die Hunde-Gesellschaft zu gründen. Diese Gesellschaft blieb bestehen, bis die Tage der Kriege beendet waren und sie aufgelöst wurde, weil kein Bedarf mehr nach ihr bestand. Der Sohn des Hundmannes war ein berühmter Schnelläufer. Seine Tochter wurde eine heilige Frau, die für ihre Freundlichkeit und gute Haushaltsführung bekannt war.

Die treulose Ehefrau

Vor langer Zeit lebte einmal ein Jäger, der viele geheimnisvolle Kräfte besaß. Jeden Tag ging er auf die Jagd nach allen möglichen wilden Tieren und ließ seine Frau daheim, um den Haushalt zu versorgen. Sein einziges Problem war, daß er seiner Frau allein nicht traute, und er begann eifersüchtig zu werden. Er beschloß, seine Kraft zu benutzen, um herauszufinden, ob seine Frau ihm untreu war.

Am nächsten Morgen sagte er seiner Frau, daß er auf eine lange Jagd ginge, von der er nicht vor zwei oder drei Tagen zurückkehren würde. Seine Frau sagte, sie würde ihm vor seinem Fortgang eine große Mahlzeit bereiten, und sie ging hinaus, um mehr Holz zu sammeln und etwas mehr Wasser zu holen. Während sie fort war, nahm ihr Mann einen bestimmten Teil eines wilden Tieres und knüpfte einen Knoten hinein, denn das war ein Teil seines Zaubers. Er legte das verknotete Stück Tier unter das Bett, in dem seine Frau schlief. Dann aß er und ging auf seine lange Jagd.

In jener Nacht sandte die Frau eine Botschaft zu ihrem Liebhaber. Als er kam, sagte sie ihm, daß er über Nacht bleiben könne, da ihr Mann erst nach zwei oder drei Tagen zurückkäme. Als der Morgen kam, war das Tipi angefüllt mit kichernden Leuten, und viele standen noch draußen davor, weil sie nicht hineinpaßten. Es scheint, daß sich im Lager die Nachricht verbreitet hatte, daß die Frau und ihr Liebhaber unter der Bettdekke zusammensteckten und nicht auseinanderkonnten, und jeder wollte diese seltsame Situation sehen.

Der Vater des jungen Mannes war sehr besorgt. Der Jäger war für seine Macht bekannt, und der Vater fürchtete, daß er seinen einzigen Sohn töten würde. Er forderte alle die verschiedenen Medizinmänner im Lager auf, ihr Bestes zu versuchen, um die beiden Liebenden zu trennen, aber es gelang keinem von ihnen. Schließlich rieten sie dem alten Vater, mit seiner gesamten wertvollen Habe dem heimkehrenden Jäger entgegenzugehen und ihn zu bitten, das Leben seines Sohnes zu schonen.

Der Jäger kehrte früher zurück, weil er neugierig auf das Ergebnis seiner Prüfung war. Aus der Ferne wußte er schon die Antwort, als er die Menschenmenge sah, die um sein Tipi versammelt war. Unterwegs traf er auf den Vater des jungen Liebhabers, und als er die Geschichte des alten Mannes hörte, war er damit einverstanden, das Leben des Jungen zu schonen. Sie gingen zusammen zum Tipi, und die Menge wich zurück, begierig darauf zu sehen, was der betrogene Ehemann tun würde. Seine Frau und ihr Liebhaber steckten noch immer zusammen.

Der Jäger forderte einige von den Männern auf, das zusammengeklebte Paar hochzuheben, und als sie es taten, holte er unter dem Bett das verknotete Stück Tier hervor. Er hielt es hoch, damit alle es sehen konnten, und dann warf er es ins Feuer, wo es sich wand und zischte und schließlich verbrannte. In dem Augenblick kamen die beiden Liebenden voneinander los. Der junge Mann nahm beschämt seine Robe und bedeckte sich, während er an der gaffenden Menge vorbei aus dem Wigwam lief. Die Frau wagte es nie mehr, ihrem Mann untreu zu sein, und er beschloß, sie als Ehefrau zu behalten.

Warum eine Frau den Hunden die Sprache nahm

Es heißt, daß unsere Vorfahren früher in der Lage waren, mit den Vögeln und allen Tieren zu sprechen. Mit der Zeit verloren sie allmählich diese Fähigkeit, bis als einzige schließlich nur noch die Hunde übriggeblieben waren, mit denen sie sprechen konnten. Das war damals vor dem Aufkommen der Pferde, als sie zum Arbeiten und zur Gesellschaft noch viele Hunde hatten.

Da lebten ein Mann und eine Frau, die einen sehr großen Hund besaßen. Eines Tages folgte dieser Hund der Frau in einigem Abstand, als sie hinausging, um Holz und Wasser zu holen. Er entdeckte sie in der Umarmung eines anderen Mannes, der ihr Liebhaber war. Er eilte zurück zu ihrem Mann und erzählte ihm alles.

Als die Frau nach Hause zurückkam, begann ihr Mann sie auszuschimpfen, und schließlich ergriff er ein Stück Feuerholz und schlug sie, bis sie ohnmächtig wurde. Dann ging er nach draußen. Als die Frau nun wieder zu Bewußtsein kam, erblickte sie den Hund, und sie konnte sich denken, wie ihr Mann von ihrem Verhältnis erfahren hatte. Sie besaß zufällig geheimnisvolle Kräfte, und sie benutzte diese, um die Stimme des Hundes so zu verändern, daß er nicht mehr sprechen konnte. Seither können sich Hunde nur durch Bellen und Winseln mitteilen, obwohl die alten Leute sagen, daß einige Hunde noch immer die menschliche Sprache verstehen können.

Die Frau, deren Kopf treu blieb

Es war einmal ein Mann, der jedesmal, wenn er von seiner Frau fortgehen mußte, um zu jagen oder Krieg zu führen, sehr eifersüchtig wurde. Einmal kam er von einer solchen Unternehmung heim und war der festen Überzeugung, daß seine Frau ihm untreu gewesen sei. Sie beteuerte, daß dem nicht so sei, aber er wurde immer wütender, bis er schließlich ein Messer ergriff und ihr den Kopf abschnitt. Doch als er fortging, rollte ihm der Kopf seiner Frau auf dem Boden nach und rief: »Warte auf mich, ich bin deine treue Frau und werde dir folgen, wo immer du hingehst.«

Es war so, daß der Kopf der Frau in der Lage war, alle die Hausarbeiten zu verrichten, die sie früher mit ihrem Körper gemacht hatte. Es war ein Geheimnis, wie sie kochen, nähen und Felle und Büffeldecken gerben konnte. Das Seltsame war, daß sie dies alles tat, während niemand zusah. Sie sagte ihrem Mann, daß er nie jemanden einlassen dürfe, während sie ihre Arbeit verrichtete.

Eines Tages, als der Kopf der Frau in dieser Weise beschäftigt war, hatte ein neugieriger Mann im Lager Gelegenheit, hineinzuschauen und es zu sehen. Er stieß einen lauten Ausruf aus, und der Kopf der Frau erblickte ihn und wurde sehr wütend. Sie rief: »Jetzt hast du einen Fehler gemacht«, und begann ihm nachzujagen. Als sie den Mann eingeholt hatte, schlug sie ihn und tötete ihn. Die anderen im Lager sahen, was geschah, bekamen es mit der Angst und liefen davon. Der Kopf verfolgte sie, doch sie liefen durch einen Fluß. Der Kopf rollte ebenfalls hinein, wurde aber von der Strömung davongetragen.

Kutuyis, der junge Mann, der allen Frauen half

Vor langer Zeit lebte einmal ein altes Ehepaar, das einen sehr bösen Schwiegersohn hatte. Alle drei Töchter der beiden waren mit ihm verheiratet, aber er gestattete ihnen nicht, ihre Eltern zu besuchen. Er besaß ein großes, gemütliches Tipi, während das der alten Leute nebenan klein und schäbig war.

Er ließ sich von dem alten Mann dabei helfen, die Tiere zu schlachten, die er auf der Jagd erlegt hatte, und das Fleisch mit nach Hause zu tragen, aber der alten Frau überließ er nur die schlechtesten Abfälle zum Kochen. Die einzige, die Mitleid mit den alten Leuten hatte, war ihre jüngste Tochter, der es manchmal gelang, ein gutes Stück Fleisch zu entwenden, das sie unter ihrem Kleid versteckte und dann vor dem Eingang des kleinen Tipis ihrer Eltern fallen ließ.

Eines Tages, als der Schwiegervater nach Hause ging, nachdem er dem Jäger geholfen hatte, entdeckte er auf dem Pfad einen Klumpen frischen Blutes. Er dachte, daß der Klumpen Blut eine gute Suppe für ihn und seine Frau geben würde, und beschloß, ihn mit nach Hause zu nehmen. Damit sein Schwiegersohn nichts davon bemerkte, verschüttete er absichtlich seine Pfeile und blieb dann stehen, um sie aufzusammeln. Doch zuerst stopfte er den Blutklumpen in seinen Köcher. Der Schwiegersohn beschimpfte den alten Mann wegen seiner Ungeschicklichkeit, bemerkte jedoch nicht, was dieser getan hatte.

Zu Hause machte sich die alte Frau eifrig daran, die Suppe aus Blutklumpen zuzubereiten. Doch als das Blut zu kochen begann, vernahm sie aus ihrem Kessel das Wimmern eines Babys. Sie nahm rasch den Kessel vom Feuer und fischte ein kleines Kind heraus. Der Schwiegersohn hatte ebenfalls das Wimmern des Babys gehört, und er schickte sofort seine jüngste Frau hinüber, um herauszubekommen, was los war. Er hatte vor, das Baby zu töten, wenn es ein Junge war, aber die junge Frau sagte, daß es ein Mädchen sei. Die alte Frau stellte es irgendwie an, daß es nicht wie ein Junge aussah.

Der Schwiegersohn traute seiner jüngsten Frau nicht, deshalb schickte er die nächste, um nach dem Baby zu forschen. Sie kam zurück und sagte ebenfalls, daß es ein Mädchen sei, und danach schickte er seine älteste Frau, und als diese ebenfalls sagte, daß es ein Mädchen sei, wurde er sehr glücklich. »In ein paar Jahren wird das meine vierte und jüngste Frau sein«, sagte er. Er ließ sogar eine seiner Frauen aus frischem Fleisch eine Brühe kochen, die er hinüberschickte, damit das neue Kind damit gefüttert werden konnte.

An jenem Abend waren die alten Leute sehr überrascht, als das Baby zu ihnen sprach. Es sagte: »Ihr müßt mich aufheben und meinen Kopf in alle vier Himmelsrichtungen halten.« Der alte Mann tat das, und als er damit fertig war, war das Baby zu einem gutaussehenden jungen Mann herangewachsen. Er sagte:

»Ich bin hierhergekommen, weil mir die Art und Weise, wie ihr behandelt werdet, leid tut. Ich besitze viel Macht, und ich werde euch helfen.« Dann sagte er dem alten Mann, daß er früh am nächsten Morgen aufstehen und auf eigene Faust auf die Jagd gehen solle. Er wußte, daß dies den Schwiegersohn sehr wütend machen würde.

Am nächsten Morgen tat der alte Mann, wie ihm geheißen war. Bald nachdem er gegangen war, rief der Schwiegersohn nach ihm, daß er mitkommen und ihm helfen solle. Die alte Frau rief zurück, daß er bereits auf die Jagd gegangen sei. Ihr Schwiegersohn bekam einen Wutanfall und brüllte: »Ich sollte dich sofort umbringen, aber ich werde zuerst hinausgehen und deinen alten Mann töten.« Dann ging er, um nach dem frühen Jäger Ausschau zu halten.

Als der Schwiegersohn den alten Mann fand, hatte dieser bereits eine alte Kuh getötet. Er saß am Boden und aß frische Nieren, wie ihm der Blutklumpenmann aufgetragen hatte. Als der Schwiegersohn zu ihm kam, sagte er: »Jetzt bist du zu weit gegangen, und ich werde dich töten«, doch bevor er irgend etwas unternehmen konnte, hatte der Blutklumpenmann ihn totgeschossen. Darauf sagte dieser: »Laß ihn einfach da liegen mit dieser alten Kuh. Er hat zu Hause in seinem Wigwam viel gutes Fleisch, das jetzt dir gehören wird.«

Als der alte Mann nach Hause zurückkehrte, rüstete sich der Blutklumpenmann bereits zum Weiterziehen. Er hatte die beiden älteren Frauen des Schwiegersohns ebenfalls getötet, weil sie ihren Eltern nie geholfen hatten. Er sagte der jungen Frau, daß sie, solange sie lebten, bei ihnen bleiben solle. Dann erzählte er ihnen, daß sein wirklicher Name *Kutuyis* sei, daß er einer der Sterne am Himmel sei, die sich nie bewegen, und daß sie ihn im Gebet anrufen könnten, wenn sie in Zukunft seine Hilfe brauchen sollten. Aber zuerst müsse er einigen anderen Leuten helfen, die unschuldig litten. Damit ging er.

Kutuyis war eine Zeitlang unterwegs, bevor er auf ein Lager mit alten Frauen stieß. Als er unter sie trat, sagte eine von ihnen: »Hei! Was tut ein junger Mann wie du unter uns alten

Weibern? Gewöhnlich kommen keine jungen Leute her, um uns zu besuchen.« *Kutuyis* sagte ihnen, daß er hungrig sei und etwas Dörrfleisch essen wolle. Sie gaben ihm reichlich davon, aber er schaute darauf und sagte: »Nun, ihr habt mir Dörrfleisch gegeben, aber wo ist das Fett, das dazugehört?« (Dörrfleisch wird gewöhnlich mit Fettstücken gegessen.) Die alten Frauen schauten sich erschrocken um, und eine von ihnen sagte zu ihm: »Pst! Sprich das Wort nicht laut aus. In der Nähe lebt ein Rudel Grislybären, die kommen und uns alles Fett wegnehmen, und wenn sie hören, daß du etwas verlangst, werden sie dich töten!« *Kutuyis* sagte ihnen, daß er sich am Morgen darum kümmern würde.

Am nächsten Tag ging er auf die Jagd und tötete eine fette junge Kuh. Er schlachtete sie und brachte die besten Stücke Fleisch ins Lager, vor allem das Fett. Nach kurzer Zeit tauchten zwei Grislybären von dem Rudel auf und verlangten von ihm das Fett, das er aß. Er sagte ihnen, daß sie sich davonscheren und ihn nicht belästigen sollten. Sie trollten sich, doch bald tauchte statt dessen der Häuptling der Grislybären auf, und er war bereit zum Kampf. *Kutuyis* hatte in einem Feuer ein paar Steine erhitzt, und als der Grislyhäuptling ihn angriff, nahm er die Steine und warf sie ihm in den Rachen. Als der Grislyhäuptling tot war, ging *Kutuyis* hinüber zum Lager der Grislybären und tötete alle übrigen. Er verschonte nur eine trächtige Bärin, und von ihr stammen alle Grislybären ab, die heute leben. Diese Grislybären hatten in einem großen, mit Grislysymbolen bemalten Tipi gelebt, das *Kutuyis* den alten Frauen gab. Auf diese Weise ist der Blackfoot-Stamm in den Besitz des *Grisly-Painted Lodge* (mit-Grislybären-bemaltes Tipi) gekommen. *Kutuyis* befreite auch alle die schönen jungen Frauen, die die Grislybären gefangengehalten hatten, und er gab den alten Frauen das ganze Fett, das die Grislybären in ihrem Tipi gehortet hatten.

Dann zog *Kutuyis* weiter. Nach einiger Zeit gelangte er zu einem anderen Lager von alten Frauen. Sie wunderten sich ebenfalls darüber, daß er sie besuchte, statt unter den jungen Leuten zu bleiben. Er sagte zu ihnen: »Ich bin auf Wanderschaft und bin jetzt hungrig, deshalb gebt mir etwas von eurem Dörrfleisch.« Wie in dem anderen Lager bekam er viel Dörrfleisch vorgesetzt, aber kein Fett. Als er um etwas Fett bat, sagten die Frauen ihm: »Pst, frag hier nicht so laut danach. In unserem Lager befindet sich das mit Schlangen bemalte Tipi, und darin hält sich der Häuptling der Schlangen auf. Er und seine anderen Schlangen nehmen uns all das Fett weg, das wir bekommen, und sie töten jeden, der sie auch nur um ein bißchen davon bittet.« *Kutuyis* erklärte ihnen, daß er sich darum kümmern werde.

An jenem Abend ging er zu dem mit Schlangen bemalten Tipi und tat so, als ob er ein Besucher sei. Als er hineintrat, erblickte er eine große Schlange, die rings entlang der einen Tipihälfte dalag und deren Kopf im Schoß eines wunderschönen jungen Mädchens ruhte. Der Schlangenhäuptling hatte auf seinem Kopf ein Horn, und das Mädchen massierte ihn um dieses Horn herum. Er schien zu schlafen. *Kutuyis* sah eine frische Schüssel mit Blutsuppe am Feuer stehen, also setzte er sich nieder und trank davon. Blutsuppe ist eine Delikatesse, die ihm in dem Augenblick sehr mundete. Das junge Mädchen machte ein erschrockenes Gesicht und flüsterte *Kutuyis* zu, er solle die Suppe absetzen und sich eilig davonmachen, bevor er getötet würde. Statt dessen schmatzte *Kutuyis* laut und ließ die Suppe in seiner Kehle gurgeln, während sie hinunterlief. Die große Schlange erwachte und sah *Kutuyis* an.

Kutuyis hatte gerade seine Suppe ausgetrunken, und so warf er die Schüssel ins Feuer, daß eine Menge Funken aufsprühten. Einen Augenblick lang war der Schlangenhäuptling abgelenkt, und *Kutuyis* sprang mit einem großen Steinmesser, das er verborgen gehalten hatte, auf ihn zu und schnitt ihm den Kopf ab. Rasch lief er herum und tötete all die anderen Schlangen bis auf eine, die trächtig war. Von ihr stammen all die Schlangen ab, die heute leben. Dann ließ er all die schönen Mädchen frei, die die Schlange gefangengehalten hatte. Den alten Frauen gab er den großen Vorrat an Fett und Dörrfleisch, den die Schlange gehortet hatte, sowie das *Snake-Painted Lodge* (mit-Schlangen-bemaltes Tipi), das heute noch beim Blackfoot-Volk existiert. Dann setzte er seinen Weg fort.

Kutuyis gelangte auf seinem Weg zu einem Fluß, und ein Wind kam auf. Er blies immer stärker, bis er *Kutuyis* zuletzt ins Wasser und in den Schlund eines großen Fisches trieb. Es war ein großer Saugefisch, und der Wind war seine Saugkraft, mit deren Hilfe er sich Futter beschaffte. Als *Kutuyis* hinunter in den Magen des Fisches gelangte, fand er dort viele Leute versammelt, von denen einige bereits tot waren. *Kutuyis* sagte den übrigen, daß sie mit ihm aufstehen und ihm dabei helfen sollten, seinen Medizintanz aufzuführen. Dann hub er zu singen an.

Während die Leute zu seinem Gesang auf und ab tanzten, bemalte *Kutuyis* sein Gesicht und holte sein großes Steinmesser heraus. Er befestigte es auf seinem Kopf, so daß seine Spitze senkrecht nach oben zeigte, und tanzte dann auf und nieder, so kräftig er konnte. Er tanzte zur Vorderseite des Fisches, bis er schließlich an der richtigen Stelle in die Höhe sprang, so daß sein Messer direkt ins Herz traf und die Herzschlagader des Fisches durchtrennte. Dann nahm er sein Messer wieder herunter und machte damit einen großen Einschnitt zwischen die Rippen des Fisches, so daß alle Leute hinausgelangen konnten. Als er wieder das Ufer erreicht hatte, setzte er seinen Weg fort.

Die Leute, die er aus dem Fisch befreit hatte, warnten *Kutuyis* davor, stehenzubleiben und mit einer bestimmten Frau zu ringen, der er auf seinem Weg begegnen würde. Sie sagten, daß sie jeden töten würde, der das täte. Nach einer Weile stieß er auf diese Frau, und sofort forderte sie ihn auf, stehenzubleiben und mit ihr eine Runde zu ringen. Er sagte zu ihr: »Ja, ich werde mit dir ringen, aber laß mich zuerst ein bißchen Atem schöpfen.« Während er sich ausruhte, schaute er sich um, und bald erblickte er viele scharfe Messerspitzen, die aus einer dichten Grasfläche herausschauten, auf der die Frau zu ringen beabsichtigte. Also sagte er zu ihr: »Wir wollen uns zuerst ein bißchen einüben, bevor wir zu ringen beginnen.« Während sie verschiedene Übungen machte, wartete *Kutuyis* eine Gelegenheit ab, packte dann die Frau und warf sie rückwärts auf die Grasfläche, wo sie von ihren eigenen Messern entzweigeschnitten wurde. Dann zog er weiter.

Nach einiger Zeit gelangte er an einen anderen Fluß. An seinem Ufer erblickte er eine alte Frau auf einer Schaukel, die an einem großen Baum hing. Er beobachtete, wie sie über das Wasser hinausschwang bis zu einer Stelle, wo es rasende Strudel bildete. Als die alte Frau *Kutuyis* sah, hörte sie auf zu schaukeln und lud ihn ein, sich neben sie zu setzen und mitzumachen. Er wußte, daß sie vorhatte, ihn hinunterzustoßen, wenn sie über der gefährlichen Stelle waren, wie sie es mit vielen anderen Leuten getan hatte, die vor ihm zu ihr gekommen waren. Er sagte zu ihr: »Ich bin gleich bereit. Schaukle nur noch einmal allein, damit ich sehen kann, wie es gemacht wird.« Also stieß sie sich mit Eifer ab und schwang hinaus, und als sie über der gefährlichen Stelle im Wasser war, hob *Kutuyis* sein Steinmesser und schnitt damit die Lianen durch, an denen ihre Schaukel hing. Die alte Frau fiel selbst ins Wasser und verschwand.

Danach waren im Land des Blackfoot-Volkes keine Ungeheuer mehr übrig, und *Kutuyis* beendete seine Wanderung. Er benutzte seine Kraft dazu, in den Himmel zurückzukehren und zu einem der Sterne zu werden, die sich nie bewegen. Die Alten der Vergangenheit wußten, welcher er war, aber ich glaube, sie haben dieses Wissen mit sich ins Grab genommen.

Die Frau, die die Büffel zurückbrachte

Vor langer Zeit, als die Leute noch keine Pferde hatten, verhungerten sie manchmal, wenn sie ihre Lager nicht schnell genug mit den weiterziehenden Büffelherden bewegen konnten. Diese Geschichte hat sich während einer solchen Hungersnot abgespielt.

Drei Schwestern waren mit demselben Mann verheiratet. Eines Tages waren sie ausgegangen, um Feuerholz zu sammeln. Die jüngste Schwester trug ein großes Bündel Holz, als ihr Tragriemen riß. Jedesmal, wenn sie stehenblieb, um den Riemen zu befestigen, riß er wieder. Ihre Schwestern gingen zurück zu ihrem Tipi, während sie zum viertenmal versuchte, den Riemen zu befestigen. Als sie sich hinabbeugte, um den Riemen zusammenzuknüpfen, glaubte sie, jemanden singen zu hören. Sie schaute sich um, konnte aber niemanden erblicken. Doch die Stimme schien aus sehr großer Nähe zu kommen. Sie bekam es mit der Angst und richtete sich auf, um zu gehen, doch die Stimme rief nach ihr. Dann bemerkte sie in der Richtung, aus der die Stimme kam, einen ungewöhnlich aussehenden Stein am Boden in der Nähe ihres Holzbündels. Sie trat näher, um ihn sich genauer anzusehen, und bemerkte, daß der Stein auf einem kleinen Büschel Büffelhaar lag. Die Stimme begann wieder zu singen; sie kam von dem Stein: »Du – Frau – willst du mich nehmen? Ich bin mächtig! Büffel ist unser Zauber.«

Die junge Frau bückte sich und hob den Stein auf. Zu jener Zeit hatten die Leute keine Taschen in den Kleidern, und sie trug ihren Beutel nicht bei sich. Sie schob den Stein unter ihren Gürtel, so daß sie ihn direkt am Körper trug, und ging nach Hause. Sie erzählte niemandem, was geschehen war.

In jener Nacht hatte sie einen Traum. Der Stein kam zu ihr und sang wieder sein Lied. Dann sagte er zu ihr: »Ich bin zu dir und deinen Leuten gekommen, weil ich Mitleid mit euch habe. Meine Macht vermag mit den Büffeln Verbindung aufzunehmen und sie hierherzubringen. Ich habe dich ausgewählt, mich ins Lager zu bringen, weil du bescheiden bist und ich weiß, daß deine Gedanken gut sind. Du mußt deinen Mann bitten, morgen abend alle heiligen Männer in euer Tipi einzuladen. Ich werde dich einige Lieder und eine Zeremonie lehren, die du ihnen beibringen mußt. Wenn du das tust, werde ich mittels meiner Macht die Büffel zurückbringen. Aber du mußt deine Leute warnen: Meine Macht kündigt sich immer durch einen starken Sturm an, und wenn sie ankommt, wird sie aussehen wie ein Büffel, ein einsamer Bulle. Du mußt deinen Leuten sagen, daß sie ihm nichts tun dürfen. Der Rest der Herde wird nachfolgen, sobald er unversehrt durch euer Lager gelaufen ist.«

Blackfoot-Frauen unterwegs. So haben meine Großmütter ihren einfachen Haushalt von einem Lager zum nächsten transportiert. Zu der Zeit, als es noch keine Pferde gab und die Hunde den Transport besorgten, wurde die Ausrüstung noch einfacher gehalten. (Photo: Collection of Good Medicine Foundation)

In ihrem Traum lernte die Frau verschiedene Lieder, die sie nie zuvor gehört hatte. Der *Iniskim* oder Büffelstein erzählte ihr, daß er viele Verwandte auf der Prärie hätte und daß alle davon mit derselben Macht in Verbindung stünden wie er. Er sagte ihr, daß alle Leute, die von dieser Macht Glück erhofften, nach einem seiner Verwandten Ausschau halten, ihn mit nach Hause nehmen und mit Achtung behandeln sollten.

Als die junge Frau aufwachte, fragte sie sich, was sie mit ihrem Traum anfangen sollte, denn sie war die jüngste Frau und deshalb etwas schüchtern gegenüber ihrem Mann. Nur die Frau, die ihren Sitz neben ihrem Mann hat, nimmt an seinen zeremoniellen Funktionen teil, niemals die Frau, die nahe der

Tür schläft. Als der Mann nach draußen ging, erzählte die junge Frau ihrer älteren Schwester von dem Stein und dem Traum. Die Schwester sagte: »Ich werde unserem Mann sagen, was du mir gerade erzählt hast. Wenn dein Traum in Erfüllung geht, kannst du meinen Sitz neben ihm haben. Aber wenn nicht, werde ich dich nur bemitleiden wegen dessen, was du zu erleiden haben wirst.«

Als der Mann von der Sache erfuhr, sandte er sofort Einladungen an die heiligen Männer des Lagers aus. Nach kurzer Zeit versammelten sich alle im Tipi der jungen Frau und bekamen kleine Portionen Beeren und aus Lederstreifen gekochte Brühe vorgesetzt. Sie waren begeistert, als sie hörten, weswegen sie eingeladen worden waren, obwohl ein oder zwei aufstanden und das Tipi verließen. Die alten Leute waren immer skeptisch gegenüber jemandem, der behauptete, in einem Traum gerufen worden zu sein und eine Kraft erlangt zu haben.

Mit der Zustimmung der heiligen Männer, die geblieben waren, forderte der Ehemann seine junge Frau auf, sich ans obere Ende des Tipis zu setzen und die Zeremonie anzuführen, die ihr gezeigt worden war. Sie hatte ein kleines Stück Fett, das sie in ihren Handflächen mit heiliger Farbe mischte. Während sie den Büffelstein mit der heiligen Farbe bedeckte, sang sie eins der Lieder:

Iniskim, er sagt: Büffel ist mein Zauber.
Iniskim, er sagt: Ich bin mächtig!

Daraufhin wußten die Männer, daß es kein gewöhnlicher, sondern ein heiliger Stein war. Sie waren begierig darauf zu erfahren, ob er wirklich Kraft besaß. Dann rieb die Frau viermal mit dem *Iniskim* über ihren Körper und betete lange. Darauf sang sie ein anderes Lied:

Dieser *Iniskim*, mein Mann, er ist mächtig!

Während des Liedes gab sie den *Iniskim* ihrem Mann, der neben ihr saß. Er rieb damit über seinen Körper und betete, während seine Frau weiterhin die heiligen Lieder sang. Auf diese Weise wurde die Zeremonie weitergeführt, bis der *Iniskim* unter der versammelten Gesellschaft im Kreis herumgegangen war. Inzwischen waren die meisten der Männer bereits in der Lage, eins oder zwei der Lieder mitzusingen.

Bevor sie gingen, erzählte die Frau ihnen von der Warnung in dem Traum. Es wurde ein Ausrufer im Lager herumgeschickt, der die Leute dazu aufforderte, ihre Tipis zu befestigen und sich für einen großen Sturm zu rüsten. Er sagte ihnen auch, daß sie dem einzelnen Büffelbullen nichts tun dürften, der sich nach dem Sturm im Lager zeigen würde. Die meisten Leute befolgten den Rat, aber einige lachten und sagten, daß es nur der verrückte Traum einer Frau sei.

Die Dunkelheit war schon lange hereingebrochen, als das Wetter umschlug. Die meisten Leute hatten sich schlafen gelegt. Nur der Ehemann, seine Frau und ein paar von den heiligen Männern blieben auf und sangen weiterhin die *Iniskim*-Lieder. Es erhob sich eine Brise, und die Tipiplanen kräuselten sich. Es dauerte nicht lange, und die Brise verwandelte sich in einen Wind, der die Tipiplanen laut gegen die Stangen knallen ließ. Der Wind wurde immer stärker, und plötzlich wurden alle Leute aufgeweckt durch das laute Brechen einer großen Pappel, die vom Wind umgedrückt wurde. Die unbefestigten Tipis derjenigen, die der Frau nicht geglaubt hatten, wurden ebenfalls umgeweht und ihr gesamter Inhalt davongetragen. Während die Leute um Sicherheit beteten, vernahmen sie im dunklen Lager laute Hufschläge und schweres Keuchen. Es war der einsame Bulle, der durchs Lager wanderte. Niemand wagte, ihm etwas anzutun.

Am Morgen hörte der Sturm auf, und eine große Herde von Büffeln graste neben dem Lager. Die Leute konnten so viele erlegen, wie sie brauchten, denn die Tiere zeigten keine Panik. Die Leute schrien vor Glück, weil sie wieder richtiges Essen hatten. Sie waren begierig darauf, ihre abgetragenen Betten und

Decken zu ersetzen sowie die Löcher in ihren Tipis und Mokassins zu flicken. Alle behandelten die junge Frau mit Achtung, die jetzt den Platz neben ihrem Mann am Kopfende des Tipis innehatte. Jeder brachte ein kleines Opfer Büffelfleisch oder Fett und legte es vor den heiligen *Iniskim*, der auf einem kleinen Pelzhaufen auf dem Altar an der Rückseite des Tipis thronte.

Seither haben meine Leute immer die Macht der *Iniskims* besessen. Jede Familie besaß mindestens einen davon, und sie waren auch in vielen Medizinbündeln enthalten. Jungen und Mädchen bekamen manchmal einen *Iniskim* geschenkt, der am Ende einer Halskette befestigt war und den sie als Glücksamulett tragen konnten.

Haushalt und Handwerk der Großmütter

Der Alltag einer traditionellen Blackfoot-Frau – Ruth Little Bear erzählt

Als ich ein kleines Mädchen war, verbrachte ich viel Zeit bei meiner Großmutter. Sie war eine sehr freundliche Frau, obwohl sie Kills Inside (Tötet-Drinnen) hieß. Der Name war ihr von einem alten Krieger gegeben worden, der einen Feind in seinem eigenen Tipi getötet hatte. Ihr Mann war der alte Heavy Head, dessen Namen noch immer die vielen Mitglieder der Heavy-Head-Familie tragen, die alle nahe Verwandte von mir sind.

Es war um 1920, als ich bei meiner Großmutter und meinem Großvater Heavy Head lebte. In den *Roaring Twenties*, den stürmischen zwanziger Jahren, war das Leben in der Blood-Reservation sehr einfach. Es gab kaum Autos, keine Elektrizität und keine modernen Vergnügungen. Die älteren Mitglieder des Stammes führten noch immer die traditionelle Lebensweise. Wir mußten alle hart arbeiten, um unser Leben einigermaßen erträglich zu gestalten.

Eine der grundlegenden Aufgaben meiner Großmutter bestand darin, für ihren Haushalt das Essen zu bereiten. Sagen wir mal, sie hatte den ganzen Rumpf einer frisch getöteten Kuh. Sie ging damit auf die gleiche Weise um, wie sie in jungen Jahren mit einem getöteten Büffel umzugehen gelernt hatte. Ich half ihr viele Male dabei, und ich erinnere mich noch sehr gut daran, wie wir es machten.

Sie schärfte immer zuerst ihre Axt und ihre Messer, bevor sie mit dem Schlachten begann. Sie nahm die Axt und begann den Rumpf direkt am Rückgrat entlang aufzuhacken. Die Haut war bereits abgezogen. Sie hackte den Rumpf auseinander, und dann schnitt sie das Fleisch entlang dem Rückgrat in einem langen Streifen vom Hals bis zum Ende der Rippen ab. Dieses Lendenstück ist zum Schluß etwa ein Meter zwanzig lang, und es ist wirklich etwas ganz Besonderes, weil das Fleisch so zart ist. Die meisten Frauen waren so gut im Schlachten, daß sie dieses lange zarte Lendenstück nie zerrissen. Manchmal wurde dieses Fleisch geröstet und zusammen mit Beeren zerstampft, um daraus wirklich guten Pemmikan zu machen. Die Hörner-Gesellschaft benutzt diese Art von Pemmikan für ihr heiliges Abendmahl. Ich half meiner Großmutter dabei, ihn für meinen Großvater zuzubereiten, der ein Führer in der Hörner-Gesellschaft war.

Die vorderen Rippenstücke werden Schulterrippen oder Hauptrippen genannt. Sie gelten als eine besondere Mahlzeit für Männer. Rippen wurden im Tipi über einem offenen Feuer zubereitet. Meine Großmutter pflegte die Rippen aufzuschneiden. Sie kochte die Hauptrippen und stellte dann den Rest der Rippen wie Tipistangen über der Feuerstelle auf. Dann entzündete sie ein Feuer unter ihnen und ließ sie vom Rauch trocknen, damit sie aufbewahrt werden konnten. Weil sie die Stücke, die zuerst verderben, verbrauchen mußten, bewahrten sie gewöhnlich alles bis auf die Hauptrippen auf.

Die Zubereitung der Innereien

Zuerst wurden die Innereien der Kuh von meiner Großmutter zubereitet, weil sie am leichtesten verderben. Am wichtigsten davon waren das Herz, die Nieren, die Leber und die Lunge. Die Zunge schlitzte meine Großmutter einfach auf und hing sie zum Dörren auf, und dasselbe tat sie mit der Lunge. Der Rest wurde entweder roh gegessen, auf die Kohlen geworfen und geröstet oder gekocht und zum Dörren in die Sonne gelegt.

Als nächstes kümmerte sich meine Großmutter um die Eingeweide. Im Sommer hielten sie sich nicht länger als für zwei Mahlzeiten frisch, deshalb wurde das meiste davon getrocknet, damit es nicht verdarb. Die Metzger in der Stadt legten keinen Wert auf die Eingeweide, deshalb erhielten die alten Frauen alles, was sie davon wollten, umsonst. Einige tun dies noch heute. Die meisten Nichtindianer haben nie gelernt, wie nahrhaft Eingeweide sein können.

Sapotsis oder Krähendarm ist eine Blackfoot-Delikatesse von früher, als die Leute nicht viel Auswahl in ihren Mahlzeiten hatten. Sie wird hergestellt, indem man einen Teil des Hauptdarmes nimmt und ihn mit Fleisch füllt, bevor man ihn über den Kohlen röstet. Zuerst drückt man den Darminhalt aus und wäscht den Darm gründlich auf der Außenseite, wobei man sorgfältig darauf achtet, daß die Fettschicht erhalten bleibt. Dann legt man einen langen Streifen Lende vom Rücken des Tieres neben den gewaschenen Darm. Dann stülpt man den Darm langsam von innen nach außen über den Streifen Fleisch, bis man das Ende erreicht. Wenn man möchte, kann man etwas Wasser hinzufügen und auch Salz und Pfeffer. Darauf bindet man die Enden mit Sehnen oder starkem Faden ab.

Wenn meine Großmutter Krähendarm zubereitete, warf sie ihn direkt auf die heißen Kohlen, nachdem sie ihn zugebunden hatte. Später wurden die Frauen moderner, und sie kochten die zusammengebundenen Krähendärme zuerst in einem Topf Wasser über dem Feuer. Danach warfen sie sie kurze Zeit auf die Kohlen, bis sie einen Holzkohlengeschmack hatten.

Die Kutteln sind ein weiterer beliebter Teil des Eingeweides. Man entleert sie ihres Inhalts und wäscht sie gut aus. Verschiedene Teile der Kutteln haben eigene Namen, aber ich weiß nicht, wie sie auf englisch heißen würden. Zum Beispiel gibt es einen Teil, der ganz dick ist. Er hat auf der Innenseite einen pelzartigen Überzug. Man zieht diesen Überzug ab und wäscht das Ganze noch einmal. Meine Großmutter war eine richtige Expertin im Abziehen dieses pelzigen Überzuges. Sie aß von diesem Eingeweide einiges roh, und den Rest kochte sie entweder oder röstete ihn. Die dünnsten Teile hing sie zum Dörren auf und die zerfransten Ränder verfütterte sie an die Hunde.

Es gibt einen anderen Teil des Eingeweides, der ziemlich groß und mit Verdauungsresten gefüllt ist. Der dickere Teil davon hat auf der Innenseite eine harte Haut. Meine Großmutter sagte, dieser Teil sei gut für werdende Mütter; sie sagte, daß das Baby dann einen schönen runden Kopf bekommt. Schwangere Frauen durften keine anderen Teile der Eingeweide essen, weil sonst ihre Gesichtsfarbe verblaßte.

Der zweite Magen hat alle Arten von Blackfoot-Namen. Einige nennen ihn Viele Falten oder Indianerbibel oder Versandhaus-Katalog. Er liegt am Anfang der Därme und besteht aus vielen Blättern.

Er muß sehr gründlich gewaschen werden, sonst schmeckt er nicht gut. Die Alten aßen ihn oft roh, aber bestimmte Teile davon wurden gewöhnlich gekocht oder geröstet, und das übrige wurde gedörrt.

Die Markdärme sind kleine Därme, die mit Fettstreifen durchwachsen sind. Meine Großmutter warf sie gewöhnlich nur auf die Kohlen, um sie zu rösten. Sie werden nicht von innen nach außen gewendet. Es ist lustig, zuzuschauen, wie sie auf den Kohlen rösten, weil sie sich in der Hitze biegen und wenden, bis sie ganz verschrumpelt sind. Eine neuere Form, sie zuzubereiten, besteht darin, sie in etwa fünfzehn Zentimeter lange Stücke zu schneiden. Diese werden mit Mehl paniert, mit Salz und Pfeffer gewürzt und in einer Bratpfanne gebraten. Sie kringeln sich dann und schmecken auf diese Weise zubereitet wirklich gut.

Eine andere Delikatesse befindet sich am Ende der Eingeweide – der letzte Teil des Dickdarms. Man wäscht ihn gut aus und bindet ein Ende zu. Dann füllt man das Stück mit getrockneten Beeren und etwas Wasser und bindet das andere Ende zu. Das Ganze kocht man einen Tag lang, bis es ganz zart ist, und man hat einen Blackfoot-Pudding. Zum Servieren kann man ihn in sieben bis zehn Zentimeter lange Stücke schneiden.

Jedesmal wenn meine Großmutter ein Tier hatte, konnte sie nur ein oder zwei der Eingeweide nach diesen Rezepten kochen und mußte den Rest dörren. Sie wusch alles gründlich und schnitt das überschüssige Fett ab, so daß die Eingeweide mit einer gleichmäßigen Fettschicht bedeckt waren. Dann wendete sie die Eingeweide von innen nach außen und wusch sie wieder,

Die Mutter meiner Tante Mary One Spot kocht Tee und trocknet gleichzeitig Fleisch über einem Lagerfeuer im Freien. Die Aufnahme stammt aus den 20er Jahren. (Photo: Arnold Lupson, Glenbow-Alberta Institute)

bis alle Verdauungsrückstände entfernt waren. Dann kochte sie sie auf. Sie stellte das Kochen ein, bevor sie weich und zart waren, und hing sie dann an Schnüren unter der Decke zum Dörren auf. In einige davon blies sie Luft, so daß sie wie Ballons aussahen. Dadurch trockneten sie rascher.

Die Lunge wurde nicht gekocht, sondern nur aufgeschnitten und zum Dörren aufgehängt. Alles überschüssige Fett aus dem Innern des Schlachttiers wurde ebenfalls aufgehängt, so daß es austrocknen konnte. Es wurde später zusammen mit dem getrockneten Fleisch serviert. Einiges Fett des Tieres wurde zu Schmalz ausgelassen statt getrocknet.

Wenn das Tier weiblich war, kochte oder röstete meine Großmutter die Euter. Sie wurden nie roh gegessen. Manchmal aßen sie das Hirn – immer roh –, aber gewöhnlich sparten sie es als Hilfsmittel zum Gerben auf. Die Zunge wurde immer gekocht, wenn sie nicht getrocknet wurde. Sie ist eine traditionelle Delikatesse und wird als heilige Mahlzeit beim Sonnentanz serviert. Selbst alte Tiere haben zarte Zungen.

Wenn das Tier groß war, schnitt sie das Fleisch von den Backen und aus dem Innern des Kopfes. Dieses Fleisch mußte immer lange Zeit gekocht werden, bevor es zart wurde. Da meine Großmutter zuerst mit einem Deutschen verheiratet war, lernte sie den Preßkopf zuzubereiten, der dort drüben so beliebt ist. Sie zerschmetterte den Kopf mit ihrer Axt und kochte alles Fleisch von den Knochenstücken. Später wurde diese Art von Essen bei den Blood recht verbreitet.

Wenn das Tier weiblich war und ein ungeborenes oder ein noch nicht entwöhntes Junges hatte, wurde dieses den älteren Leuten zu essen gegeben, weil es so zart war. Das Fleisch wurde gekocht, und die Eingeweide wurden herausgenommen und geflochten und dann ebenfalls gekocht. Wenn das Kalb zu klein war, wurde es einfach weggeworfen.

Die Knochen des Tieres wurden aufgebrochen, um das Markfett entnehmen zu können. Zum Beispiel wurden die Schienbeine abgehäutet, dann nahm meine Großmutter einen großen Stein oder ihre Axt und zerschlug die Knochen etwa in der Mitte zwischen den Gelenken. Daraufhin kratzte sie das Fett heraus und bewahrte es in einem Behälter auf, um es später bei den Mahlzeiten zu servieren. Als Kind durfte ich manchmal etwas von diesem Fett auskratzen und es auf der Stelle essen. Ich benutzte dazu einen Weidenstock, von dem ich die Haut abgeschält hatte. Ich kaute so lange auf einem Ende herum, bis es wie ein alter Pinsel aussah, und ich saugte das Fett von dem Teil, der wie die Borsten war. Danach pflegte meine Großmutter die Knochen eine Zeitlang zu kochen. Das Fett, das herauskam, wurde abgeschöpft und in einen besonderen Behälter getan. Es wurde zu so etwas wie hartem Talg.

Meine Großmutter vermischte wilde Minze mit dem Fett und dem Dörrfleisch, wenn sie dieses zum Aufbewahren in ihren Taschen aus Rohleder verstaute. Sie sammelte die Minze im Sommer und Herbst und hing sie zum Trocknen auf. Dann bröselte sie die Blätter von den Stielen ab und streute sie über das Fett und das Fleisch. Sie machte die Taschen fest zu, und die Minze hielt das Ungeziefer fern und verhinderte, daß das Fett verdarb.

Die Hufe wurden ausgekocht, bis all die Knorpel darin weich waren. Meine Großmutter hob die Füße des Tieres dafür auf. Sie band sie zusammen und hing sie draußen an einem Baum auf. Manchmal ließ sie sie selbst bei warmem Wetter eine ganze Zeitlang dort, bevor sie sie kochte. Ich erinnere mich nicht daran, daß sie je von Fliegen heimgesucht wurden. Wenn sie die Hufe kochen wollte, schnitt sie die Füße halb durch und entfernte so gut es ging vorher die Haare. Dann kochte sie sie den ganzen Tag. Nach meiner Erinnerung war an diesen gekochten Hufen kaum etwas zu essen dran. Aber meine Großeltern mochten sie. Vielleicht erinnerten sie sich dabei an die alten Zeiten, als der Hunger sie zwang, hin und wieder auf solche Dinge zurückzugreifen. Sie bewahrten die ausgekochten Hufe auf, um sie als Rasseln an Tipitüren und so weiter zu verwenden. Diese vertraten früher die Glocken, die sie später von den Händlern erhielten. Die Hufe ließen sich in eine bestimmte Form schneiden, solange sie vom Kochen noch weich waren.

Wenn das Tier von meiner Großmutter zu Hause geschlachtet worden war, verwendete sie auch immer das Blut. Eine Lieblingsmahlzeit bestand darin, eine Tasse voll Blut mit einer Untertasse voll Mehl zu vermischen und mit den Händen durchzukneten, bis sich alle Klümpchen aufgelöst hatten. Gewöhnlich bewahrte sie die Brühe von den Hauptrippen auf, die sie zuerst für meinen Großvater kochte. In dieser Brühe kochte sie einige Felsenbirnen und rührte dann langsam die Blutmischung hinein. Sie rührte das Ganze um und kostete es, bis sie zufrieden war, daß sie eine Blutsuppe nach ihrem Geschmack hatte. Diese Blutsuppe wird noch immer als heilige Mahlzeit während der nächtlichen Heiliger-Rauch-Zeremonien verwendet.

Manchmal benutzte meine Großmutter das Blut, um Würste daraus zu bereiten. Sie goß das frische Blut direkt in einige von den Därmen, die sie bereits ausgewaschen und an einem Ende zugebunden hatte.Sie füllte den Darm etwa zur Hälfte mit Blut, band dann das andere Ende zu und kochte die Wurst, bis sie fest war.

Immer wenn meine Großeltern ein Tier schlachteten, luden sie ihre Freunde und Nachbarn ein, etwas davon mit ihnen zu teilen – vor allem die Teile, die am schnellsten verdarben. Zuerst nahmen sie die wichtigsten Teile heraus, die sie für sich behalten wollten, und bereiteten das meiste davon zum Dörren vor, dann trafen sie Vorbereitungen für ihre Gäste. Es ist ein alter Brauch, daß eine Familie, die reichlich frisches Essen hat, viele Gäste einlädt, die ihr dabei helfen, es aufzuessen. Später, wenn die Gäste selbst viel Essen zu Hause haben, laden sie wiederum die andern ein. Viele von uns machen es heute noch so.

Egal, wer zu Gast war – sogar ein Häuptling –, stets setzte meine Großmutter meinem Großvater als erstem das Essen vor. Das Oberhaupt der Familie setzt sich immer als erster nieder und wird zuerst bedient, vor allem wenn es ein heiliger Mann ist, wie mein Großvater es war. Er konnte ein Gebet hersagen, bevor er anfing zu essen, oder er konnte jemand anderen auffordern zu beten, vor allem wenn jemand anwesend war, dessen

Gebete für ihre Kraft bekannt waren. Aber da meine Großeltern sowieso den ganzen Tag über beteten, mußten sie nicht unbedingt vor jeder Mahlzeit beten. Meistens beteten sie vor wichtigen Mahlzeiten oder wenn ein geehrter Gast anwesend war. Heutzutage wird mehr vor Mahlzeiten gebetet, aber weniger zu anderen Zeiten.

Schwangerschaft, Säuglingspflege und Kindererziehung

Meine Großmütter erfuhren gewöhnlich erst etwas über die Geburt, wenn sie soweit waren, ihre ersten Kinder zu bekommen. Ich bin auf die gleiche Weise erzogen worden, und dies ist einer unserer Bräuche, den ich nie verstanden habe. Als junges Mädchen fragte ich meine Mutter immer, wie man Kinder bekommt. Entweder überging sie meine Frage, oder sie sagte: »Wenn die Zeit gekommen ist, wirst du es schon herausfinden.« Sie war auf die gleiche Weise erzogen worden, und ihre Mutter ebenfalls. Meine Freundinnen und ich tauschten manchmal Klatsch und Gerüchte über diesen Gegenstand aus, aber wir wußten nie wirklich Bescheid darüber. Einiges von dem, was wir hörten, war gut, und einiges war entsetzlich.

Ich höre noch immer oft von der typischen indianischen Mutter, die ihr Kind allein irgendwo draußen auf einem Feld bekommt und dann nach Hause zurückkehrt und mit ihrer Arbeit fortfährt, wie wenn nichts geschehen wäre. Wenn es Indianerinnen gegeben hat, die es so gemacht haben, dann sind es bestimmt nicht meine Großmütter gewesen. Sobald meine Großmütter der Vergangenheit wußten, daß sie schwanger waren, schränkten sie ihre Arbeit ein und begannen eine Periode disziplinierten Lebens, während der ihnen viele Arbeiten verboten waren.

Wenn es sich um eine Erstschwangerschaft handelte, erhielt die werdende Mutter Rat von einer älteren Frau mit mehr Erfahrung, oftmals der Schwägerin oder der Schwiegermutter. Bei manchen Stämmen gab es komplizierte Zeremonien für Mäd-

Ich und mein Sohn Okan *in seinem Traggestell. Dies ist die Art und Weise, in der meine Großmütter ihre Babys trugen, wenn sie mit ihnen herumgingen. Wenn sie ritten, hängten sie den breiten Schulterriemen über ihren Sattelknauf. Wenn sie im Freien arbeiteten, hängten sie das Traggestell an den dicken Ast eines Baumes, und ihr Baby schaukelte im Wind.*

chen, die die Pubertät erreichten, aber bei uns nicht. Selbst heute wissen eine Reihe von Mädchen in unserem Stamm noch immer nicht, wie man Kinder bekommt. Bei dem modernen Mangel an Disziplin hat dies zu vielen Problemen geführt.

Wenn der Mann einer schwangeren Frau sich eine zweite Frau leisten konnte, nahm er sich oft zu dieser Zeit eine, damit sie im Haushalt helfen konnte. Sonst forderte er vielleicht eine jüngere Schwester auf, mit in den Haushalt zu ziehen und auszuhelfen – entweder seine eigene Schwester oder die Schwester seiner Frau. Wenn er eine verwitwete Mutter oder Tante hatte, konnte statt dessen auch sie kommen und die Arbeit verrichten. Es war nicht möglich, daß die Mutter seiner Frau aushalf, da sie sich nicht in Gesellschaft ihres Schwiegersohns aufhalten durfte.

Dies ist, was meine Mutter über Einschränkungen während der Schwangerschaft gelernt hat:

»Wenn eine Frau merkt, daß sie schwanger ist, muß sie auf viele Dinge verzichten, die sie bisher gemacht hat. Zum Beispiel darf sie bestimmte Fleischarten wie Herz und Innereien nicht essen. Die alten Leute sagen, daß dies die Gesichtshaut der werdenden Mutter verfärbt. Sie sagen, daß sie Krämpfe bekommen wird, wenn sie Beinmuskeln ißt. Wenn sie Hirn ißt, wird ihr Kind eine Rotznase haben. Und sie darf nicht im Eingang ihres Hauses stehen und hinausblicken. Wenn es draußen etwas gibt, das sie unbedingt sehen möchte, muß sie ganz hinausgehen und sich dort hinstellen, nicht im Eingang. Es heißt, daß sie eine schwere Geburt haben wird, wenn sie nicht ganz hinausgeht. Die alten Indianer hielten sich sehr streng an ihre Glaubensregeln. Heute würden wir sagen, sie waren abergläubisch. Damals war es einfach ihre Lebensweise.«

Meine Großmutter, *AnadaAki*, erzählte mir folgende Geschichte über ihre erste Geburt:

»Als ich zuerst bemerkte, daß ich schwanger war, schaute ich einfach auf den Mond und begann von da an zu zählen. Ich zählte neun Monde, und beim zehnten Mond begannen meine Wehen. Einige Frauen haben es sehr schwer und andere leicht.

Meine Wehen fingen nachts an. Sie dauerten den ganzen nächsten Tag, die nächste Nacht und den übernächsten Morgen an. Es muß gegen Mittag gewesen sein, als mein Baby geboren wurde. Wir hatten nur unsere indianischen Heiler um uns, und sie bereiteten ein Gebräu für uns. Einer von ihnen wurde an jenem letzten Morgen gerufen. Mein Mann ließ ihn als Bezahlung eines von seinen Pferden auswählen. Nachdem er sich ein Pferd ausgesucht hatte, kam er herein, betete für mich und behandelte mich. Danach begann ich mich gut und zuversichtlich zu fühlen.

Gleich nachdem das Baby geboren und versorgt worden war, begann meine Mutter mich zu säubern. Als ich sauber war, begann sie meinen Körper zu massieren. Ich bekam etwas Brühe zu trinken, und dann ließ sie mich ausruhen. Jenes erste Baby starb, weil meine Mutter in der Aufregung die Nabelschnur zu kurz abgeschnitten hatte und Luft in den Bauch des Babys kam, die es tötete. Wenn ich in einem Krankenhaus gelegen hätte, hätten sie es vielleicht operieren und retten können. Zu der Zeit war kein indianischer Heiler anwesend, der helfend hätte eingreifen können. Sie besitzen eine Menge guter Kräuter und Medizinen. Es ist zu schade, daß die modernen Ärzte sie nicht kennenlernen und benutzen wollen. Es wäre sehr gut, wenn sie es täten.«

Bei meinen Großmüttern war es Brauch, daß ein neugeborenes Baby in alte Lumpen gewickelt wurde. Die Mutter der jungen Frau pflegte vorher für ihre Tochter Lumpen aufzubewahren. Natürlich waren es gewaschene Lumpen. Die ersten dreißig Tage lang wurde das Baby auf diese Weise gekleidet, und die Mutter ähnlich. Sie fuhr fort, die Kleider zu tragen, die sie während ihrer Schwangerschaft angehabt hatte. Sie blieb während dieser Zeit gewöhnlich bei ihrer eigenen Mutter statt bei ihrem Mann. In dem Heim, in dem sie gepflegt wurde, durfte sich kein Kranker befinden. Während jener dreißig Tage verrichtete sie keinerlei schwere Arbeit.

Während dieser Zeit des Wochenbetts wurde die junge Mutter alle vier Tage gewaschen und einer Reinigungszeremonie unterworfen. Ihre Mutter pflegte sie zu waschen und dann in eine Decke zu hüllen. Sie mußte sich neben den Altar setzen, auf dem Räucherwerk angezündet wurde. Der Rauch drang unter die Decke und reinigte den Körper. Meine Großmutter *Anada Aki* machte zu ihrer Zeit alle diese Zeremonien durch.

Damit die junge Mutter wieder ihre alte Figur gewann, erhielt sie zusätzlich zu den Massagen ein »Korsett« aus Rohleder. Dies war so breit, daß es ihren Unterleib umschloß, und wurde fest zugebunden. Sie benutzte für die Lumpenkleidung keinerlei Nadeln. Sie band das Lumpenbündel ihres Babys mit Wildlederstreifen zusammen. Dies war eine Art Probeperiode, in der man sichergehen wollte, daß alle die neue Geburt überstanden. Zu jener Zeit starben Kinder oft in den ersten Tagen ihres Lebens, und es war nichts Ungewöhnliches, daß Mütter ebenfalls im Kindbett starben.

Am Ende der dreißig Tage wechselten sie das Lager, die Mutter wurde noch einmal gereinigt, und Mutter und Kind erhielten neue Kleidung. Gewöhnlich erhielt das Kind ein neues Traggestell. Um diese Zeit herum erhielt das Kind auch einen Namen.

Gewöhnlich kümmerte sich der Vater um die Taufzeremonie. Wenn er ein außergewöhnlicher oder ein heiliger Mann war, konnte er seinen eigenen Kindern einen Namen geben. Aber die meisten Männer brachten ihre Babys zu bekannten Älteren. Dies waren Personen, die für ihren langen, tadellosen Lebenswandel bekannt und deren Gebete stark waren. Der Vater gab dem Älteren immer irgendeine Art von Geschenk oder Bezahlung – entweder ein Pferd, einige Decken oder Geld, manchmal auch alles zusammen, wenn er wirklich wünschte, daß sein Kind das Leben mit einem guten Namen begann.

Der ausgewählte Ältere beginnt die Namensgebungszeremonie mit einem Gebet. Er nimmt etwas heilige Erdfarbe und bemalt damit das Gesicht des Babys, während er betet. Das ist die erste Segnung des Kindes nach seiner Geburt. Diese Segnung geht im Verlauf der Zeremonie auch auf die Eltern über. Als Teil des Gebets verkündet der Ältere den Namen, der für das Kind ausgewählt wurde. Der Name wird laut ausgesprochen, so daß alle ihn hören können, und darauf folgen Wünsche für Glück und langes Leben. Dieser Brauch ist bei den Blood noch immer sehr verbreitet. Die meisten Erwachsenen besitzen einen besonderen Namen in der Blackfoot-Sprache, der ihnen auf diese Weise verliehen wurde. Meine Mutter hat in bezug auf Namensgebung folgendes hinzuzufügen:

»Mütter geben ihren Kindern gewöhnlich Kosenamen, unter denen sie in ihrer frühen Zeit bekannt sind. Dies sind häufig Beschreibungen der hervorstechenden Züge des Kindes wie beispielsweise Rundgesicht, Langhaar oder Dickerchen. Gewöhnlich werden diese Namen fallengelassen, wenn das Kind ein wenig älter wird. Doch einer meiner Söhne erhielt den Kosenamen Black Eyes (Schwarze Augen), und er wird noch heute bei diesem Namen genannt.

Ich kenne kaum Ältere, die den Kindern Namen geben, welche sie tatsächlich in irgendeiner Weise beschreiben. Bei anderen Stämmen ist dies zwar üblich, aber wir geben gewöhnlich Namen, die von unseren Vorfahren ererbt sind. Die meisten unserer berühmten Namen aus früherer Zeit werden noch heute von Stammesmitgliedern getragen. Beispielsweise erhielt einer meiner Söhne vor kurzem den Namen Low Horn (Kurzes Horn), und zwar zu Ehren seines Urgroßvaters, der ein Stammesführer war. Der Low Horn, nach dem er benannt worden war, lebte vor so langer Zeit, daß er in unsere Legenden eingegangen ist.

Meine Tochter trägt den Namen ihrer Urgroßmutter, *Sikski Aki*, was Schwarzgesichtige Frau bedeutet. Dies ist eine Ehre, die ihr durch einen der Söhne jener Urgroßmutter zuteil wurde, welcher ein alter Mann war, als meine Tochter geboren wurde. Er ist inzwischen gestorben, doch die Erinnerung an seine Mutter lebt durch ihren Namen fort.

Während Männer meistens einen ererbten Namen tragen, wurden Frauen gewöhnlich nach berühmten Kriegstaten benannt. Alte Krieger und Häuptlinge wurden aufgefordert, kleinen Mädchen diese Namen zu geben, um sie mit dem Glück und Erfolg des Kriegspfades zu segnen. Gebräuchliche Namen sind Stabbed-in-the-Water Woman (Im-Wasser-erstochene Frau), Shot-Close Woman (Aus-der-Nähe-erschossen Frau) und Medicine-Capture Woman (Medizin-Beute Frau). Alle haben wir gemeinsam, daß unsere Namen mit *Woman* (Frau) enden. Das ist eigenartig, weil nicht so viele Männernamen mit *Man* (Mann) enden.«

Unser verstorbener Großvater, Willie Scraping White (Weißkratzen), wurde bei seiner Geburt im Jahre 1877 einer wirkungsvollen Zeremonie unterworfen. Seine Mutter hatte Pech mit Kindern. Alle vor ihm waren entweder tot geboren worden oder kurz nach der Geburt gestorben. Seine Eltern wünschten sich verzweifelt, daß er am Leben blieb, deshalb gingen sie zu einer alten Frau namens Holy Otter Woman (Heilige-Otter-Frau), die eine für ihre spirituellen Kräfte bekannte heilige Frau war. Die alte Frau betete für ihn, hackte ihm dann einen Teil seines kleinen Fingers ab und opferte diesen Sonne. Dies wurde bei meinen Großmüttern als eine höchst wirkungsvolle Form von Opfer betrachtet. Viele von ihnen machten in Notzeiten das gleiche.

Dann nahm die alte Frau unseren Großvater, wickelte ihn in Decken und hing ihn an einem Baum auf, als ob er tot wäre. Seine Mutter stellte sich darunter und trauerte um ihn. Die alte Frau sagte, daß sie dies nie wieder nötig haben werde. Sie behielt recht, denn unser Großvater wurde siebenundneunzig.

Meine Großmütter haben bis auf den heutigen Tag zu ihren Enkelkindern immer ein enges Verhältnis gehabt. Es ist üblich, daß die Großeltern eines ihrer Enkelkinder aufziehen. Einer unserer Söhne lebt auf diese Weise bei meinen Eltern. Er und mein Vater sind beide am gleichen Tag, nämlich dem neunten Januar, geboren worden, und sie haben beide den gleichen Rufnamen, Edward. Durch die traditionelle Nähe zwischen Großeltern und Enkeln waren Kinder den gleichen Wertvorstellungen ausgesetzt, nach denen ihre Eltern erzogen worden waren. Sie erhielten dadurch auch ein Maß an Zuwendung, das vielen modernen Kindern abzugehen scheint. Wenn die Mutter und der Vater eines weinenden Kindes beschäftigt waren, befand sich gewöhnlich eine Großmutter oder ein Großvater in der Nähe, die herausfanden, was los war. Infolgedessen ist es bei uns nicht üblich, Kinder zu schlagen, wenn es auch gelegentlich vorgekommen ist. Diese besondere Zuwendung erklärt, wie Eltern an langen, kalten Wintertagen und -nächten mit einem halben Dutzend oder mehr kleiner Kinder in ihren überfüllten Tipis zurechtgekommen sind. Die Großeltern erzählten Geschichten, veranstalteten Spiele und beschäftigten die Phantasie der Kinder auf andere Weise.

Als ich jung war, brachte ich meinen kleinen Bruder immer zum Onkel meines Vaters, weil dessen Frau uns immer alte Geschichten erzählte. Sie war eine wirklich gute Geschichtenerzählerin, und es machte uns nichts aus, mehrere Kilometer weit über die Prärie zu laufen, um sie und unsere Vettern und Cousinen zu besuchen. Sie unterhielt uns stundenlang. Ich kann mir richtig vorstellen, wie es gewesen wäre, wenn wir noch immer in unseren althergebrachten Tipilagern gelebt hätten und Tanten, Onkel und Großeltern ohne große Mühe hätten aufsuchen können.

Früher gab man alten Witwen, die allein lebten, oft ein verwaistes Kind aus der Verwandtschaft in Pflege. Jedes kleine Kind, das seine Mutter verlor, wurde von einem Verwandten, gewöhnlich der Großmutter, übernommen. Der erste Mann meiner Großmutter, Joe Beebe, war auf diese Weise aufgewachsen. Seine Mutter starb bei der Geburt, und so zog deren Mutter ihn auf. Diese alte Frau trug ihn bei verschiedenen stillenden Müttern vorbei, damit er etwas Milch bekam. Sonst verabreichte sie ihm Brühe und ließ ihn an ihrer eigenen, trockenen Brust nuckeln, wenn er zu nervös wurde.

Mein Großvater saugte so lange an den Brüsten seiner Großmutter, bis aus ihnen Milch herauszukommen begann. Dies ist die Wahrheit, weil eine ganze Reihe von Verwandten mir erzählt haben, daß alle alten Leute davon zu sprechen pflegten. Die alte Frau war sehr stolz auf sich und ihre Stillfähigkeiten und stellte sie bei jeder Gelegenheit zur Schau.

Im allgemeinen erhielten Kinder in den ersten drei oder vier Monaten nichts anderes als Muttermilch. Ihre erste andere Nahrung war gewöhnlich ein wenig Brühe, und zum Saugen wurden ihnen Knochen gegeben. Ich habe von Kindern gehört, die bis ins siebte Lebensjahr hinein gestillt wurden. Es war nicht ungewöhnlich, daß ein spielendes Kind plötzlich zu seiner Mutter hineinlief und sie bat, es zu stillen. Einige Mütter stillten ihre Kinder gern lange als Form der Geburtenkontrolle. Aber wie ich gehört habe, hat das nicht immer funktioniert.

Babys waren die meiste Zeit fest eingewickelt. Der obere Körperteil war bekleidet, während der untere Teil in weiches, trockenes Moos gepackt wurde. Dann wurden sie mit einem weichen Tuch oder Fell umwickelt und in ihre Moostasche oder ihr Traggestell gesteckt. Eine Moostasche wird auf der Vorderseite von unten bis oben zugeschnürt, so daß nur der Kopf des Babys herausschaut. Ein Traggestell wird auf der Rückseite der Moostasche befestigt, um ihr für den Transport einen soliden Rahmen zu geben und um das Baby besser zu schützen. Ich habe bei meinen eigenen Kindern beides benutzt.

Ich habe großen Spaß daran, Babys zu betrachten, wenn ich ihre Moostaschen aufschnüre und sie ihre kleinen Arme und Beine ausstrecken. Sie gewöhnen sich so sehr daran, in ihren Taschen zu stecken, daß sie oft nicht einschlafen wollen, bevor ich sie nicht wieder eingeschnürt habe. Auf diese Weise sind sie so gut verpackt, daß ich sie ganz sicher handhaben kann. Ich habe immer gehört, daß Babys nicht kräftig genug sind, um dauernd gehalten zu werden, es sei denn, sie sind derart gut verpackt.

Damals in der Zeit, als meine Großmütter alle ihre Wege zu Pferd zurücklegten, waren Traggestelle fast lebensnotwendig. Der Riemen auf der Rückseite des Traggestells wurde über das hohe Horn des traditionellen Frauensattels gehakt. Wenn die Mutter in der Nähe ihres Lagers Arbeiten zu verrichten hatte, hängte sie den Riemen an den Zweig eines Baumes, in dessen Schatten das Baby friedlich schlafen konnte.

Im Tipi oder Haus hängten meine Großmütter kleine Hängematten auf, um ihre Babys aus dem Weg zu schaffen. Ich habe diese Methode bei meinen eigenen Kindern ausprobiert. Ich befestigte zwei parallel laufende Seile an zwei angrenzenden Wänden, so daß sie wie eine Gartenschaukel herunterhingen. Dann faltete ich mehrmals eine Decke zwischen die beiden Seile, so daß sie wie eine Miniaturhängematte aussah. Man kann es einfacher machen, indem man ein rechteckiges Stück Leinwand nimmt, die beiden langen Seiten einsäumt und ein Seil durch jeden Saum zieht. Dann befestigt man die Seilenden an den Wänden. In einem Tipi knüpft man die Seilenden an Tipistangen.

Das Baby wird mitsamt seiner zugeschnürten Moostasche in die kleine Hängematte gelegt. Ich stecke gewöhnlich einen Stock zwischen die beiden Längsseiten der Hängematte, um sie auseinander zu halten und sicher zu gehen, daß genügend Raum zum Atmen bleibt. Ich versuche, die Hängematte über meinem Bett anzubringen für den Fall, daß sie einmal herunterfallen sollte. Außerdem nehme ich sie nachts ab und lasse das Baby bei mir oder in seinem eigenen Bett schlafen. Es ist mir während der Nacht nicht im Wege, und meine Großmütter sagen, daß böse Geister manchmal nachts die Tipistangen herabkommen und Babys zu stehlen versuchen. Viele Male habe ich ein schreiendes Baby beruhigt, indem ich es in die Hängematte gelegt und geschaukelt habe, bis es in Schlaf gesunken ist.

Um die Zeit, wo ein Kleinkind laufen lernt, wird ihm zum erstenmal Respekt vor etwas beigebracht. Jede Familie hatte in ihrem Tipi einen Altar, und die Kinder mußten von Anfang an lernen, nicht in seiner Nähe herumzuspielen. Eltern schreckten ihre Kinder lieber von schlechten Angewohnheiten ab, als sie zu schlagen. Sie gewöhnten ihre Kinder vielleicht daran, sich vor pelzigen Gegenständen zu fürchten. Immer wenn das Kleinkind an etwas herangehen wollte, an das es nicht rühren sollte, legte die Mutter ein Stück Fell darüber, und das Kind hielt sich aus Angst fern.

Wenn Kinder in das Alter kamen, wo sie einiges verstehen konnten, pflegten die Eltern ihnen beispielsweise zu sagen:

»Geh nicht vom Tipi fort, sonst kommt der Wolf und holt dich.« Oder sie sagten: »Geh nicht nachts hinaus, wenn die Geister da sind, sonst kommen sie dich holen.« Aufgrund solcher Dinge blieben die Kinder in der Nähe ihres Heimes. Wenn die Mutter irgendwo zu Fuß hingehen mußte, knüpfte sie ihr Kleinkind mittels einer Decke auf ihrem Rücken fest. Im Vergleich zu modernen Müttern verhätschelten meine Großmütter ihre Kinder richtiggehend. Die Kinder wuchsen inmitten des alltäglichen Haushalts auf und erlernten so auf ganz natürliche Weise die Werte und Sitten der Familie.

Meine Großmutter erzählte mir die folgende Geschichte über ihre Kindheit:

»Ich war das jüngste von meinen Geschwistern. Meine Mutter wollte, daß wir alt werden sollten, deshalb ermutigte sie uns, ihrem Rat zu folgen. Sie lehrte uns von Anfang an, alte Leute zu achten. Weil mein Vater ein Medizinmann war, hatten wir eine Menge alter Leute als Besucher bei uns. Manchmal gab meine Mutter mir ein Stück Fleisch und sagte: ›Geh und bitte die alte Frau, es für dich zu kauen.‹ Das war dann immer eine besondere alte Frau – eine mit viel Kraft, um zu heilen oder Sonnentänze zu veranstalten. Sie pflegte mein Fleisch zu kauen und es mir dann zum Hinunterschlucken zu geben. Dies war eine Segnung für mich, so als ob ich einen Teil ihres Lebens erhielt. Immer wenn wir etwas Kleingeld übrig hatten, wurden wir aufgefordert, es solchen alten Leuten zu geben.

Weil immer eine Menge heiliger Leute kamen, um meinen Vater zu besuchen, wurde uns beigebracht, nicht in ihrer Nähe herumzuspielen. Diese Leute, die spirituelle Kräfte besitzen, müssen eine Menge von Regeln befolgen. Wir durften niemals vor ihnen vorbeigehen, vor allem nicht, wenn sie rauchten. Dies waren die Regeln, und wir dachten nie daran, sie in Frage zu stellen. Mein Vater bemalte die Gesichter seiner Kinder und Enkelkinder und betete für sie, damit sie keinen Schaden nähmen, falls sie zufällig vor ihm vorbeigingen oder in irgendeiner anderen Weise gegen die Regeln verstießen.

Wenn die Kinder eines Haushalts nicht brav waren, konnte

die Mutter oder der Vater einen alten Mann oder eine alte Frau holen, die den Kindern eine Lektion erteilten. Wenn diese sich weiterhin schlecht benahmen, pflegte die alte Person eine Ahle hervorzuziehen und ihnen die Ohrläppchen zu durchbohren. Dies war ein gutes Mittel, um Kinder zur Räson zu bringen.

In meiner Jugend wurden sowieso allen Kindern – Jungen wie Mädchen – die Ohrläppchen durchbohrt, damit sie Ohrringe tragen konnten. Gewöhnlich wurde dies von einer alten Frau gemacht, wenn wir noch Babys waren. Runde Muschelstücke waren die beliebteste Art von Ohrringdekoration bei uns Blood.«

Weil wir eine Menge Zeit mit älteren Leuten verbringen, haben meine Kinder von Anfang an gelernt, ihnen mit Achtung zu begegnen. Selbst heute bekommen wir in unserem Heim Besuch von alten Leuten, die bestimmte Regeln haben, welche um sie herum befolgt werden müssen. Wenn wir beispielsweise unseren Großvater zu Besuch hatten, mußten alle sitzen bleiben, während er seine Mahlzeit aß. Die Kinder freuen sich darüber, wenn die alten Leute da sind, weil sie eine Menge Geschichten und Lieder zu hören bekommen. Einige Kinderlieder enthalten Albereien wie: »Elster, Elster, geh voran und stich an der Tür in deine Tasche« oder: »Ziesel, Ziesel, mit prallen Brüsten, mit prallen Brüsten, mit prallen Brüsten«.

Manchmal veranstaltet die alte Person mit den Kindern ein Spiel. Beispielsweise kneift einer den Handrücken des andern und hält ihn fest, bis ein großer Turm von Händen entsteht. Wer als erster losläßt, wird von den übrigen gekitzelt. Die Lieder heißen Wiegenlieder, und Mütter sangen ihre Babys damit in den Schlaf. Ein schreckerregendes hatte folgenden Wortlaut: »Wolf, Wolf, komm und friß dieses Baby, das nicht schlafen will.«

Kleine Kinder durften gewöhnlich zusammen spielen, und im Sommer liefen sie oft nackt herum. Doch sobald sie alt genug waren, um den Unterschied zwischen Jungen und Mädchen zu erkennen, wurden sie getrennt. Von da an wurden die Mädchen sorgfältig durch ihre Mütter und Tanten beaufsich-

Mrs. Two Guns-White Calf (Zwei Gewehre-Weißes Kalb) und ihre Enkeltochter im Jahre 1920. Es ist eine Blackfoot-Tradition, daß Großeltern eines ihrer Enkelkinder zu sich nehmen und aufziehen. In der Blackfoot-Sprache werden diese Kinder »Alte-Leute-Kinder« genannt. Einige dieser Kinder zeichneten sich später durch ihre Weisheit und ihr Wissen von den Stammesüberlieferungen aus, während andere sich als faul und verzogen erwiesen. (Photo: Glacier Studio, Collection of Good Medicine Foundation)

tigt, und Jungen durften nicht in ihre Nähe kommen. Wenn sie etwas taten, das die Familie in schlechten Ruf bringen konnte, wurden sie hart bestraft – meistens von ihren eigenen Brüdern.

Brüder und Schwestern wurden von zartem Alter an dazu angehalten, einander mit Achtung zu begegnen. Mädchen durften sich vor ihren Brüdern nicht unschicklich bekleidet zeigen. Einige von diesen Sitten sind bis heute erhalten geblieben, davon kann ich ein Lied singen. Ich war das einzige Mädchen in meiner Familie, und ich hatte sechs Brüder, die über mich wachten. Diese Sitten haben mir und einigen meiner Freundinnen viel Tränen und Liebeskummer bereitet – wenn wir zum Beispiel Freunde hatten, die unsere Brüder nicht mochten, oder wenn wir mit der Mode gehen und kürzere Röcke tragen wollten.

Zu der Zeit, als meine Großmütter kleine Mädchen waren, bestand das einzige Spielzeug, das sie besaßen, aus kleinen Imitationen der Dinge, mit denen ihre Mütter arbeiteten – kleine Tipis und Zeltausrüstungen, Puppen und kleine Traggestelle sowie Miniaturwerkzeuge zum Gerben und Essenkochen. In der Hoffnung, daß sie lernen würden, ehrlich, freundlich und tugendhaft zu werden, erzählte man ihnen von den heiligen Frauen, die Sonnentänze veranstalteten.

Ich habe oft gehört, daß die alten Indianer ihre Töchter verkauft haben. Das entspricht zum Teil der Wahrheit, aber hauptsächlich ist es ein Mißverständnis unserer Sitten. Wenn ein würdiger junger Mann ein achtbares Mädchen heiratete, tauschten die Familien der beiden Geschenke aus. Doch um die Billigung ihrer Eltern zu erlangen, mußte der junge Mann ihnen zuerst zeigen, wie großzügig er sein konnte, indem er ihnen mehrere gute Pferde und andere Besitztümer schickte. Da die Eltern bei der Transaktion eine gute Haushaltskraft verloren, konnten diese Gaben als Gegenleistung für ihre Investitionen bei der Aufzucht des Mädchens betrachtet werden. Ich nehme an, daß einige Eltern in dieser Weise dachten – vor allem Väter, die mehrere Söhne hatten. Schließlich bedeutete die Heirat der Tochter, daß sie danach ihrem Mann und seiner Familie verpflichtet war. Nach der Hochzeit sahen ihre Eltern sie häufig kaum mehr.

Ein junger Mann gab seinem Wunsch nach einem bestimmten Mädchen zuerst dadurch Ausdruck, daß er ihren Eltern ein besonderes Geschenk schickte. Da der Vater das Oberhaupt seiner Familie war, lag die Entscheidung bei ihm. Aber natürlich berieten sich die meisten Männer mit ihren Frauen, bevor sie ihre Entscheidung trafen, und freundliche Männer zogen auch ihre Töchter zu Rate. Diese Sitte ist erst vor kurzem ausgestorben, nämlich in der Zeit, als meine eigene Mutter heiratete.

Das besondere Geschenk wurde den Eltern des jungen Mädchens gewöhnlich durch einen Freund des jungen Mannes, der sie zur Frau wollte, gebracht. Wenn die Eltern das Geschenk akzeptierten, war die Eheschließung perfekt. Manchmal geschah dies, obwohl der Bewerber dem Mädchen überhaupt nicht gefiel oder sie bereits in einen anderen verliebt war. In den meisten Fällen machte es den Mädchen jedoch nichts aus. Sie waren, während sie heranwuchsen, so stark beaufsichtigt worden, daß sie keine besondere Meinung über die verschiedenen heiratsfähigen Männer hatten. Wenige junge Männer zeichneten sich durch ihre Tapferkeit oder ihren frühen Reichtum aus. Eltern von Mädchen versuchten solche Männer als Schwiegersöhne zu bekommen, da es wahrscheinlich war, daß diese für ihre Töchter und im Alter sogar für sie selbst gut sorgen würden. Eltern, die mehrere Töchter hatten, hofften, daß ihre älteste Tochter einen ehrgeizigen Mann finden würde, der es sich leisten konnte, die jüngeren Schwestern ebenfalls zur Frau zu nehmen, wenn sie ins heiratsfähige Alter kamen. Einige Häuptlinge hatten über zehn Frauen, von denen viele häufig Schwestern waren. Ich kenne eine Frau, die erst sechs oder sieben war, als sie die jüngste Frau eines Oberhäuptlings wurde, der ihre ältere Schwester geheiratet hatte.

Einige Eltern versuchten ihre Töchter in einem sehr frühen Alter zu verheiraten, damit sie ihren Ehemännern die Treue hielten und vielleicht eines Tages einen Sonnentanz veranstalteten. Eine meiner entfernten Großmütter, die heute noch lebt, wurde einem jungen Mann zur Frau gegeben, als sie erst sieben Jahre alt war. Ihre Eltern waren arm, und dieser junge Mann erschien sehr vielversprechend. Er hatte gerade die Schule abgeschlossen. Die beiden verbrachten ihr ganzes Leben zusammen, hatten viele Kinder und waren beide erfolgreich und glücklich. Sie muß noch immer lachen, wenn sie mir erzählt, wie die kleine Schwester ihres neuen Ehemanns ihr nach der Hochzeit Spielsachen zum Spielen gab und wie er wütend zu werden pflegte, weil sie heimlich Brot mit ins Bett nahm und die Krümel darin verstreute.

Heute würde ein junges Mädchen lachen, wenn ihre Eltern ihr vorschreiben wollten, wen sie heiraten sollte. Sie würde sich vermutlich gegen ihre Brüder zur Wehr setzen, wenn diese ihr sagen würden, wie sie sich anziehen und benehmen sollte. Das Gesetz würde sehr rasch gegen diese Brüder einschreiten, wenn sie ihr zur Bestrafung dafür, daß sie durch lockeres Auftreten in der Öffentlichkeit der Familie Schande gebracht hatte, die Nase abschneiden würden. Und ich frage mich, wie viele junge Männer in der Lage wären, mit genügend Pferden und anderen Besitztümern aufzuwarten, um die Eltern einer potentiellen guten Frau zufriedenzustellen. Doch dies sind die Sitten, nach denen meine Großmütter bis vor ein paar Jahren lebten.

Geburtenkontrolle

Etwas, das viele junge Frauen gern über die Lebensweise meiner Großmütter erfahren möchten, ist, wie sie es verhinderten, Kinder zu bekommen, welches ihre natürlichen Methoden zur Geburtenkontrolle waren. Die Stammesgeschichte und die Familienberichte zeigen uns, daß in der alten Zeit nicht viel Geburtenkontrolle ausgeübt wurde. Einige Leute waren nicht in der Lage, Kinder zu bekommen, darunter verschiedene sehr berühmte Männer der Vergangenheit. Doch beim Rest der Bevölkerung war es üblich, daß jeder Haushalt acht, zehn oder zwölf Kinder hatte. Bekanntlich reguliert die Natur durch Alter, Gesundheit, Ernährung und so weiter die Geburtenziffer. Unsere Leute gaben sich damit in der Regel zufrieden. Außerdem muß man bedenken, daß das Leben in der alten Zeit hart und gefährlich und die Säuglingssterblichkeit oft hoch war. Im übrigen gab es genügend Land und im allgemeinen reichlich zu essen für alle, die lebten.

Ich habe von einigen Pflanzen und Kräutern gehört, die dazu benutzt wurden, Geburten zu verhindern. Häufig verhinderten sie nicht, daß eine Schwangerschaft eintrat, sondern bewirkten, daß sie abgebrochen wurde. Die Männer und Frauen, die mit diesen Dingen umgingen, waren Leute, die neben ihren Kräutermedizinen viel Kraft und Wissen besaßen. Ich kenne niemanden von dieser Sorte, der noch lebt. Ich selbst bin nie in einer solchen Angelegenheit von einer derartigen Person behandelt worden. Deshalb kann ich auch nicht mehr darüber sagen.

Es gab noch eine andere Art der Verhütung, die ich interessehalber nennen will. Meine Großmütter haben mir gesagt, daß die spirituellen Kräfte, die benötigt werden, um diese Art der Verhütung wirksam werden zu lassen, heute nicht mehr existieren. Die letzten von denen, die in diesen Traditionen standen, sind inzwischen verstorben.

Diese andere Art der Verhütung beruhte in der Regel nicht auf Kräutern, sondern auf einem starken Glauben an die Kräfte bestimmter Geister. Diejenigen, die diese Kräfte besaßen, fertigten Symbole von Schlangen oder Schmetterlingen an, denen Kräfte über die Empfängnis zugeschrieben wurden. Diese Symbole wurden Frauen gegeben, die keine Kinder haben wollten. Sie mußten sie dauernd am Körper tragen. Schlangen wurden aus Wildleder gefertigt, ausgestopft und wie ein Gürtel getragen. Die Füllung bestand aus besonderem Material, und die Leiber der Schlangen waren mit Perlenstickerei und heiligen Farben bedeckt. Häufig wurden die Frauen angewiesen, sich über den Qualm eines besonderen Räucherwerks zu stellen, so daß der Rauch ihren Körper hochsteigen konnte. Sie mußten dies jeden Abend tun, solange sie keine Kinder mehr wollten.

Ich habe von einem Mann gehört, der vor langer Zeit gelebt und berühmte Kräfte in bezug auf Empfängnis besessen haben soll. Er pflegte auf der Decke einer bestimmten Frau eine Strichmännchenzeichnung anzufertigen, und daraufhin bekam sie keine Kinder mehr. Wenn sie ihre Meinung änderte und doch Kinder wollte, setzte er sich nur eine Zeitlang auf ihre Decke, um den Zauber umzuwandeln.

Der Frauensalbei

Eine Pflanze in der Welt der Blackfoot-Botanik war praktisch zum ausschließlichen Gebrauch von Frauen bestimmt. Aus diesem Grund hieß sie Frauensalbei (Artemisia frigida). Eine verwandte Pflanze wurde Männersalbei genannt, weil sie hauptsächlich von Männern benutzt wurde. Beide Arten wachsen überall auf der Prärie, zusammen oder getrennt. Der Frauensalbei hat kleinere Blätter und viel mehr Samenschoten als der Männersalbei, der buschiger wächst. Beide besitzen graue Blätter und einen bitteren Geschmack.

Frauen benutzten diesen Salbei für alle möglichen Arten innerer und äußerer Anwendung. Als Aufguß wurde er bei Erkältungen und Brustbeschwerden sowie bei anderen Erkrankungen verabreicht. Viele von diesen Praktiken wurden einzelnen Heilerinnen in Träumen und Visionen mitgeteilt.

Sie benutzten diesen Salbei als Breipackung bei Schnittwunden und Nasenbluten. Sie benutzten ihn als Polsterung in ihren Mokassins gegen Schweißfüße und in den Achselhöhlen als Deodorant. Sie pflückten die Blätter und stellten daraus eine Binde für die Menstruation her. Diese Binden saugten nicht nur das Blut auf, sondern verhinderten auch, daß die Haut wund wurde. Büschel dieses Salbeis wurden gewöhnlich anstelle von Toilettenpapier benutzt.

Kochkunst und Vorratshaltung

Bei all den neuen Nahrungsmitteln, die die Zivilisation gebracht hat, ernähren sich die Indianer lange nicht so gesund, wie sie es früher getan haben. Doch etwas ist dennoch gleich geblieben: Die indianische Hauptnahrung ist Fleisch mit irgendeiner Art von Wurzelgemüse. In der alten Zeit war es das Fleisch von wilden Tieren, hauptsächlich von Büffeln, und dazu wilde Wurzeln wie Camassien und Rüben. Heutzutage kommt das Fleisch meistens aus dem Metzgerladen und das Gemüse aus dem Lebensmittelgeschäft. Unglücklicherweise stürzen sich die Kinder bereitwillig auf all das andere Zeug, das es heute überall zu kaufen gibt. Diese Plastiknahrung ist so süß und leicht zu essen, daß einige Kinder Fleisch und Gemüse überhaupt nicht mehr mögen.

Ich bin mit dem Geschmack von Wildfleisch, gekochten Innereien und Beerensuppen aufgewachsen. Dies sind für mich noch immer bevorzugte Mahlzeiten. Ich habe noch nie einen Blackfoot-Indianer kennengelernt, der Vegetarier war. Aber ich habe einiges über moderne Nahrungsmittel gelernt und darüber, wie man die guten von den schlechten unterscheidet. Selbst im Internat wurde uns einiges über den Wert von Nahrungsmitteln beigebracht. Ich habe viel Kritisches über unsere Internate und die Nonnen, die sie geleitet haben, gehört, aber ich höre selten, daß jemand auf die vielen guten Dinge hinweist, die wir gehabt und gelernt haben. Ein Großteil unserer Nahrung wurde im Garten der Schule angebaut, wo wir sie wachsen sehen konnten. Weil sie nicht das persönliche Gefühl der selbstzubereiteten Mahlzeiten unserer Mütter in uns erweckte, machten wir uns darüber lustig und mochten sie nicht. Es waren in Massen gekochte Mahlzeiten für Massen von Schülern und Schülerinnen, aber sie waren einfach und nahrhaft.

Ich finde einige der Kochweisen meiner Großmütter unpraktisch für einen geschäftigen Haushalt von heute. Aber zum Zelten oder für alle möglichen Ereignisse, die in der Welt auf uns zukommen mögen, stellen sie bestimmt ein gutes Wissen bereit, das fürs Überleben wichtig sein könnte. Will man sich eine Vorstellung davon machen, wie meine Großmütter vor langer Zeit gekocht haben, so muß man in Erwägung ziehen, daß es gilt, eine Mahlzeit für zehn hungrige Mäuler zuzubereiten, aber dies ohne Herd, ohne Töpfe oder Pfannen und ohne Geschirr. In der Tat hat man nicht einmal ein modernes Messer oder Streichhölzer zur Verfügung. Das ist der Grund, weshalb meine Großmütter ziemlich einfach kochten. Ihre Körper waren sehr viel mehr in Einklang mit der Natur als unsere es jemals sein können, weil sie ihre Nahrung so einfach direkt aus der Natur bezogen.

Fleisch Dörren

Dörrfleisch ist leicht herzustellen. Der Hauptvorgang besteht darin, das frische Fleisch dünn genug aufzuschneiden, so daß es rasch trocknet, bevor es verderben kann. Dann hängt man diese dünnen Scheiben an Schnüren auf, die unter der Decke entlanggespannt werden. Die Hitze in der Küche wird die Fleischscheiben in ein paar Tagen dörren. Sobald sie ganz trocken sind, kann man sie jahrelang aufbewahren.

Zu Anfang schneidet man das Fleisch nicht einfach in kleine Streifen. Diese kommen als Überbleibsel am Schluß. Der leichteste Teil, um ein Tier aufzuschneiden, ist eins der Hinterviertel – egal, ob es vom Büffel oder von einer Kuh, von einem Reh oder Schaf stammt. In der Tat eignet sich die Methode sogar für einige Gemüsearten.

Das Hinterviertel aufzuschneiden ist so, wie wenn man ein Bündel Fleisch öffnet, das aus vielen kleinen Paketen besteht. Es ist ähnlich, wie wenn man einen Apfel schält, ohne die Schale abreißen zu lassen. Ein Querschnitt durch das Hinterviertel würde ein Bündel flacher, ineinander gerollter Teile enthüllen, das wie eine aus der Sonntagszeitung hergestellte Fackel aussieht. Wir wollen beim Aufschneiden die Teile entrollen und glätten, ohne ein großes Gemetzel zu veranstalten.

Nachdem man die Teile voneinander getrennt hat, schneidet man jeden der Länge nach durch, aber nicht ganz bis unten.

Dann beginnt man Scheiben abzuschneiden, die sich entrollen und flach liegen. Diese flachen Stücke sind die, welche man zum Dörren aufhängt. Will man die Stücke säubern und ihnen das Blut entziehen, kann man sie in einer mit Salzwasserlösung gefüllten großen Schüssel einweichen, bevor man sie zum Trocknen aufhängt. Das hängt davon ab, wie blutig man sein Fleisch mag.

Ich erledige mein Fleischdörren gewöhnlich während der kalten Jahreszeit, wenn es keine Fliegen gibt und die Küche von meinem Holzfeuerherd warm ist. Wenn ich bei wärmerem Wetter Fleisch dörren muß, wähle ich zwischen verschiedenen Möglichkeiten aus. Die einfachste besteht darin, das Fleisch im Freien zu dörren, während man ein niedriges, qualmendes Feuer darunter unterhält. Dies läßt das Fleisch schneller trocknen und hält die Fliegen ab. Oder man kann, nachdem man das Fleisch in Salzwasser gewaschen hat, etwas Pfeffer hinzufügen und es in einem Räucherhaus aufhängen. Das einfachste Räucherhaus ist ein kleines Tipi mit einer dichten Tür und einem guten Paar Lüftungsklappen. Man hängt sein Fleisch an Schnüren auf, die ein Meter fünfzig bis ein Meter achtzig über dem Boden an verschiedenen Tipistangen befestigt sind. Dann entzündet man in der Mitte ein gutes Feuer und läßt es brennen, bis man viel Glut hat. Daraufhin schichtet man frisches Holz auf die Glut. Wir benutzen dazu gewöhnlich Pappelscheite. Diese zischen und rauchen wie verrückt, vor allem wenn man das Tipi fest verschlossen hat, so daß kein Zug hineinkommt. In etwa zwei Tagen wird auf diese Weise ein Reh oder Hirsch getrocknet sein.

Eine andere Methode, das Fleisch bei warmem Wetter zu dörren, besteht darin, daß man es zuerst eine Zeitlang kocht oder brät. Nachdem man es über die Schnüre gehängt hat, nimmt man zahnstocherähnliche Stöckchen und steckt sie zwischen die beiden Hälften jedes Fleischstücks, damit sie nicht aneinanderkleben. Die Stöcke bewirken, daß es viel schneller trocknet und daß die Fliegen sich nicht auf dunkle, feuchte Flecken im Fleisch setzen können. In ein oder zwei Tagen ist die obere Seite des Fleisches gedörrt und hart geworden. Dann nimmt man alle Stücke herunter, faltet sie in der anderen Richtung und hängt sie wieder auf, damit die andere Seite dörren kann. Die meisten Fliegen sind nicht in der Lage, diese trockene Schale zu durchdringen. Es dauert gewöhnlich vier bis fünf Tage, bis das Fleisch in meiner Küche gut getrocknet ist. Dann bewahre ich es in Leinwandsäcken auf.

Eine andere Art, Fleisch zur Aufbewahrung zuzubereiten, die ich gelernt habe, besteht darin, es zu pulverisieren. Ich brate es eine Weile, bis es rot zu werden beginnt. Dann bespritze ich es mit Wasser und zerstampfe es mit einem Hammer. Ich wikkele mehrere Stücke in ein Handtuch oder einen Lappen und lege dieses Bündel auf eine harte Oberfläche. Meine Großmütter benutzten dafür besondere Steine – einen länglichen zum Zerstampfen und einen flachen als harte Oberfläche. Nachdem das Fleisch zerstampft worden ist, breite ich es einen oder zwei Tage lang auf einem Tablett zum Trocknen aus. Dann bewahre ich es in einem großen Gefäß auf.

Ich benutze das pulverisierte Fleisch als Zugabe zu fleischlosen Gerichten während der warmen Jahreszeit. Ich vermische es mit Fleischsoßen oder tue einen Löffel davon in eine Suppe oder einen Salat, oder ich streue einfach etwas davon auf das, was ich gerade esse. Natürlich kann man alle Formen von Dörrfleisch einfach als Imbiß zur Energiesteigerung zu sich nehmen. Aber meistens serviere ich normales Dörrfleisch gekocht. Und ich habe gelernt, es den ganzen Tag kochen zu lassen, so daß es ganz weich wird, vor allem wenn es von einem alten oder zähen Tier stammt. Junges, zartes Fleisch ist natürlich das beste, aber das verzehren wir gewöhnlich frisch. Nur die größeren Tiere haben so viel Fleisch, daß es sich für uns lohnt, es zu dörren.

Einige Rezepte

Ich kann leider nicht mit einem Haufen von Rezepten meiner Großmütter aufwarten, die seit Generationen überliefert worden wären. Die traditionellen Kochmethoden, die in der alten Zeit verwendet worden sind, habe ich ja bereits beschrieben.

Der Mangel an Gerätschaften, Gewürzen und Vielfalt von Zutaten machte das Kochen sehr einfach. Meine Großmütter haben erst seit der Periode der Reservation gelernt, im Laden gekaufte Nahrungsmittel zu verwenden, deshalb stammen meine Rezepte nur aus dieser Periode.

Ich habe einige lustige Geschichten darüber gehört, wie die alten Leute zuerst auf einige der Nahrungsmittel reagiert haben, die ihnen von der Regierung gegeben oder von Händlern und Kaufleuten verkauft worden sind. Als sie beispielsweise zum erstenmal Reis bekamen, schütteten sie ihn aus, weil sie dachten, die Regierung wolle ihnen getrocknete Maden zu essen geben. Sie schütteten auch ihr Mehl aus, um aus den Mehlsäkken Kleider herstellen zu können. In jenen Tagen waren die Kinder sehr stolz darauf, Hemden mit Bildern und Aufschriften zu besitzen. Als die Leute zuerst Kaffeebohnen erhielten, versuchten sie sie auf den Kohlen ihrer Feuer zu backen, weil die Bohnen zu hart waren, um roh gegessen werden zu können. Ich glaube, diese Dinge sind passiert, weil man den Leuten diese neuen Nahrungsmittel ohne Anweisung, wie sie sie gebrauchen sollten, gegeben hat.

Nach der anfänglichen Verschwendung von Mehl brauchten meine Großmütter nicht lange, um zu lernen, wie man es benutzt. Seither ist Brot zu einem grundlegenden Bestandteil jeder indianischen Mahlzeit geworden. Hefeteigbrot wird oft vorgezogen, aber Fladenbrot ist viel leichter herzustellen und aufzubewahren. Die beengten Lebensverhältnisse der früheren Reservationszeit (und zu einem gewissen Maß auch von heute) ließen nicht viel Raum, um einen Hefeteig zum Aufgehen zu lagern. Meine Mutter erzählte mir von einer Frau, die ihren Teig in einen großen Mantel zu wickeln pflegte, um ihn zu schützen. Einmal vergaß sie ihn, und der Teig ging immer weiter auf, bis die Ärmel des Mantels damit gefüllt waren und er wie lebendig aussah. Das Haus war voller Leute, und so machte die Geschichte von dem mit Teig gefüllten Mantel die Runde im ganzen Stamm.

Indianisches Fladenbrot I Keine »traditionelle« indianische Mahlzeit ist komplett ohne einen großen Stoß Fladenbrot, obwohl unsere frühen Vorfahren nie davon gekostet haben und auch kein Mehl kannten. Auf *Powwows* und anderen indianischen Festlichkeiten gibt es ebenso viele Buden, in denen Fladenbrot verkauft wird, wie es auf einem Jahrmarkt Würstchenstände gibt. Manche Familien verdienen sich ihr Reisegeld, um von einem *Powwow* zum andern zu fahren, damit, daß sie einen großen Sack Mehl kaufen, daraus Fladenbrot herstellen, ein Pappschild aufhängen und das Brot so schnell, wie es gebacken werden kann, verkaufen. Die Zutaten für eine Portion Brot sind folgende:

3 Tassen Mehl
1 Teelöffel Backpulver
Eine Prise Salz
Wasser

Man mischt die trockenen Bestandteile in einer Schüssel und schiebt sie dann auf eine Seite, bevor man das Wasser hinzufügt. Man fügt genügend Wasser hinzu, um einen steifen Teig zu erhalten, und knetet ihn gut durch. Dann erhitzt man etwas Schmalz oder Öl in einer Bratpfanne und legt flache Teigstücke von etwa zehn Zentimeter Durchmesser hinein. Diese werden gebacken, bis sie an der Unterseite braun sind, dann gewendet, auf der anderen Seite gebacken und einfach so oder mit Marmelade serviert.

Indianisches Fladenbrot II Dies ist ein flaches Brot für eine große Pfanne, das anstelle von Krackern oder Hefeteigbrot zu jeder Mahlzeit serviert werden kann. Die Zutaten und das Verfahren sind die gleichen wie beim ersten Rezept, nur daß es nicht braun gebacken wird oder in Öl schwimmt. Statt dessen gibt man die ganze Mischung in einem Stück in die geölte Pfanne. Man kann sie über einem offenen Feuer, auf dem Herd oder im Ofen backen. Wenn man der Mischung ein wenig Backfett hinzufügt, erhält man eine lockere Art von Teekuchen, der mit

Marmelade ein gutes, rasch herzustellendes Dessert ergibt. In dieser Form hält sich das Brot besser als die einfache Art, die rasch austrocknet und krustig wird. Diese Arten von Brot sind übrigens so leicht herzustellen, daß man sich keinen Wochenvorrat anzulegen braucht.

Das grundlegende Rezept für Fladenbrot läßt sich auf mancherlei Weise variieren. Eine übliche Zutat während des Sommers ist eine Handvoll frischer wilder Beeren wie beispielsweise Felsenbirnen. Wenn man eine Tasse Maismehl und etwas Backfett hinzufügt und den Teig bäckt, erhält man Maisbrot. Manchmal, vor allem beim Zelten, bereite ich aus meinem Brot eine Mittagsmahlzeit, indem ich es vierteile, mit Käse fülle, zudrücke und dann anbrate.

In Fett gebackenes Hefeteigbrot Es gibt zwei Arten, dieses Hefeteigbrot herzustellen, obwohl das Ergebnis fast dasselbe ist. Beide Arten schmecken sehr gut, vor allem wenn sie an einem kalten Wintertag mit Marmelade und heißer Schokolade serviert werden. Will man normales Hefeteigbrot backen, nimmt man einfach von dem aufgegangenen Hefeteig so viel weg, wie man gerade zum Essen haben will. Als ich klein war, gehörte dieses Brot als regulärer Bestandteil zum Backteig meiner Mutter, und wir Kinder warteten alle begierig auf unseren Anteil. Die Zutaten zur Herstellung von in Fett gebackenem Hefeteigbrot sind folgende:

1 Tasse lauwarmes Wasser
1 Päckchen Hefe
2 Eßlöffel weiche Butter oder Backfett
1 Eßlöffel Zucker
1 Teelöffel Salz
4 Tassen Mehl

Man mischt die ersten beiden Zutaten in einer Schüssel und läßt sie etwa fünf Minuten stehen, bevor man den Rest der Zutaten bis auf das Mehl hinzufügt, von dem man zu Beginn nur zweieinhalb Tassen hineinschüttet. Man rührt diese Mischung gründlich um und schüttet dann den Rest des Mehls hinzu, bis man einen festen Teig erhält. Diese Masse knetet man gut durch und läßt dann den Teig etwa eine Stunde lang aufgehen. Man erhitzt Fett oder Öl in einer Bratpfanne, gibt Stücke von dem fertigen Teil hinein und bäckt sie in dem schwimmenden Fett. Manchmal verwende ich die fertigen Stücke so, wie die Mexikaner ihre Tortillas: Ich schneide sie auf und fülle sie mit einer Mischung aus gekochten Bohnen, geriebenem Käse und Gemüse.

Gefülltes Wildherz Dies ist eine Lieblingsspeise der Jäger. Die meisten von meinen Leuten kaufen ihr Fleisch heutzutage in Geschäften oder Metzgereien, aber einige Männer gehen noch immer auf die Jagd, um den Nahrungsvorrat für ihre Familie zu ergänzen. Sie können Rehe und wilde Vögel auf der Prärie und in Flußtälern des Reservats erlegen, oder sie können das ganze Jahr über in die Rocky Mountains gehen und auf unbesetztem Regierungsland Hirsche und Elche jagen. Hirsch- und Elchherzen eignen sich am besten für dieses Rezept, das eine Familienmahlzeit abgibt.

1 frisches Hirsch- oder Elchherz (oder Rinderherz, wenn einem Herzen von zahmen Tieren lieber sind)
60 g zerlassene Butter oder Margarine
1 kleine zerhackte Zwiebel
1 Stange Sellerie
1 Tasse Brotkrumen
1 halber Teelöffel Salz
1 halber Teelöffel Pfeffer

Man säubert das Herz gründlich, schneidet das Innere heraus und zerhackt es, um es mit dem Rest der Füllung zu vermischen. In der zerlassenen Butter oder Margarine dünstet man die Zwiebeln, die Selleriestange und die Fleischstückchen. Dann fügt man die Brotkrumen, Salz und Pfeffer hinzu und füllt das Herz mit dieser Mischung. Man gibt das Ganze zusammen mit einer Tasse Wasser in eine feuerfeste Form und stellt diese bei 175 Grad drei Stunden lang in den Backofen oder bis es gar ist.

Reh-Herz

1 frisches Herz
1 Eßlöffel Salz
4 Eßlöffel Mehl
1 viertel Teelöffel Pfeffer
3 Eßlöffel Bratfett
Wasser
2 Karotten
2 Stangen Sellerie
1 halbe Tasse gehackte grüne Paprika

Man wäscht das Herz gründlich und läßt es mindestens eine Stunde lang, vorzugsweise jedoch über Nacht, in Salzwasser ziehen. Man muß darauf achten, daß es vollständig mit Wasser bedeckt ist. Danach spült man das Herz gründlich ab und trocknet es mit einem Tuch ab. Man schneidet es in ein Zentimeter dicke Scheiben und wendet diese in gewürztem Mehl. In dem zerlassenen Fett werden die Scheiben gedünstet, bis sie leicht gebräunt sind. Man fügt Wasser hinzu, bis das Fleisch bedeckt ist, und läßt das Ganze eine Stunde lang schmoren, dann gibt man das Gemüse hinzu. Wenn nötig, fügt man noch etwas Wasser hinzu. Kurz vor dem Servieren gibt man etwas von dem gewürzten Mehl hinzu, um eine Soße herzustellen. Das Ganze wird mit Kartoffelbrei serviert.

Wildleber

1 frische Leber (Reh, Hirsch oder Elch)
1 Tasse Mehl
Salz und Pfeffer
Öl
1 in Ringe geschnittene Zwiebel

Man säubert die Leber und legt sie in Salzwasser, das den Blutgeschmack herauszieht. Am besten friert man die Leber ein, bis man sie zum Kochen braucht. Man schneidet sie in gefrorenem Zustand in Scheiben und wendet diese in Mehl und Salz und Pfeffer. Man erhitzt etwas Öl in der Pfanne und dünstet die Zwiebelringe eine Zeitlang darin, bevor man dann die Leberscheiben darauf legt. Die Leber wird mit Kartoffelbrei und Soße serviert.

»Falscher« Krähendarm Meine Mutter hat bereits berichtet, wie ihre Großmutter die alte Blackfoot-Delikatesse *Sapotsis* oder Krähendarm zubereitet hat. Es war einfach ein Stück Darm, das über ein Stück Lende gestülpt wurde. Die alten Indianer ziehen diese Art noch immer vor, aber solche mit modernem Geschmack finden sie zu einfach, deshalb biete ich folgende Variation an:

Man nehme ein etwa dreißig Zentimeter langes Stück Darm von einem Hirsch, einem Elch oder einem Rind. Man wäscht den Darm gründlich auf der Außenseite und schneidet zartes Fleisch in kleine Würfel und ebenso die jeweiligen Lieblingsgemüsesorten. Dann stülpt man den Darm von innen nach außen und füllt ihn mit dem Fleisch und dem Gemüse, aber nicht zu fest, weil er sonst beim Kochen platzt. Zum Schluß fügt man etwas Wasser hinzu und bindet dann beide Enden ab. Man wäscht die Außenseite gründlich und legt dann den Darm in Wasser, das auf kleinem Feuer kochen soll. Er wird gekocht, bis er zart ist, in Stücke von zehn Zentimeter Länge geschnitten und dann serviert. Wenn man innen eine herzhafte Soße haben will, wendet man die Füllung in gewürztem Mehl, bevor man sie in den Darm tut. Das Ganze wird mit Fladenbrot serviert.

Wild-Preßkopf Wenn man Tiere jagt oder schlachtet, kann man durchaus auch die Köpfe verwenden. Man zerhackt einen Kopf in bratengroße Stücke, nachdem man ihn enthäutet und die Augen entfernt hat. Man legt diese Stücke über Nacht in

Salzwasser, damit das Blut herausgezogen wird. Am nächsten Tag tut man alle Stücke in einen großen Topf und dazu noch andere Fleischabfälle vom Rumpf. Das Ganze wird gekocht, bis sich das Fleisch von den Knochen löst, dann nimmt man alle Knochen heraus. Man hackt das verbliebene Fleisch klein, fügt die Zwiebeln und nach Geschmack Salz und Pfeffer hinzu und kocht die ganze Mischung, bis die Zwiebeln weich sind. Man gießt die Mischung in eine Pfanne und läßt sie abkühlen. Auf je zwei Tassen der Mischung fügt man einen in einer viertel Tasse Wasser aufgelösten Eßlöffel Gelatine hinzu und läßt das Ganze fest werden.

Indianische Beerensuppe So wie moderne Mütter Pudding kochen, bereiteten meine Großmütter Beerensuppe zu. Sie war ein gesundes, beliebtes Dessert sowie eine heilige Mahlzeit für Gelegenheiten wie Medizinpfeifenzeremonien. Felsenbirnen (ähnlich den Heidelbeeren und Blaubeeren) sind die richtigen Beeren dafür, aber es eignen sich sogar auch Johannisbeeren. Meine Großmütter pflegten große Mengen dieser Beeren zu trocknen, indem sie sie auf sauberen Fellen, Decken oder Stükken von Leinwand ein paar Tage lang in die Sonne legten. Hin und wieder müssen sie gewendet werden, damit sie nicht anfangen zu schimmeln.

Wenn die Beeren getrocknet sind, müssen sie zuerst eingeweicht werden, bis sie wieder weich sind. Für eine Suppe für die ganze Familie braucht man etwa anderthalb Tassen getrocknete Beeren. Man gibt die eingeweichten Beeren in drei Liter gute Brühe von den Rippen oder von Fleisch, das für die Hauptmahlzeit gekocht wurde. Man läßt das Ganze kochen, bis die Beeren ganz weich sind, und fügt dann eine Mischung von Wasser und einer viertel Tasse Mehl hinzu, damit die Suppe dicker wird. Man fügt nach Belieben eine Tasse Zucker hinzu und serviert dann die Suppe.

Meine Großmütter trieben mit Stämmen von der Westseite der Rocky Mountains Handel und bezogen von ihnen die Lewisien, die dort wachsen. Sie schälten diese und fügten einige davon der Beerensuppe hinzu, außerdem kleine Stücke zarten Fleisches oder Zunge. Bei Zeremonien wird gewöhnlich Fladenbrot zur Beerensuppe serviert.

Gestürzter Beerenkuchen Man kann die gleichen Arten von Beeren benutzen, aus denen Beerensuppe bereitet wird. Dieses Rezept wird am besten aus frischen Beeren zubereitet, aber es können auch getrocknete Beeren benutzt werden, nachdem man sie eingeweicht hat, bis sie weich sind. Hier die Zutaten:

4 Tassen Beeren
1 viertel Tasse Butter oder Margarine
1 Tasse Zucker
2 Eier
1 Teelöffel Vanille
1½ Tassen Mehl
1 Eßlöffel Backpulver

Man vermische dreieinhalb Tassen Beeren mit genügend Zukker, um sie süß zu machen. Man füge ein paar Eßlöffel Mehl und Wasser hinzu und gieße dann diese Mischung in eine Pfanne. Das Ganze wird mit dem Eierteig aus den restlichen Zutaten bedeckt und gebacken.

Schweizer Steak vom Hirsch oder sonstigem Wild Dies ist das Lieblingsfleischgericht in meinem Haushalt, vielleicht weil es eine Kombination zwischen der Schweizer Küche der Vorfahren meines Mannes und den Wildgerichten meiner Vorfahren darstellt.

3 Pfund Fleisch
1 viertel Tasse Mehl
Salz und Pfeffer
3 Eßlöffel Fett
3 Eßlöffel gehackte Zwiebeln
1 halbe Tasse gehackter Sellerie
1 Tasse Tomaten aus der Dose
1 Tasse Tomatensoße

Man sollte versuchen, die zartesten Stücke des Tieres zu bekommen, und schneidet dann das Fleisch zum Braten auf. Man wäscht es gut in Salzwasser und wendet es in mit Salz und Pfeffer gewürztem Mehl. Das Fett wird in einer Pfanne zerlassen und beide Seiten des Fleisches darin gebräunt, wobei man es nur einmal wendet. Man fügt die Zwiebeln und den Sellerie hinzu und fährt mit Braten fort. Ganz zuletzt gibt man die eingemachten Tomaten und die Tomatensoße hinzu. Eventuell gießt man etwas Wasser nach. Das Ganze wird mit Bratkartoffeln serviert.

Geräuchertes Fleisch Dörrfleisch wird einfach dadurch hergestellt, daß man frisches Fleisch in Scheiben aufschneidet und es zum Dörren aufhängt. Im Sommer wird dies aufgrund von lästigen Fliegen schwierig, deshalb ist es sicherer, das Fleisch zu räuchern. Über dem Rauch dörrt es nicht nur schneller, ohne von Fliegen behelligt zu werden, sondern es nimmt auch einen rauchigen Geschmack an, den manche Leute besonders gern mögen.

Ich folge dem Beispiel meiner Großmütter, indem ich Fleisch in einem Tipi räuchere. Ich benutze dazu ein altes Tipi, das zum Zelten schon zu abgenutzt ist. Ich bereite das Fleisch einen Tag vorher vor, indem ich es aufschneide und über Nacht in einer Lösung von einer halben Tasse grobkörnigem Salz auf je sechs Liter Wasser ziehen lasse. Man sollte sich vergewissern, daß das Salz aufgelöst ist, bevor man das Fleisch ins Wasser tut. Am nächsten Morgen leere ich das Salzwasser aus, wasche das Fleisch in klarem Wasser und streue etwas Pfeffer darüber. Dann hänge ich es über die vielen Schnüre, die innerhalb des Tipis in Schulterhöhe zwischen den Stangen aufgespannt sind.

Wenn das Fleisch aufgehängt ist, entzünden wir auf der Feuerstelle ein kleines Feuer, das wir sorgsam hüten, bis wir ein reichliches Bett von Glut haben. Dann schichten wir frisches Holz darauf – in unserem Fall Pappelholz –, das schwelt und raucht, aber nicht brennt. Daraufhin verlassen wir das Tipi rasch, bevor unsere Augen zu sehr brennen, und wir machen den Eingang und die Lüftungsklappen des Tipis so dicht wie möglich zu. Ich räuchere das Fleisch auf diese Weise etwa drei Tage lang und wende es am zweiten Tag auf den Schnüren um. Ich vergewissere mich dann und wann, daß das Feuer nur glimmt und keine Flammen hochschlagen und das Fleisch verbrennen. Nachdem es getrocknet und fertig ist, hält es sich viele Jahre lang.

Lagerfeuer-Rippen Meine Großmütter hatten zwei einfache Arten, Rippenstücke direkt über einem offenen Feuer zu rösten. Auf die eine Art nahmen sie eine ganze Rippenseite und steckten an zwei, drei Stellen einen Stock frischen Holzes hindurch. Sie bohrten ein Ende dieses Speeres nahe beim Feuer in den Boden, so daß die Hitze von den Flammen direkt in die Rippenstücke zog. Sie drehten die Rippen hin und wieder, bis sie gar waren.

Um Rippen auf die andere Art zu rösten, schnitten sie sie stückweise für jede Person zurecht. Sie entzündeten ein Feuer mit einer reichlichen Glut und schichteten darauf frisches Holz, auf das sie die einzelnen Rippenstücke legten, so daß sie von der Hitze und dem Rauch geröstet wurden. Wenn die Flammen zu hoch schlugen, spritzten sie etwas Wasser auf das Feuer. Diese Methode kann heutzutage auch bei einem von vorn beheizbaren Holzfeuerofen angewandt werden.

Traditionelle indianische Kleidung und ihre Herstellung

Die Blood sind für ihren Stolz bekannt, und ein offensichtliches Zeichen dieses Stolzes ist ihre traditionelle äußere Erscheinung. Selbst in den frühesten Berichten werden schon die kunstvolle Kleidung und das angenehme Äußere von Mitgliedern der Blackfoot-Nation erwähnt. Zu jener Zeit waren sie insofern mit anderen wilden Geschöpfen zu vergleichen, als das Äußere der Männer immer prunkvoller war als das der Frauen. Dennoch besaßen Männer wie Frauen Kleidung aus weißen, mit farbigen

Stacheln und anderen natürlichen Gegenständen geschmückten Häuten, die sie bei besonderen Gelegenheiten aus ihren Rohledertaschen herausholten und trugen.

Die grundlegende Kleidung meiner Großmütter bestand aus Kleidern und Mokassins. Beides war aus weichgegerbten Häuten hergestellt und folgte bestimmten Stammesmustern, die von Mitgliedern anderer Stämme sofort identifiziert werden konnten. Für diese Kleidung wurden Rehhäute vorgezogen, obwohl Antilopenhäute sich besser für den Sommer eigneten, weil sie weich und dünn waren, und Häute von jungen Hirschen besser für den Winter, weil sie dicker waren. Für den täglichen Gebrauch wurden diese Häute im allgemeinen geräuchert, weil die Kleidung naß werden konnte und die Häute davon einschrumpften und steif wurden, wenn sie ungeräuchert blieben. Kleider wurden gewöhnlich aus weißen Häuten gefertigt, die regelmäßig mit getrockneten Blöcken weißen Lehms geschrubbt wurden, damit sie sauber wurden. Heutzutage wird zu diesem Zweck häufig weißes Mehl verwandt.

Umhangdecken waren für Frauen zwar nicht so funktional wie Kleider und Mokassins, aber mindestens ebenso wichtig. Sie dienten anstelle von Pullovern, Mänteln und Jacken. Für die Männer waren sie praktisch unentbehrlich, da viele Männer darunter nur einen Lendenschurz und Mokassins trugen. Selbst heute ist es akzeptabel, wenn sich eine Frau ohne weiteren Schmuck als einer modernen Decke, die entweder ein mit Fransen versehenes Umschlagtuch oder eine mit Fransen versehene Wolldecke sein kann, bei einem *Powwow* auf die Tanzfläche wagt. Darunter kann sie entweder ein Kleid oder einfach moderne Straßenkleidung einschließlich Jeans und Kaufhausschuhe tragen.

Die Umhangdecken der alten Zeit waren gewöhnlich weichgegerbte Büffelhäute, vorzugsweise von jungen Kühen. Decken für junge Mädchen wurden aus den Häuten von Kälbern gefertigt. Sommerdecken wurden manchmal aus gegerbten Hirschhäuten, von denen das Fell entfernt war, gefertigt. Beide Arten von Decken waren für den besonderen Gebrauch mit paral-

Unten: *Ein mit Perlen besticktes Paar Frauenmokassins mit dem üblichen hohen Schaft aus geräucherter Rehhaut. In früherer Vergangenheit trugen meine Großmütter anstelle der Mokassins mit hohem Schaft niedrige Mokassins mit einem Paar getrennter, engsitzender Gamaschen. (Photo: Adolf Hungry Wolf)*

Rechts: *Ein Frauenkleid aus Wildleder mit phantasievollen Muschel- und Perlenverzierungen. Solche Kleider wurden nur zu besonderen Gelegenheiten getragen und hielten oft ein Leben lang; ihre Besitzerinnen wurden schließlich darin begraben. (Photo: Good Medicine Foundation)*

lellaufenden Streifen, die entweder aufgemalt oder mit Stacheln oder Perlen aufgestickt waren, dekoriert. Männer benutzten oft Dekorationen, die ihre Kriegsabenteuer und religiösen Kräfte symbolisierten. Die Alltagsdecken wurden jedoch ungeschmückt gelassen und nur auf die Größe des Trägers zurechtgeschnitten.

Rinderhäute lösten Büffelhäute als Decken ab. Statt dessen gingen die Leute zu Decken und Umhängen aus Wolle über, die von der Regierung ausgegeben wurden oder im Handel erhältlich waren. Solche mit leuchtenden Mustern wie diejenigen, die von den *Pendleton Woolen Mills* in Oregon kamen, hatten den Vorzug. In Kanada führte die *Hudson's Bay Company* Decken mit bunten Streifen ein, die ebenfalls sehr beliebt wurden. Umhangdecken aus Hirschhaut waren in den zwanziger Jahren dieses Jahrhunderts noch immer üblich, wie man auf Tanzfotografien aus dieser Periode sehen kann, und sie gehören auch heute noch zur Ausrüstung der heiligen Frauen beim Sonnentanz.

Meine Großmütter sind seit langem als sehr schamhaft bekannt. Diese Schamhaftigkeit basiert zweifellos zum Teil auf unserer Stammeswertschätzung der Tugendhaftigkeit, doch zum überwiegenden Teil muß sie mit den Missionaren und anderen zusammenhängen, die seit 1800 begonnen haben, unsere gesellschaftliche Lebensweise zu beeinflussen. Anthropologisches Beweismaterial und Auszüge aus Tagebüchern, die vor 1800 verfaßt worden sind, deuten darauf hin, daß die Frauen der früheren Zeit ihren Körper nicht immer ganz bedeckt hatten, vor allem nicht von der Taille an aufwärts, und dies war auch bei vielen anderen Stämmen üblich. In der Tat haben die Frauen in einigen der südlichen Präriestämme bis zum Ende des neunzehnten Jahrhunderts im Sommer nur Röcke getragen.

Frühen Aufzeichnungen und überlieferten Geschichten zufolge haben meine Großmütter sich ordentlich gekleidet und sauber gehalten. Bei warmem Wetter badeten sie in der Regel jeden Tag in einem Teil des nahegelegenen Sees oder Flusses, der für sie reserviert war. Gewöhnlich warteten sie damit, bis die Morgenarbeit getan war und die meisten Männer auf die Jagd gegangen waren. Während sie ihre Kleider abgelegt hatten, säuberten sie diese gewöhnlich mit weißem Lehm und kratzten sie mit rauhen Steinen ab. In der Regel wuschen sie sich gleichzeitig mit kaltem Wasser die Haare, obwohl sie sich diese auch manchmal bei ihrem Tipi mit einem besonderen Aufguß von Kräutern und Duftstoffen wuschen, um sie besonders sauber und angenehm riechend zu machen oder von Läusen und Schuppen zu befreien, die beide nicht sehr häufig auftraten. Im Winter reinigten sich Frauen gelegentlich durch ein Schwitzbad.

Während die Blackfoot-Männer eine Reihe von traditionellen Haartrachten besaßen, unter denen sie auswählen konnten, hatten die Frauen hauptsächlich eine einzige: Sie scheitelten ihr Haar in der Mitte, flochten es auf beiden Seiten und banden die Enden der Zöpfe mit Wildleder- oder Tuchstreifen zusammen. Die Zopfenden mit rotem Tuch zusammenzubinden ist ein symbolischer Stil der Männer, obwohl einige junge Frauen diesen Stil in den letzten Jahren naiv übernommen haben. Während der Arbeit banden viele Frauen die Enden ihrer Zöpfe hinter dem Kopf zusammen. Jüngere Frauen trugen ihr Haar nur in der Zeit offen, in der sie den Tod einer geliebten Person betrauerten. Alte Frauen trauerten oft so regelmäßig um den Verlust von Kindern, Enkelkindern und anderen Verwandten, daß sie ihr Haar dauernd offen trugen, meistens auf Schulterlänge gestutzt.

Wer jemals, vor allem im Sommer, mehrere Tage und Nächte lang ein Wildlederkleid getragen hat, wird verstehen, weshalb meine Großmütter selbst zu hohen Preisen begierig Tuch von den Händlern erworben haben. Die erste erhältliche Art von Tuch war aus schwerer Wolle und stellte bestimmt keine großartige Verbesserung in Hinblick auf Bequemlichkeit und Kühle dar, obwohl es sich leicht waschen ließ. Doch als die leichteren Kattunstoffe auf den Markt gebracht wurden, wurde die Kleidung der Frauen revolutioniert. Sie waren endlich in der Lage, sich im Sommer bei der Arbeit bequem anzuziehen. Nichtsdestoweniger trugen die meisten Frauen im Sommer wie im Winter ihr Umschlagtuch. Sie bedeckten damit gewöhnlich ihren ganzen Körper und banden dann einen Gürtel um die Taille, so daß das Tuch längs gefaltet von der Taille herabhing. Wenn die Frauen nicht arbeiteten, falteten sie ihre Tücher gewöhnlich diagonal und legten sie um die Schultern, so daß eine Ecke hinten am weitesten herunterhing. Einige meiner Großmütter ziehen sich noch heute so an, wenn sie die Stadt besuchen. Die meisten anderen tragen sogar im Sommer als übriggebliebenes Zeichen traditioneller Schamhaftigkeit einen dicken Pullover und noch häufiger einen Mantel.

Meine Großmütter fertigten keine Unterkleidung von der Art an, wie wir sie heute kennen. Im Winter trugen sie statt kniehoher Gamaschen solche, die bis zur Hüfte reichten. Diese waren aus Büffelhäuten gefertigt mit dem Fell nach innen. Ihre Kleider saßen locker und hatten große Ärmel, die im Sommer Luft durchließen und im Winter für ein weiteres Untergewand Platz ließen. Mit den Tuchkleidern kam ein populärer Stil auf, bedruckte Kattunblusen darunter zu tragen, so daß die Ärmel hervorschauten und das Ganze farbiger und schöner machten. Der lockere Sitz und die großen Ärmel waren auch bequem für Mütter mit Säuglingen, die nur einen Ärmel hochzuschieben brauchten, um ihre Brust freizumachen.

Meine Großmütter fertigten verschiedene Arten von Kopfbedeckungen aus gegerbten Pelzen für den Winter oder für windige Tage an. Manchmal benutzten sie Kopftücher aus dünnen gegerbten Häuten. Mit der Einführung von Tuch wurden bäuerliche Kopftücher zu einem Stil, der bis heute beliebt ist. Keine meiner Großmütter würde auf den Gedanken kommen, ohne ein Kopftuch in die Stadt zu gehen. Eine Großmutter trägt ihre Kopftücher aufgerollt und zu einem Kopfband geknüpft, obwohl dieser Stil nicht allzu üblich geworden ist. Er wurde ihr in einem Traum angewiesen.

Mokassins Zwei Arten von Mokassins wurden von meinen Großmüttern angefertigt und benutzt, obwohl heute nur noch eine von ihnen populär ist. Die ältere Art besteht aus einem weichen Stück Haut, das zur Hälfte gefaltet und auf einer Seite zugenäht wird. Laschen und Knöchelmanschetten wurden extra hinzugefügt. Viele Generationen kannten diese Form in der Blackfoot-Sprache als den »echten Mokassin«. Er ist weich und bequem, nutzt sich an der Sohle aber rasch ab und läßt sich schwer reparieren. Es ist der Mokassinstil, der noch immer von vielen Stämmen benutzt wird, die auf der Westseite der Rocky Mountains leben, wo Waldpfade die Sohlen nicht so stark beanspruchen wie Präriesteine und harter Boden.

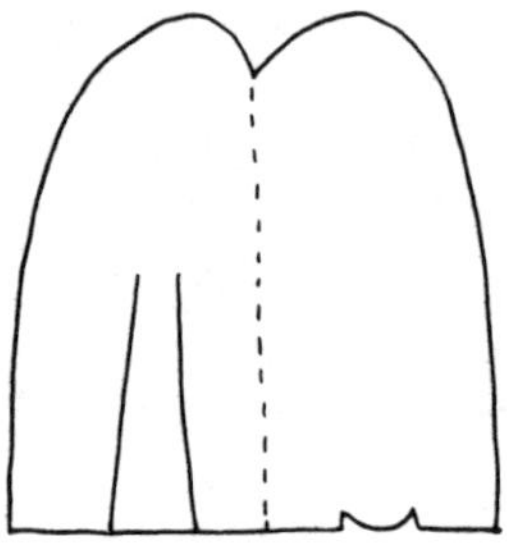

Mokassinschnittmuster aus einem Stück

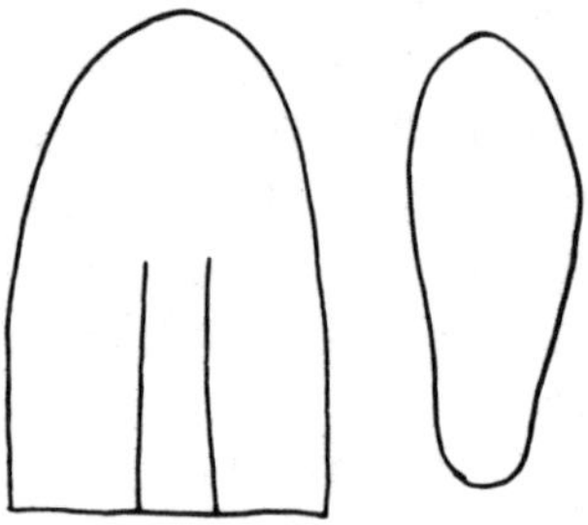

Mokassinschnittmuster mit fester Sohle

Anthropologischen Berichten zufolge haben Blackfoot-Handarbeiter im ersten Teil des neunzehnten Jahrhunderts damit begonnen, Mokassins im heutigen Stil aus zwei Stücken anzufertigen. Diese Art besitzt ein oberes Stück aus weicher Haut, das rund um eine Sohle aus dickem, steifem, ungegerbtem Leder genäht wird, welches gut hält und ersetzt werden kann. Dies ist der Mokassinstil, der seit langem von vielen Präriestämmen im Osten des Blackfoot-Landes benutzt wird.

Bei diesen beiden grundlegenden Stilarten sind viele Variationen möglich. Die wichtigsten davon betreffen das Material, die Verzierungen und die Knöchelhöhe. Diese Variationen hängen davon ab, was erhältlich ist und zu welchem Zweck die Mokassins benutzt werden sollen. Meine Großmütter besaßen gewöhnlich mehrere Paar Mokassins für verschiedene Gelegenheiten. Die einfachsten davon waren schmucklose niedrige Mokassins für den täglichen Gebrauch.

Wenige Blackfoot-Indianer von heute tragen noch dauernd Mokassins, und ich glaube, daß die, die es tun, sämtlich Großmütter sind. Doch ich erinnere mich daran, daß ich als kleines Mädchen viele von den älteren Leuten dauernd in Mokassins gesehen habe. Sie trugen gewöhnlich Gummiüberschuhe oder Galoschen darüber, wenn sie in die Stadt gingen oder wenn der Boden naß oder mit Schnee bedeckt war. Diese alten Leute sind inzwischen gestorben, doch außerdem werden jetzt auch weniger Mokassins getragen, weil geeignete gegerbte Häute so teuer und selten sind.

Meine eigene Familie trägt jetzt seit einer Reihe von Jahren meistens Mokassins. Ich habe festgestellt, daß der aus zwei Stücken bestehende Mokassinstil für den täglichen Gebrauch am praktischsten ist. Ich fertige solche Mokassins an, indem ich geräucherte und gegerbte Rehhaut als Oberleder nehme und im Laden gekauftes gegerbtes Leder für die Sohlen. Um den Schmutz fernzuhalten und als Stütze füge ich zehn bis fünfzehn Zentimeter hohe Knöchelmanschetten hinzu, allerdings lasse ich diese manchmal weg, wenn die Mokassins bei warmem Wetter benutzt werden sollen. Ich besticke die Mokassins in der Regel nicht mit Perlen, da sich diese bei starkem Gebrauch der Mokassins nur lösen und schäbig wirken. Manchmal fasse ich die Manschetten und die Säume mit rotem Wolltuch ein, was auch meine Großmütter schon häufig gemacht haben.

Für den Wintergebrauch fertige ich die Mokassins aus einem Stück an, wobei ich aber statt Wildleder das Fell von einjährigen Schafen benutze. Die Mokassins aus glatter Haut sind nicht sehr warm, und es ist schwer, sie so anzufertigen, daß sie groß genug für warme Wintersocken sind und dennoch gut aussehen.

Schaffell ist warm, aber nicht sehr haltbar, deshalb nähe ich industriell gegerbtes Wildleder über alle Stellen, die großem Verschleiß ausgesetzt sind, einschließlich der Sohlen. Ich nähe auch Schaffellmanschetten an, die bis unters Knie reichen. Vor der ersten Benutzung imprägnieren wir die Mokassins. Früher haben meine Großmütter die gleiche Art von Wintermokassins angefertigt, wobei sie allerdings die zäheren und wärmeren Büffelhäute mitsamt Fell verwendeten.

Obwohl von Hand gegerbte Haut die besten Mokassins ergibt, trägt sich industriell gegerbte Haut fast ebensogut. Hirsch- und Elchhäute sind zwar dicker und wärmer, aber sie tragen sich lange nicht so gut wie Rehhäute, egal wie sie gegerbt sind. Als Obermaterial werden oft weiße Häute vorgezogen, vor allem von denjenigen, die Mokassins nur tragen, um sich herauszuputzen. Aber wenn solche Mokassins richtig naß werden, sind sie im allgemeinen ruiniert, weil sie einlaufen und steif werden, während Mokassins aus geräucherter Haut nicht sehr einlaufen und mit den Fingern bearbeitet werden können, so daß sie wieder weich werden. Industriell gegerbte Haut läuft in der Regel nicht ein und wird auch nicht steif, aber sie trocknet statt dessen aus und bricht.

Von meinen Leuten werden Mokassins heute hauptsächlich bei *Powwow*-Tänzen oder religiösen Zeremonien getragen. Für die Frauen, die gute Mokassins mit schönen Dekorationen herstellen können, gibt es immer viel Arbeit. Dennoch sind viele dazu gezwungen, industriell hergestellte Mokassins zu kaufen, die oft von geringer Qualität sind und nicht so gut aussehen. Mokassins anfertigen zu lernen, ist nicht sehr schwer und erhöht den Genuß beim Tragen.

Ich habe gleich nach meinem High-School-Abschluß gelernt, Mokassins anzufertigen, doch selbst meine ersten Paare sind gleich recht gut gelungen. Ich weiß nicht mehr, wie viele Paare ich seither genäht und bestickt habe, aber bei fünf Männern in meiner Familie kann man sich vorstellen, daß es eine ganze Menge waren. Was ich als erstes schätzen lernte, ist eine gute Sammlung von Fußmustern für alle Mokassinträger in meiner

Familie, und ich habe gelernt, diese Muster sicher aufzubewahren, damit sie immer greifbar sind. Die Grundlage für ein gutes Paar Mokassins ist ein gutes Fußmuster, das ich gewöhnlich aus Pappe anfertige. Wenn es sich um Erwachsene handelt, sind diese Muster mehr oder weniger endgültig, aber bei Kindern müssen sie dauernd den wachsenden Füßen angepaßt werden.

Wenn ich von einem Fuß ein Muster anfertige, halte ich den Bleistift senkrecht und vergewissere mich, daß der Fuß fest aufgestellt ist. Für den Stil aus einem Stück fahre ich mit dem Bleistift um die Zehen, dann die längste Außenseite des Fußes entlang und von dort aus gerade zurück wie in der Zeichnung. Für den Stil aus zwei Stücken gebe ich auf jeder Seite ungefähr einen Zentimeter zu. Ich fertige das Muster zuerst aus Papier an und erprobe es am Fuß. Bei beiden Stilen kann die Lasche direkt in das Oberteil geschnitten werden, wie es in der Zeichnung gezeigt wird, oder sie kann getrennt hinzugefügt werden. In diesem Fall wird die Öffnung auf der Oberseite in Form eines T eingeschnitten. Mokassins werden immer von innen nach außen gewendet genäht, damit die Stiche verdeckt und geschützt sind. Ich beginne die Mokassins aus einem Stück an der kurzen Seite zusammenzunähen, nähe dann um die Zehen herum und die lange Seite bis zur Ferse herunter. Dann klemme ich den Mokassin hinten zusammen und vernähe ihn, wobei die kleine Lasche, die die Ferse unten schließt, zum Schluß kommt.

Die Mokassins aus zwei Stücken zusammenzunähen ist ein bißchen schwieriger, denn wenn die ersten Stiche verkehrt sitzen, wird das Ganze schief. Ich beginne damit, daß ich einen provisorischen Stich an den Zehen anbringe, mit dem die beiden Stücke zusammengehalten werden, und dann einen provisorischen Stich hinten zu beiden Seiten der Ferse. Wenn ich die provisorischen Seitenstiche anbringe, vergewissere ich mich, daß die Lasche genau in der Mitte verläuft und nicht schief. Dann beginne ich von den Zehen an auf beiden Seiten herunterzunähen.

Meine Großmütter benutzten immer Sehnen, um ihre Mokassins zusammenzunähen, was bedeutete, daß sie ihre Ahle nehmen und vor jedem Stich Löcher in beide Stücke stechen mußten. Da sie ihre Stiche sehr eng nebeneinander setzten, war dies viel Arbeit. Einige Leute benutzen heutzutage Garn, aber es hält nie sehr gut. Viele alte Frauen benutzen noch immer Sehnen. Ich bin froh, ein kürzlich auf den Markt gekommenes Erzeugnis entdeckt zu haben, das die Haltbarkeit von Sehnen mit der Leichtigkeit der Handhabung von Garn verbindet. Es nennt sich Kunstsehne und wird in vielen indianischen Handarbeitsläden von der Spule verkauft.

Der fertige Mokassin aus einem Stück ist zu niedrig, um sich ohne Knöchelmanschetten als praktisch zu erweisen. Für den Sommergebrauch können diese nur zwei bis fünf Zentimeter hoch sein, doch im allgemeinen wurden sie so gefertigt, daß sie den ganzen freien Teil des Beins des Trägers unter den Gamaschen oder dem Kleid bedeckten. Sie wurden weit genug zugeschnitten, daß sie vorn übereinanderklappten, und mit langen Riemen befestigt, die mehrmals um den Knöchel geschlungen wurden. Früher hatten die meisten Mokassins aus zwei Stücken ebenfalls fünf bis fünfzehn Zentimeter hohe Knöchelmanschetten, aber heutzutage sind sie nicht mehr so üblich. Der Grund dafür ist, daß die meisten derartigen Mokassins hauptsächlich zum Tanzen getragen werden und Manschetten dafür zu warm sind. Die Manschetten bestanden in der Regel aus unverzierter Haut, im Winter aus Pelz und in späteren Jahren, als Haut schwer zu bekommen war, oft aus Segeltuch. In der Tat habe ich gehört, daß viele Mokassins um die Jahrhundertwende vollkommen aus Segeltuch gefertigt waren, doch ich habe in Museumssammlungen nur einige Paare gesehen. Eins davon war vollkommen mit Perlen bestickt und sah ebenso gut aus wie die Mokassins aus Haut.

Meine Großmütter verzierten ihre Mokassins auf verschiedene Weise, unter anderem mit Fransen, Perlen, Malerei und Pelz oder Tuch. Ein häufiges Detail an Blackfoot-Mokassins ist der kleine gefranste Streifen, der am Hacken hervorsteht und sonst abgeschnitten wird. Dr. Clark Wissler sagte 1910, daß von dreizehn Paar Blackfoot-Mokassins, die er gesammelt hatte, bei vieren der Streifen abgeschnitten war, bei dreien eine Franse übriggeblieben war, bei weiteren dreien zwei Fransen und bei den restlichen dreien sich entlang der ganzen hinteren Naht Fransen befanden. Letzteres wurde dadurch bewerkstelligt, daß ein Streifen Haut, eine Borte, in die Naht eingenäht wurde. Eine solche Borte findet sich oft in der Seitennaht von Mokassins aus einem Stück, aber selten in der Naht von Mokassins aus zwei Stücken. Eine Borte aus roter Wolle wurde gewöhnlich in die Naht zwischen den Mokassins und den hohen Knöchelmanschetten eingenäht. Häufig war diese Borte aus Tuch einen oder zwei Zentimeter breit und mit Kreuzstichen oder Perlenstickerei befestigt, was eine schöne Verzierung ergab.

1833 schrieb der herumreisende Prinz Maximilian, daß Blackfoot-Mokassins oft so bemalt waren, daß der eine Fuß eine andere Farbe hatte als der zweite. Dies kann einen heiligen Zweck gehabt haben, doch in den vierziger Jahren dieses Jahrhunderts schien keiner von den alten Leuten mehr etwas darüber zu wissen. Bei Medizinpfeifenbesitzern und anderen heiligen Leuten ist es Tradition, beide Mokassins mit heiliger roter Erdfarbe und gelegentlich mit anderen Farben zu bemalen.

Es heißt, daß bei den Blackfeet ganz mit Stacheln oder Perlen bedeckte Mokassins nicht so oft gefunden wurden wie bei anderen Stämmen, obwohl in Museumssammlungen viele Beispiele dafür vorhanden sind. Die meisten Mokassins scheinen im Bereich zwischen den Zehen und dem Rist mit kleinen Mustern verziert gewesen zu sein. Zu den charakteristischen Mustern gehören die sogenannten Schlüssellöcher, quer über den Fuß verlaufende Bänder sowie Variationen eines dreigabligen Musters, von dem viele annehmen, daß es die drei Abteilungen der Blackfoot-Nation repräsentiert. Perlen- und Stachelverzierungen werden auf den Mokassinoberseiten immer angebracht, bevor diese mit den unteren Teilen zusammengenäht werden. Einen ganz mit Perlen bestickten Mokassin zu wenden, nachdem er zusammengenäht worden ist, ist immer eine gute erste Probe auf die Haltbarkeit der Perlenstickerei.

Früher gab es zwischen Mokassins von Männern und solchen von Frauen weder im Stil noch in der Verzierung einen besonderen Unterschied, außer daß die von Frauen getragenen Mokassins immer Knöchelmanschetten besaßen, während dies bei den von Männern getragenen manchmal nicht der Fall war. Die Gamaschen der Frauen umschließen den oberen Rand dieser Knöchelmanschetten eng. In den letzten Jahren sind die Frauen zu dem hochschaftigen Mokassinstil übergegangen, der traditionellerweise von anderen Stämmen als dem unseren getragen wurde. Diese hochschaftigen Mokassins reichen bis unters Knie und machen damit zusätzliche Gamaschen überflüssig. Im allgemeinen sind diese Mokassins mit Blumen aus Perlen bestickt – eine über den Zehen und eine ziemlich weit oben auf der Knöchelmanschette. Die Mokassins der Kinder gleichen denen der Erwachsenen, nur daß sie kleiner sind.

Die Zeichnungen auf dieser Seite stellen ein paar der grundlegenden Muster dar, die einer in den vierziger Jahren dieses

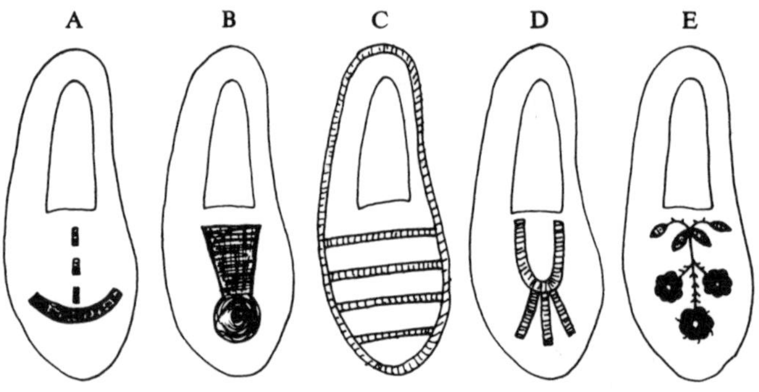

Jahrhunderts von John Ewers durchgeführten Untersuchung zufolge für die Verzierung von Blackfoot-Mokassins benutzt worden sind. Die alten Leute jener Zeit berichteten ihm, daß das Muster in Abbildung A das älteste von allen sei. Sie nannten es das »Hakennase«-Muster und sagten, daß es besonders beliebt war für aus Büffelfell gefertigte Mokassins aus einem Stück. Es wurde in der Regel aus roten und weißen Stacheln oder aus roten und blauen oder roten und gelben Perlen (hauptsächlich den alten, großen »echten Perlen«) hergestellt.

Das »Schlüsselloch«-Muster in Abbildung B hieß »Rund«-Muster. Manchmal wurde die Grundform aus farbigem Tuch ausgeschnitten, aufgenäht und nur mit Perlen eingefaßt. Oft war dieses Muster mit einem schmalen Band kombiniert, das rund um die untere Kante des Mokassinoberteils lief.

Abbildung C zeigt das sogenannte »Quer«- oder »Streifen«-Muster, das im allgemeinen mit dem oben erwähnten schmalen Band von Perlen um die untere Kante des Oberteils einherging, wie es auf der Abbildung zu sehen ist. Rot, Gelb und Grün waren beliebte Farben für dieses Muster.

Während die ersten drei Abbildungen Muster zeigen, die auch bei anderen Stämmen gebräuchlich waren, zeigt Abbildung D ein Muster, das ausschließlich von den Blackfoot-Indianern benutzt worden zu sein scheint. Es gab davon eine Reihe von Variationen, von denen ich viele in Museumssammlungen gesehen habe. John Ewers zufolge wurde dieses Muster »Drei-Finger-Perlenstickerei«, »Halbblut-Arbeit« oder »Weißer-Mann-Näherei« genannt, und die Leute, mit denen er sprach, stritten jede Art von Stammessymbolik der drei Finger ab. Einige unserer Blood-Alten haben uns jedoch erzählt, daß die drei Spitzen die drei Abteilungen repräsentieren, deren gemeinsamer Ursprung die Erde ist, welche durch das Halboval dargestellt wird. Sie sagten nicht, ob dies eine alte Tradition war oder ob man erst in letzter Zeit zu diesem Schluß gekommen war, aber das Muster selbst ist eindeutig alt. Der Bereich innerhalb des abgerundeten Teils ist gewöhnlich mit rotem Tuch gefüllt.

Abbildung E zeigt ein einfaches Blumenmuster, von dem es viele Variationen gibt. Einige von den Blumenmustern wurden nach der Ankunft der kleinen Perlen in den siebziger Jahren des neunzehnten Jahrhunderts sehr kompliziert.

Kleider Der grundlegende traditionelle Kleidungsstil, den meine Großmütter trugen, muß irgendwann um 1800 herum populär geworden sein. Der Händler und Erforscher David Thompson schrieb in den achtziger Jahren des achtzehnten Jahrhunderts, daß die Kleider damals den Unterkleidern der modernen Frauen ähnelten: Es waren von Schulterbändern gehaltene rechteckige Gebilde. Diesen wurden bei kälterem Wetter gesonderte Ärmel hinzugefügt. Frauen von Nachbarstämmen trugen ähnliche Kleider, aber in Museumssammlungen existieren heute keine Blackfoot-Beispiele.

Der Kleiderstil, der bei besonderen Gelegenheiten heute noch von einigen Frauen getragen wird, besitzt einen an den Hauptteil des Kleides genähten Umhang, so daß das vollständige Kleid die Trägerin ganz bedeckt, einschließlich der Schultern und Oberarme. Für seine Anfertigung werden mindestens zwei große Rehhäute benötigt.

Kleider wurden so angefertigt, daß die Köpfe der Häute den unteren Rand bildeten. Die Hälse und Vorderbeine wurden in ihrer natürlichen Form belassen, um den Kleidern den charakteristischen geschwungenen unteren Rand zu geben, den man auf älteren Fotografien von Frauen sieht. Er war gewöhnlich gefranst.

Bei den Oberteilen der Kleider gab es einige Variationen. Bei der häufigsten Methode wurden sie oben fast gerade geschnit-

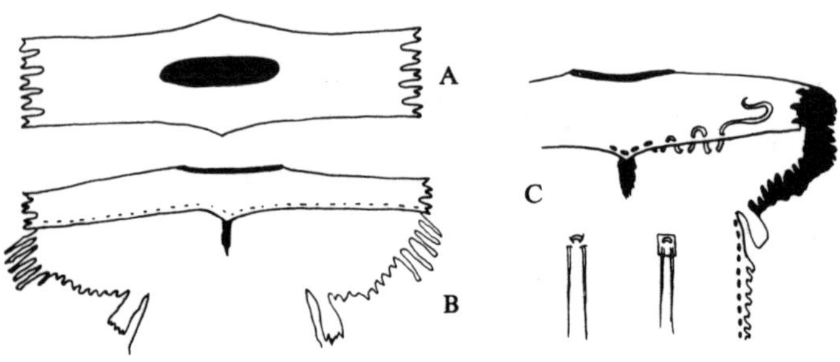

ten und dann durch ein drittes Stück, die Passe, zusammengefügt. Diese hatte die Form eines langen Rechtecks, wie es die Figur A der Zeichnungen zeigt. Figur B zeigt die allgemeine

Form des Kleidoberteils mitsamt Passe, während Figur C die am häufigsten benutzte Methode zeigt, die Passe mit dem vorderen und dem Rückenteil zu verbinden. Oft wurde die Passe dadurch hergestellt, daß die beim Zuschneiden der Hauptteile vom hinteren Ende der Häute abgeschnittenen beiden Streifen zusammengefügt wurden. Manchmal wurden zwei große Häute so zusammengenäht, daß die letzten Zentimeter hinten und vorn umgeschlagen und wie die getrennte Passe festgenäht werden konnten. Manche Kleider hatten überhaupt keine Passe, sondern es waren einfach nur zwei Häute, die mit dem für die Schultern und Arme zugeschnittenen Oberteil zusammengenäht wurden. Moderne Wildlederkleider ebenso wie moderne Hemden und Gamaschen für Männer sind dafür bekannt, daß sie gut geschneidert sind. Ihnen fehlen gewöhnlich die Beine der Haut und andere natürliche Formen, während ihre Fransen im allgemeinen sehr säuberlich und gleichmäßig sind.

Es wurden mehrere Arten von Stichen benutzt, um die Wildlederkleider zusammenzunähen. Nähte an den Oberteilen wurden im allgemeinen nach innen gewendet, nachdem sie fertig waren. Entlang der Seiten wurden die Nähte jedoch oft so gelassen, wie sie waren, wobei die Stiche ein Stück weit vom Rand der Häute entfernt blieben. Das ergab zwei schmale, parallel laufende Lappen, die auf beiden Seiten bis unten hin in kurze Fransen geschnitten wurden. Oft wurden in die Seitennähte Borten eingenäht, die dann gefranst wurden. Ein dreieckiges Stück Haut wurde oft am unteren Rand des Kleides in die Seitennaht eingenäht, damit der Rock unten breiter wurde und den Beinen mehr Bewegungsraum ließ. Die unteren Ränder von Ärmeln wurden nicht zusammengenäht.

Wie bei Mokassins und anderen Gegenständen aus Haut, die verziert werden sollten, wurden die Häute, die für Kleider verwandt wurden, mit der Fleischseite nach außen getragen. Perlenstickerei läßt sich auf dieser Seite viel leichter anbringen als auf der glatten Außenseite einer gegerbten Haut. Eine genauere Untersuchung zeigt, daß bei Kleidern an verschiedenen Stellen Hautstücke eingefügt worden sind, um die Häute vollständig zu machen. Bei den Kleidern, bei denen das hintere Ende der Haut vorn in Form einer Passe herunterhängt, wird der Rehschwanz, allerdings in einer gestutzten Form, drangelassen. Der Schwanz hängt in der Mitte der Brust und des Rückens herunter. Bei manchen Kleidern wurde an dieser Stelle einfach ein Rehschwanz angenäht. Viele Kleider hatten außer kurzen Fransen an den Nähten und am Saum nur diese Rehschwänze als Verzierung.

Die meisten Kleider in Museumssammlungen sind außerdem mit Perlen, Tuchstücken, Muscheln, Tierzähnen und Fingerhüten verziert. Durch diese Verzierungen können wir Blackfoot-Kleider am besten von denen anderer Stämme unterscheiden, da die grundlegenden Kleiderstile oft ähnlich sind. Charakteristisch für Blackfoot-Kleider ist eine Kurve in dem Brustband aus Perlen, die dem Hinterteil einer Rehhaut gleicht, wie es aussieht, wenn es als Passe umgeschlagen und auf das Kleid aufgenäht ist. Andere Stammeseigentümlichkeiten sind ein dreieckiges Symbol auf der unteren Vorderseite, das eine alte Bedeutung für Weiblichkeit hat, und weiter unten zwei weitere Symbole, von denen manche sagen, daß sie die Nieren repräsentieren, obwohl ihre ursprüngliche Bedeutung im Lauf der Zeit verlorengegangen sein kann.

Perlenstickerei auf alten Kleidern wurde mit »echten Perlen« oder Pony-Perlen hergestellt, und gewöhnlich mit dem sogenannten »faulen Stich«. Das Brustband war in der Regel in zwei Farben gehalten wie beispielsweise Schwarz und Weiß, Hellblau und Weiß oder Rosa und Grün. Dunkle und helle Farben wurden im allgemeinen des Kontrastes wegen kombiniert. Manchmal wurden die farbigen Streifen und Linien durch kleine geometrische Muster unterbrochen, aber selten durch irgendwelche anderen Muster. Hingegen wurden Muster – und zusätzliche Farben – oft auf den Schulterbändern verwandt, die bei dieser Art von Kleidern populär wurden, nachdem die kleinen Samenperlen auf den Markt kamen. Schmale Streifen aus Perlen entlang des unteren Randes dieser Kleider waren ebenfalls beliebt. Die eingesetzten Flecken am unteren Rand der meisten Kleider bestanden im allgemeinen aus Tuch, auf der einen Seite in Rot und auf der anderen in Schwarz oder Dunkelblau. Diese waren oftmals auch noch mit Perlen eingefaßt. Zusätzlich dienten kleine Stücke Tuch als Hintergrund für die vielen Wildlederfransen, die von verschiedenen Teilen der Kleider herunterhingen. Die Kleider aus der ganz alten Zeit besaßen statt Perlen eine Stachelverzierung.

Die ersten Tuchkleider waren in der Regel aus rotem oder blauem Wollstoff gefertigt. Dieser pflegte sich auszudehnen oder auszufransen, wenn er nicht in viereckigeren Formen, als die alten Kleider sie hatten, zugeschnitten wurde. Für die Verwendung von Tuch wurden so neue Kleiderstile eingeführt. Dieses Tuch hatte immer einen als Salband bekannten weißen Streifen, wo das Tuch während des Färbeprozesses eingeklemmt war. Diese weißen Streifen wurden zur Verzierung immer am Saum der Kleider (wie auch der Gamaschen von Männern und anderer Kleidungsstücke) angebracht. Zusätzlich wurden in der Regel »echte Perlen« oder Samenperlen aufgestickt. In manchen Fällen hatte die Perlenstickerei die Form des alten Brustbandes, in anderen Fällen war sie nur ein schmaler Streifen entlang der Schultern, und in noch anderen Fällen war das ganze Oberteil davon bedeckt. Ein neuer Stil der Verzierung bürgerte sich ein, bei dem Reihen von Perlenstickerei mit Reihen von Kaurimuscheln oder manchmal von Hirschzähnen abwechselten. Dieser Stil war besonders häufig bei den leichteren Tuchkleidern anzutreffen, die von den neunziger Jahren des neunzehnten Jahrhunderts bis in die zwanziger Jahre dieses Jahrhunderts am populärsten waren. Die Perlenstickerei auf diesen leichten Kleidern wurde oft mit großen röhrenförmigen Perlen, die als »Korbperlen« bekannt waren, ausgeführt. Die Röcke dieser Kleider waren ziemlich weit und gewöhnlich mit vielen parallelen Reihen von Bändern in verschiedenen Breiten und Farben dekoriert. Satin war während jener Periode ein beliebtes Material, und es wurden viele verschiedene Farben benutzt. Die Kleider wurden gewöhnlich mit der Nähmaschine genäht und säuberlich eingesäumt. Die Ärmel wurden auch auf der Unterseite zugenäht, und die Oberteile wurden oft innen gefüttert, damit die Perlen und Muscheln besseren Halt hatten.

Die weitverbreitete Benutzung von Tuch brachte viele neue Variationen der Frauenkleider mit sich. Ein populärer Stil war ein mit Perlen und Muscheln verziertes Cape, das über jedem einfachen Kattunkleid getragen werden konnte. Einige Capes waren in der Tat die verzierten Überbleibsel von abgetragenen Tuchkleidern. Einige Tuchkleider waren mit gefransten Wildlederteilen geschmückt. Manche Kleider waren aus Samt gefertigt und mit Bändern und Ziermünzen dekoriert. Die wertvollsten Kleider hatten Oberteile, die mit Hirschzähnen oder Kaurimuscheln bedeckt waren.

Das Gerben

Zu Lebzeiten meiner Großmütter wurde eine Frau nach ihrer Kunstfertigkeit im Gerben beurteilt. Eine gute Gerberin galt als fleißig, während eine schlechte Gerberin für faul gehalten wurde. Wahrscheinlich nahm man an, daß eine Frau, die nicht gut gerben konnte, auch zu anderen Arbeiten nicht viel taugte. Dies war zu der Zeit, als Leder im täglichen Leben der Leute eine große Rolle spielte.

Es gab eine Reihe von Variationen bei dem grundlegenden Prozeß, frische Häute in behandeltes Leder umzuwandeln. Die Variationen hingen davon ab, zu welchem Gebrauch die Haut bestimmt war, und ebenso von den Fähigkeiten und Wünschen derjenigen, die das Gerben erledigte. Auf jeden Fall war Gerben bei den Blood und anderen Präriestämmen Sache der Frauen.

Das erste Stadium des Gerbens macht eine frische Haut zu Rohleder. Ich habe gehört, daß Leute den Ausdruck *Rohleder* für alle Arten von Leder verwenden. Tatsächlich sollte er nur benutzt werden zur Bezeichnung einer Haut, die gesäubert, aber ansonsten ungegerbt ist. Rohleder wurde von den Leuten am häufigsten für ihre verschiedenen Aufbewahrungsbehälter benutzt. Was meine Großmütter beispielsweise als Koffer benutzten, wurde *parflèche* (ein französisches Wort) oder »Bedeckung für Dinge« (Übersetzung aus der Blackfoot-Sprache) genannt. Eine solche Tasche besteht aus einem festen Stück Rohleder, das wie ein Briefumschlag gefaltet wird und manchmal sechzig mal neunzig Zentimeter mißt. Diese Taschen wurden dazu benutzt, Kleider und getrocknete Nahrung aufzubewahren. Auf der Außenseite waren sie gewöhnlich mit geometrischen Mustern verziert. Wenn sie vollgepackt, richtig zusammengefaltet und mit einigen Bändern verschnürt waren, waren sie fast sicher vor Mäusen und Ungeziefer. Aus Rohleder wurden außerdem viereckige Taschen angefertigt, in denen heilige Dinge aufbewahrt wurden, zylindrische Taschen zur Aufbewahrung von Kopfschmuck und besonderen Kleidern, Satteltaschen für den Transport sowie Mokassinsohlen, Trommelfelle und Rasseln.

Die Herstellung von Rohleder Rohleder wird am besten aus den Häuten von Büffeln oder neuerdings Rindern gewonnen. Der erste Schritt besteht darin, daß man die Haut spannt, was meistens dadurch geschah, daß sie mit der Haarseite nach unten mittels Tipipflöcken am Boden befestigt wurde. Ein Schabewerkzeug wird benutzt, um alles Fett und alle Fleischstücke zu entfernen, die an der Haut haften. Hierfür kann auch ein Messer benutzt werden, aber es ist weniger günstig. Diese Arbeit erfordert mehr Kraft als Geschicklichkeit. Das einzige, worauf man aufpassen muß, ist, daß man die Haut nicht einschneidet, während man die Fleischreste entfernt.

Nachdem die Haut von Fleischresten gesäubert worden war, wurde sie gewöhnlich mehrere Tage lang zum Trocknen und Bleichen in der Sonne gelassen. Manchmal wurde während dieser Zeit warmes Wasser darübergegossen. Als nächstes wird die gesäuberte Seite der Haut mit einem Werkzeug geglättet, das wie ein Breitbeil aussieht. Die Haut kann dick gelassen werden, wenn sie Rohleder bleiben soll, aber sie kann auch dünn gemacht werden, wenn sie weichgegerbt werden soll. Für diese Arbeit kann die getrocknete Haut am Boden befestigt bleiben oder sie kann einfach auf einer geeigneten schattigen Stelle ausgebreitet werden. Das Schabewerkzeug wird wie ein Hobel mit beiden Händen bedient.

Nachdem die Fleischseite vollständig abgeschabt ist, wird die Haut umgedreht, so daß die Haare entfernt werden können. Dies wurde früher mit demselben Werkzeug und der gleichen Methode bewerkstelligt wie bei der Glättung der Fleischseite. In letzter Zeit haben Frauen die Haut heute an diesem Punkt in eine Wanne oder ein Faß mit Wasser gesteckt und weichen lassen. Früher hat es keine Fässer gegeben, aber einige Frauen haben ihre Häute in einem Fluß oder See weichen lassen. Allerdings haben Hunde und Kojoten die schlechte Angewohnheit, solche Häute fortzuschleppen. Ich habe selbst ein paar davon auf diese Weise verloren. Das Wasser macht die Haut nach ein paar Tagen so weich, daß die Haare mit der Hand herausgezogen werden können statt mit einem Schabewerkzeug. Wenn die Haare auf diese Weise entfernt werden, muß die Haut danach wieder ausgespannt werden, um trocknen zu können. Dann haben wir Rohleder.

Das Weichmachen von Rohleder Rohleder wurde nur ein bißchen weichgemacht, wenn man Riemen und Gurte für die alten Sättel herstellen wollte. Wenn es ganz weichgemacht wurde, benutzte man es für Tipiplanen, Kleidung, Taschen sowie Mokassins. Büffelhaut war am besten sowohl für Tipiplanen als auch für Umhangdecken, die entweder als Kleidungsstücke oder auch als Bettdecke benutzt wurden. Häute, aus denen Kleidung angefertigt wurde, stammten meistens von Rehen, Dickhornschafen und Bergziegen, weil sie dünn und leicht, aber dennoch zäh sind. Elch- und Hirschhäute sind nicht so zäh, aber ziemlich schwer, deshalb waren sie weniger beliebt. Doch viele Stämme, die nicht in der Prärie und doch in Tipis lebten, benutzten diese großen Häute als Tipiplanen sowie für Decken und Mokassins. Ich fertige für meine Familie gute Wintermokassins aus geräucherter Elchhaut an, weil sie dick und warm ist. Meine Großmütter stellten Wintermokassins aus Büffelhaut her, wobei das Fell innen dranblieb. Sie fertigten aus der gleichen Haut Mützen und Handschuhe an.

Um Rohleder weichzumachen, wird es zuerst auf dem Boden ausgebreitet und mit einer Fettmischung bearbeitet. In der Vergangenheit bestand diese meistens aus Tierfett, vermischt mit Hirn und Leber. In späteren Jahren bestand eine beliebte Mischung aus Schmalz, Mehl und warmem Wasser. Diese Mischung wird zuerst mit den Händen eingerieben und dann mit einem glatten Stein, so daß die Reibungshitze sie in alle Poren verteilt. Nachdem die Haut auf diese Weise vollständig bearbeitet worden ist, wird sie wieder mit warmem Wasser befeuchtet und zum Trocknen aufgerollt. Nachdem sie eine Zeitlang getrocknet ist, wird sie wiederum befeuchtet. Inzwischen ist sie ziemlich geschrumpft, deshalb muß sie nach dem Befeuchten wieder gespannt werden. Während sie erneut trocknet, wird sie mit einem rauhen, kantigen Stein abgeschabt. Meine Mutter sagte, daß zu diesem Zweck besondere Steine gesammelt wurden. Sie wurden gegeneinander geschlagen, bis einer die richtige rauhe Kante und eine glatte Kante hatte, die sich von der Frau, die den Stein benutzte, gut in der Hand halten ließ. Im Wechsel damit wird die Haut durch eine Schlinge aus Rohleder oder einem dicken, zusammengerollten Sehnenstrang vor und zurück gezogen. Die Reibung hiervon erzeugt Hitze zum Trocknen und macht die Haut auch heller. Der rauhe Stein wird benutzt, um der Haut ein gleichmäßiges, gekörntes Aussehen zu geben.

Büffel- und Rinderhäute mit der Hand zu gerben ist eine sehr schwere Arbeit. Es ist deshalb kein Wunder, daß sie von den Frauen des Blood-Stammes nicht mehr ausgeführt wird. Die wenigen Frauen, die noch gerben, arbeiten nur mit Reh- oder Kälberhäuten. Einige von unseren Nachbarstämmen hängen in bezug auf Nahrung und andere Dinge des Lebens noch mehr von der Wildnis ab, deshalb gerben ihre Frauen mehr Häute. Doch selbst bei unsern Nachbarn habe ich niemanden gefunden, der bereit gewesen wäre, große Häute wie die von Büffeln und Kühen zu gerben. Wenn die Leute diese gegerbt haben wollen, bringen sie sie in Gerbereien in der Stadt oder zu den nahegelegenen religiösen Siedlungen der Hutterschen Brüder.

Gerben nach alter Art – Mrs. Rides-at-the-Door erzählt

Ungeborene Kälber Ich habe viele Häute von ungeborenen Kälbern gegerbt. Sie sind leicht zu bekommen und vielseitig zu verwenden. Um das ungeborene Kalb zu enthäuten, kann man den Kopf abschneiden und die Haut um die Schultern herum lösen, dann zieht man sie einfach wie einen Gummihandschuh, den man zum Waschen benutzt, herunter. Wenn man die Haut abgezogen hat, stopft man sie mit Gras oder etwas ähnlichem aus und läßt sie zuerst trocknen. Nachdem sie getrocknet ist, kann man etwas von dem Gewebe abkratzen, aber viele Leute beginnen sofort mit dem Gerben. Natürlich nimmt man zuerst das Material, mit dem man die Haut ausgestopft hat, heraus. Dann ölt man sie ein, um sie weicher zu machen. Beim Einölen beginnt man sie zu reiben und zu knautschen. Hin und wieder kann man etwas Mehl darauf streuen.

Ich erinnere mich an die letzte Haut, die ich auf diese Weise gegerbt habe – es war die Haut von einem Rehkitz. Jemand hatte die Mutter unten im Flußtal erschossen, und sie brachten das ungeborene Kitz zu mir. Es war gefleckt, und seine kleinen Hufe waren noch dran. Ich stopfte es aus und ließ es trocknen, dann ölte ich die Haut ein. Nachdem das Öl eingezogen war, bereitete ich aus Wasser und Mehl einen dünnen Teig und rieb ihn nach und nach in die Haut ein. Ich bearbeitete die Haut, so wie wenn ich Handschuhe wüsche. Dann nahm ich einen rauhen Stein und schabte damit über die Haut, bis sie weich war. Ich wendete sie und bürstete das gefleckte Fell aus.

Wir benutzen diese kleinen Taschen, um unseren Tabak und unsere Heilkräuter und -wurzeln aufzubewahren. Manchmal benutzen wir sie auch für getrocknete Beeren. Zuweilen haben wir Taschen zum Aufbewahren von Gegenständen angefertigt, indem wir die Haut von drei oder vier Reh- oder Hirschköpfen zusammennähten. Zu anderen Zeiten benutzten wir die Haut von den Beinen dieser Tiere. Wir benutzen den Teil zwischen dem Kniegelenk und dem Huf und lassen die kleinen Hinterhufe dran. Die Häute für diese Taschen werden auf die gleiche Weise gegerbt wie die von ungeborenen Kälbern. Sie werden nicht ganz weich gemacht, sondern nur so weit, wie es für Taschen notwendig ist.

Kälberhäute mit Fell Ich habe eine Menge Kälberhäute gegerbt, die wir als Teppiche in unserem Tipi benutzt haben. Ich begann das Gerben damit, daß ich sie zum Trocknen ausspannte. Früher benutzten sie Tipipflöcke, um diese Häute am Boden festzumachen. Jetzt fädeln wir ein Seil oder eine Schnur durch Löcher, die wir am äußeren Rand der Haut entlang machen. Wir ziehen das Seil über einen Rahmen aus vier an den Ecken zusammengebundenen Stangen. Manchmal haben wir einfach Nägel genommen und die frischen Häute an eine Wand wie beispielsweise die Seitenwand unseres Schuppens genagelt.

Während die Haut gespannt ist und nachdem sie getrocknet ist, nimmt man einen Schaber und schabt das Fett und das getrocknete Fleisch und Gewebe ab. Beim Schaben achtet man darauf, daß man nur soviel abschabt, bis die Haut die richtige Dicke hat. Dann nimmt man sie herunter und reibt sie gründlich mit Öl ein. Besonders gut eignet sich Klauenfett. Man läßt das Öl ein paar Tage lang einziehen und reibt dann den Mehlteig ein. Manche Leute machen aus Leber oder Hirn einen Brei und vermischen diesen mit dem Öl. Dann faltet man die Haut mehrmals zusammen und läßt sie ein paar Tage lang liegen. Man faltet sie daraufhin wieder auseinander und reibt sie über einen scharfen Gegenstand hin und her. Man läßt die Haarseite so, wie sie ist, und bearbeitet die Haut auf der Fleischseite, bis sie weich genug geworden ist. Als scharfen Gegenstand habe ich gern ein an einem Baumstamm befestigtes stumpfes Sensenblatt benutzt. Manchmal habe ich auch einfach ein Seil benutzt, das wie eine Schlinge seitlich an einem Baum befestigt war. Ich steckte die Haut hindurch, hielt sie an beiden Enden fest und zog sie, so fest ich konnte, vor und zurück. Auf die gleiche Weise gerbte man große Häute wie die von Kühen und Büffeln. Aber damit läßt sich viel schwerer arbeiten.

Die Herstellung von Wildleder Wildleder sind die weichen Häute, aus denen wir unsere besten Kleider anzufertigen pflegen. Wenn ich ein neues Kleid für mich oder ein Hemd für meinen Mann anfertigen will, gebe ich mir alle Mühe, wirklich weiches Wildleder herzustellen. Ob eine Frau eine gute Arbeiterin ist oder nicht, wird danach beurteilt, wie sie gerbt. Ich weiß nicht, wie viele Häute ich in meinem Leben gegerbt oder wie viele Kleidungsstücke ich daraus angefertigt habe.

Man beginnt damit, die frische Rehhaut auf die gleiche Weise wie eine Kälberhaut mit dem Haar daran auszuspannen. Man schneidet alles Fleisch und Fett mit einem Messer herunter. Wenn die Haut trocken ist, nimmt man sie herunter und legt sie auf etwas Festes wie beispielsweise einen Baumstamm. Man legt sie mit der Haarseite nach oben und beginnt das Haar mit einem Schaber abzukratzen. Man achtet darauf, daß alle Haare entfernt werden, auch die kleinen, kurzen Haare unter den langen. Wenn auf der Haut Haare zurückbleiben, läßt sie sich schwer handhaben. Man schabt auch die Fleischseite der Haut ab. Zu diesem Zweck kann man sie anfeuchten und noch einmal spannen.

Wenn die Haut auf beiden Seiten sauber und glatt ist, beginnt man sie zu behandeln. Meine eigene Mischung ist Schweinefett, vermischt mit ein wenig Petroleum. Man reibt dies ein, bis die Haut fast weiß wird; das ist der Fall, wenn das Öl eingezogen ist.

Während die Haut das Öl einsaugt, bereitet man eine Wanne heißes Wasser und löst darin etwas Seife auf. Einige Leute geben auch Salz in diese Mischung. Dann legt man die Haut in dieses Wasser und beschwert sie. Wenn sie gut eingeweicht ist, nimmt man sie heraus und wringt sie aus. Gewöhnlich schlinge ich sie um einen Pfahl und drehe sie mit einem Stock, bis kein

Wasser mehr heraustropft. Dann nimmt man sie und beginnt sie zu reiben und zu dehnen, während sie trocknet. Manche Leute benutzen ein an einem Pfahl befestigtes altes Sensenblatt, um die Haut darauf hin und her zu reiben.

Durch dieses Reiben und Trocknen wird die Haut weich, deshalb muß man sich dabei große Mühe geben. Wenn du müde wirst, wickelst du die Haut einfach in ein feuchtes Tuch ein, bis du dich ausgeruht hast. Dann reibst du weiter, bis die Haut vollkommen trocken ist. Wenn sie trocken ist, nehme ich etwas Mehl und reibe es gründlich in die Haut ein, um sie ganz weiß zu machen. Ich nehme eine Blechbüchse, schlage mit einem spitzen Gegenstand Löcher hinein und schabe damit über die Haut, nachdem ich das Mehl eingerieben habe. Das wirkt dann wie Sandpapier.

In den letzten Jahren habe ich in der Stadt gelebt, deshalb habe ich keinen sicheren Ort mehr, wo ich meine Häute ausspannen kann. Jetzt gerbe ich auf eine etwas andere Weise. Gleich nachdem die Haut vom Fleisch gesäubert ist, weiche ich sie in einer Wanne mit Wasser ein. Es dauert eine ganze Weile, bis sie weich ist, aber ich weiß, daß dies der Fall ist, wenn ich Büschel von Haaren herausziehen kann. Ich prüfe dauernd nach, bis es soweit ist. Ich ziehe alle Haare heraus, dann nehme ich ein Messer mit einer langen Klinge und schabe damit das schwarze Zeug ab, das auf der Haut zurückgeblieben ist, nachdem ich die Haare entfernt habe. Danach spanne ich die Haut in einer Ecke meines Hauses aus, bis sie trocken ist. Dann öle ich sie ein und behandele sie auf die gleiche Weise wie andere Häute, die ich gegerbt habe.

Heutzutage benötige ich Häute vor allem dafür, um jene Sonnentanzhalsbänder anzufertigen, die wir bei den Medizinhütten-Zeremonien tragen. Weil ich Sonnentänze veranstaltet habe, kann ich diese Halsbänder anfertigen und sie Leuten, die es wünschen, übertragen. Irgend jemand bittet mich immer um eins, weil mit ihnen zu leben einen heiligen Zauber darstellt. Sie werden mit Perlen, Haarlocken und diesen langen, dünnen Muscheln hergestellt. Ich muß für die Halsbandriemen von Hand gegerbte Haut benutzen, da das industriell gegerbte Leder zu leicht bricht.

Räuchern der gegerbten Haut Ich weiß aufgrund von eigenen schlechten Erfahrungen, daß eine schöne weiß gegerbte Haut ihr Aussehen verliert, wenn sie einmal richtig naß wird. Sie schrumpft und wird hart, und selbst wenn man sie stark bearbeitet, bekommt man sie nicht wieder richtig weich und schön. Doch wenn man die Haut nach dem Gerben räuchert, wird sie nicht steif, wenn sie naß wird. Mit ein wenig Reiben wird sie wieder ganz weich. Aus diesem Grund ist geräucherte Haut äußerst beliebt für Mokassins, Handschuhe und Jacken.

Wenn man eine gegerbte Haut räuchert, kann sie verschiedene Schattierungen von Braun oder Gelb annehmen. Das hängt von der Art von Holz ab, das man benutzt, und auch von der Länge der Zeit, die man die Haut räuchert. Im allgemeinen werden die helleren Schattierungen und Farben für Kleidung benutzt, weil das Leder dabei am weichsten bleibt. Dunkle geräucherte Haut wird in der Regel für Mokassins verwandt, weil sie am meisten wasserdicht ist.

Das Gestell zum Halten der Haut wird entweder dadurch hergestellt, daß man einige kurze Stangen in der Form eines Tipis zusammenbindet, oder dadurch, daß man Weidenstöcke in den Boden steckt und sie in der Form von Bögen miteinander verbindet wie bei einer kleinen Schwitzhütte. In der Mitte des Gestells wird ein Feuer entzündet und so lange unterhalten, bis eine reichliche Glut entstanden ist. Dann wird das eigentliche Holz zum Räuchern der Haut auf die glühenden Kohlen gelegt und die Haut über das Gestell gezogen. Sie wird zusammengeheftet oder gebunden, so daß sie das rauchende Holz im Innern fest umschließt. Verfaultes Holz verschiedener Arten eignet sich hierfür am besten. Wichtig ist, daß man viel Rauch, aber kein Feuer erhält. Offene Flammen versengen eine Haut und machen sie unbrauchbar, deshalb muß der Vorgang sorgfältig kontrolliert werden.

Ich habe einmal im Winter eine Haut in einem Holzschuppen geräuchert. In einem alten Eimer wurde ein Feuer entzündet, und das verfaulte Holz (in diesem Fall Pappelholz) wurde auf die verbliebene Glut geschichtet. Die Haut wurde bis auf eine runde Öffnung am einen Ende zugenäht. Stücke von Leinwand wurden benutzt, um Lücken an den Nahtstellen der Haut zu füllen. Die Haut wurde mit einem Seil an der Decke des Schuppens aufgehängt. Am unteren Ende befand sich ein Rock aus Leinwand, der bis zum Boden reichte und die Haut über dem rauchenden Holz hielt. Es dauerte ungefähr drei bis vier Stunden, um die ganze Hirschhaut zu räuchern.

Andere Handarbeiten

Sehnen und Werkzeug Meine Großmütter fertigten häufig ihre gesamte Nähausrüstung mit der Hand an, selbst nachdem sie das Material dafür bei Händlern und in Läden kaufen konnten. Sie benutzten Flintmesser und scharfkantige Steine zum Schneiden. Sie benutzten zugespitzte Knochenstücke – die oftmals von einem ganzen Beinknochen abgebrochen worden waren – als Ahlen, um damit Löcher für ihre Stiche zu machen. Und sie benutzten Sehnen von Tieren als Faden. Bevor man die Sehnen zum Nähen verwendet, werden sie im Mund weich gemacht. Wenn die Spitze nicht eingeweicht wird, bleibt sie hart und nimmt beim Durchfädeln durch die von der Ahle gebohrten Löcher die Stelle einer Nadel ein. Mrs. Rides-at-the-Door hat mir folgendes über den Gebrauch von Sehnen erzählt:

»Ich benutze noch immer Sehnen statt Garn, wenn ich heilige Dinge anfertige. Die Sehnen liegen entlang des Rückgrats von Tieren wie Rindern, Rehen und Hirschen. Man nimmt eine davon, kratzt das Fleisch ab und legt den Streifen zum Trocknen auf eine glatte Oberfläche. Einmal habe ich eine frische Rehsehne draußen auf mein Fensterbrett gelegt und dort vergessen. Sie muß getrocknet und hinuntergefallen sein, denn ich habe sie nie wiedergesehen. Ich nehme an, die Hunde haben sie aufgefressen.«

In unserem Haushalt reicht ein Streifen Sehne für eine ganze

Weile. Wenn wir etwas Sehne brauchen, schälen wir sie in der benötigten Dicke von dem Hauptstück ab. Man weicht sie im Mund auf, bis sie weich ist, dann hält man sie an einem Ende fest und rollt den Rest mit der Handfläche mehrmals über den Schoß. Dadurch wird die Sehne gewunden, so daß sie einem Zwirnsfaden ähnelt. Nachdem sie an die richtige Stelle gefädelt worden ist, trocknet sie und wird steif und zäh. Sie hält viel besser als Faden, vor allem an Dingen wie Mokassinsohlen. Bei Perlenstickerei finde ich es viel einfacher, mit Nadel und Faden zu arbeiten. In letzter Zeit haben einige Läden jedoch »Kunstsehne« angeboten, die in Südamerika hergestellt wird und auf langen Spulen aufgerollt ist. Man kann sie wie Faden abwickeln und dünner als echte Sehne machen, und sie ist sehr zäh. Meine Großmütter hätten bestimmt ihre Freude daran gehabt!

Stickerei mit Stachelschweinstacheln Eine alte Blackfoot-Kunst der Verzierung von Kleidern und anderen Gegenständen aus weicher Haut besteht im Aufnähen der Stacheln eines Stachelschweins, so daß sie Muster bilden. Unseren Legenden zu-

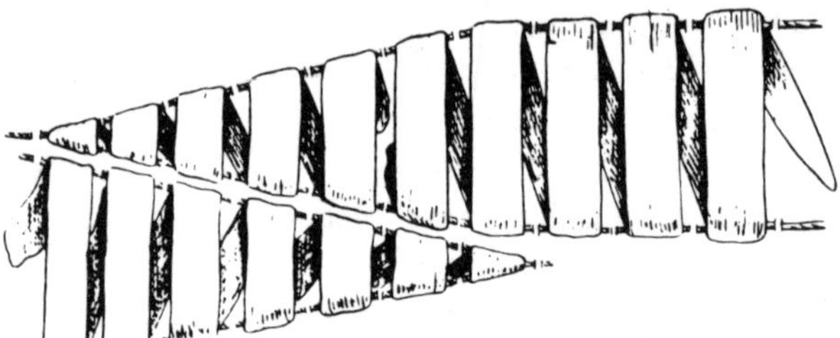

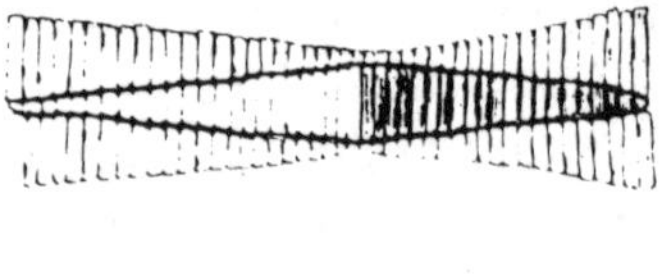

folge ist diese Kunst den Leuten in grauer Vorzeit von Donner beigebracht worden. Seither ist sie immer als eine heilige Kunst betrachtet worden. Diejenigen, die sie erlernen und praktizieren möchten, gehen zu erfahrenen älteren Leuten, um sich initiieren und instruieren zu lassen. Es gibt heute noch mehrere Leute, die auf diese Weise initiiert worden sind. Meine Mutter hat mir jedoch die geläufige Stammesmeinung mitgeteilt, daß Stachelsticker frühzeitig erblinden und aufgrund irgendeiner Art von Macht in den Stacheln häufig an inneren Krankheiten leiden.

Stachelschweinstacheln wurden sowohl in ihren natürlichen Schattierungen als auch gefärbt verwendet. Die wichtigsten Farben zum Färben wurden von verschiedenen Pflanzen gewonnen, die gewöhnlich angefeuchtet, mit Stacheln bedeckt und dann eingewickelt wurden, bis sie getrocknet waren. Zu diesem Zeitpunkt war die Farbe in der Regel dauerhaft in die Stacheln eingezogen. Nachdem im achtzehnten Jahrhundert von Händlern farbiges Tuch eingeführt worden war, färbten einige Leute ihre Stacheln, indem sie sie mit Tuchstücken kochten. Andere haben in neuerer Zeit industrielle Farben benutzt.

Stachelsticker nehmen die Stacheln in den Mund, um sie weich zu machen, bevor sie sie festnähen. Zu den grundlegenden Hilfsmitteln, die für Stachelstickerei benötigt werden, gehören außer Stacheln von verschiedener Größe und Farbe (die alle in getrennten Beuteln aufbewahrt werden – traditionsgemäß in getrockneten und weich gemachten Kuhblasen) viele Stränge gerollter Sehne, eine Ahle, ein glatter Gegenstand, um die Stacheln flachzudrücken, nachdem sie angenäht worden sind, sowie ein Stück gegerbter Haut, auf dem die Stickerei angebracht wird.

Eine übliche Methode, Stacheln auf Wildleder aufzunähen, ist folgende: Zwei parallellaufende Sehnenfäden halten einen Stachel, der vor- und zurückgefaltet wird, an jeder Wendung mit einem Stich fest, wobei man mit dem unteren Ende des Stachels beginnt und mit der Spitze aufhört. Die Spitze und das untere Ende des nächsten Stachels werden dann in einer solchen Weise übereinandergelegt, daß die Verbindungsstelle bei der fertigen Arbeit nicht mehr zu sehen ist. Ein auf diese Weise hergestelltes Stachelband ist sehr schmal.

Stachelstickerei – Ruth Little Bear erzählt: In der alten Zeit pflegten die Leute ihre Kleidung und andere Gegenstände mit gefärbten Stachelschweinstacheln zu verzieren. Dies war vor allem der Fall, bevor die Frauen Perlen zur Verfügung hatten und Perlenstickerei anzufertigen begannen. Stachelstickerei war eine besondere Kunst, und eine Frau mußte sich von einer älteren Frau initiieren lassen, bevor sie damit beginnen konnte. Dies ist auch heute noch so; das ist der Grund, weshalb bei den Blackfoot-Indianern nur noch ein paar Leute übriggeblieben sind, die Stachelstickerei anfertigen können. Sie sagen, daß alle diese Leute, die Stachelstickerei angefertigt haben, schließlich krank geworden sind und Blutungen bekommen haben. Ich weiß nicht, welche Art von Substanz in einem Stachelschweinstachel vorhanden ist, aber sie sagen, daß die Leute davon krank geworden sind. Sie mußten sie in ihrem Mund weich machen und ihre Zähne dazu benutzen, sie flach zu machen, und auf diese Weise nahmen sie die Substanz auf.

Ich bin nie zur Stachelstickerei initiiert worden, deshalb habe ich nur Perlenstickerei angefertigt. Aber ich habe Frauen gesehen, die gut darin waren. Sie bewahrten ihre Stacheln in besonderen Taschen aus Büffelblasen auf. Die Blasen wurden aufgeblasen und zugebunden und dann zum Trocknen aufgehängt. Wenn sie trocken waren, wurden sie hin und her gerieben, bis die Tasche einigermaßen weich war. Dann wurde sie zwei- oder dreimal der Länge nach gefaltet. Die Stacheln wurden durch einen Schlitz in die Tasche gesteckt. Die Taschen waren steif genug, um die Stacheln am Knicken zu hindern.

Es wurden nur bestimmte Stacheln benutzt – die langen, dünnen waren die besten. Aus diesem Grund wurden die Häute von jungen Stachelschweinen vorgezogen. Alte Stachelschweine sind größer als junge und haben größere, dickere Stacheln. Wie ich gehört habe, neigen diese dazu, leichter zu splittern, wenn sie zwischen den Zähnen flach gemacht werden. Die Stacheln am Hinterteil des Tieres sind die besten. Eine leichte Art, sie von der Haut zu entfernen, besteht darin, einen Jutesack darüber vor und zurück zu ziehen. Die Stacheln bleiben im

Sack stecken, und man kann sie aus ihm herausziehen, ohne sich zu stechen.

Die Stacheln wurden in ihren natürlichen Schattierungen und auch gefärbt benutzt. Vor langer Zeit hatte man nur ein paar grundlegende Farben wie Rot, Gelb und Grün. Später lernten die Leute, Artikel von Händlern als Färbemittel zu benutzen. Bevorzugt war das im Handel erhältliche rote Wolltuch, das zusammen mit solchen Dingen wie Stacheln und Federn eingeweicht und gekocht wurde, um sie rot zu färben. Noch später entdeckten die Händler die Marktlücke und begannen Kästen mit Farbe zu verkaufen, welche die Leute direkt oder vermischt benutzten, um viele Schattierungen von meist leuchtenden Farben herzustellen.

Außer daß die Blackfoot-Stachelstickerin eine traditionelle Initiation durchmachen muß, wird von ihr auch erwartet, daß sie eine Reihe von Regeln befolgt. Es heißt zum Beispiel, daß Stachelstickerinnen erblinden, wenn sie je einen Stachelschweinstachel ins Feuer werfen oder wenn sie nachts Stachelstickerei anfertigen. Es heißt auch, daß eine Stachelstickerin sich oft mit den Stacheln stechen wird, wenn sie bei sich daheim Mokassins anfertigt. Sie darf bestimmte Nahrungsmittel wie beispielsweise Stachelschweinfleisch nicht essen und niemandem erlauben, vor ihr vorbeizugehen, während sie stickt.

Perlenstickerei Die Perlenstickerei meiner Großmütter ist bei Forschern der Volkskultur für ihre angenehmen Farben und Muster sowie für ihr gediegenes und glattes Aussehen sehr bekannt. Der traditionelle Blackfoot-Perlenstickereistil ist der Auflegestich, der die gleichzeitige Benutzung von zwei Fäden erfordert. Mit dem einen Faden werden die Perlen aufgefädelt und mit dem anderen werden die aufgefädelten Perlen festgenäht. Dadurch sieht die fertige Perlenstickerei anders aus als die vieler anderer Prärìestämme wie beispielsweise der Sioux. Ihr Stil wird der »faule Stich« genannt, und dabei wird nur ein Faden benutzt, bei dem die Perlen nicht flach anliegen, sondern in lockeren, ungleichmäßigen Reihen. Traditionelle Blackfoot-

Perlenstickerinnen benutzen selten den faulen Stich oder den Perlenwebrahmen, der die andere populäre Form der Perlenstickerei ist.

Der Auflegestich
Von der Seite und von oben gesehen

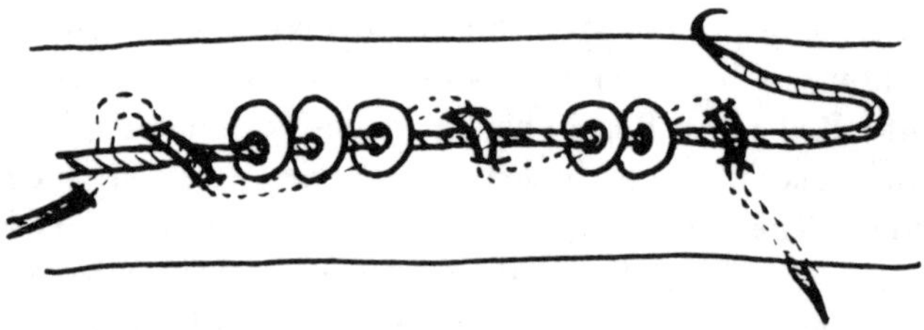

Zu den beliebten Farben, die von den traditionellen Blackfoot-Perlenstickerinnen benutzt wurden, gehören Hell- und Dunkelblau, »fettiges« Gelb, »Cheyenne«-Rosa, Rosa und Dunkelgrün. Natürlich wurden auch viele andere Farben in einer großen Breite von Schattierungen benutzt. Die Schattierungen von Perlenfarben wechseln von Schiffsfracht zu Schiffsfracht, aber die Mehrzahl der alten Blackfoot-Perlenstickereien, die ich gesehen habe, benutzen die oben genannten Farben. Die alten Samenperlen wurden in Italien hergestellt und sind bei den Kaufleuten unter der Bezeichnung »italienische Perlen« bekannt. Sie sind aus gutem Glas, und die Farben sind sehr weich und differenziert. Sie haben eine ungleichmäßige Form, wodurch die fertige Perlenstickerei eine besondere Struktur erhält. Die meisten modernen Perlen werden als »tschechoslowakische Perlen« verkauft, weil sie in diesem Land hergestellt werden.

Sie haben eine ziemlich gleichmäßige Form und sehr leuchtende Farben und lassen sich leicht von den Perlen alten Stils unterscheiden.

Die geometrischen Perlenmuster der Blackfeet sind oft große Figuren, die aus der sorgfältigen Kombination vieler kleiner Figuren entstanden sind, wobei in der Regel Quadrate, Streifen, Dreiecke oder Rechtecke den Anfang machen. Jedes kleinere Muster innerhalb eines großen Musters hat gewöhnlich eine andere Farbe. Ein paar Muster besitzen gebräuchliche Namen wie beispielsweise das »Bergmuster« und das »Federmuster«. Ansonsten gibt es jedoch keine Stammesbedeutungen für Perlenmuster – nur das, was die einzelne Perlenstickerin sich gerade dabei gedacht hat.

Weil Perlenstickerei und die Benutzung von Perlen die populärste derzeit ausgeübte Form von Handarbeit ist, möchte ich auch auf den geschichtlichen Hintergrund eingehen. Erstens ist es interessant festzustellen, daß Perlenstickerei, obwohl sie als »indianische Kunst« betrachtet wird, nie ohne die Einführung von Perlen durch weiße Händler zustande gekommen wäre. Meine Großmütter der alten Zeit benutzten Stachelschweinstacheln, um ihre Kleidung und andere Gegenstände zu verzieren. Als sie zuerst die Bekanntschaft von kleinen Perlen machten, lernten sie, bei ihrer Verzierungsarbeit die Stacheln durch Perlen zu ersetzen.

Perlen aus getrockneten Beeren, Fisch- und Schlangenwirbeln, Klauen, Zähnen, Muscheln und anderen natürlichen Gegenständen sind von meinen Vorfahren seit unzähligen Generationen benutzt worden. Doch seit mehr als zweihundert Jahren sind die beliebtesten Perlen diejenigen gewesen, die eine Vielzahl von europäischen Perlenmachern und Handwerkern zur Einfuhr und Verteilung durch Händler und Kaufleute hergestellt haben. Praktisch hat jeder heilige und zeremonielle Gegenstand von Blackfoot-Herkunft – den man in Gebrauch bei den Leuten oder in Museumssammlungen sehen kann – einige von diesen europäischen Perlen unter seinen Verzierungen.

John Ewers gibt in seinem Buch *Blackfeet Crafts* einen guten geschichtlichen Überblick über die Blackfoot-Perlenstickerei. Er sagt, daß die Blackfeet im frühen achtzehnten Jahrhundert mit einigen Handelsperlen in Berührung gekommen sein können, und zwar durch Handel mit Stämmen, die damals direkten Kontakt zu Kaufleuten hatten, was meine Vorfahren jedoch nicht hatten. In den achtziger Jahren des achtzehnten Jahrhunderts hatten ein paar von diesen Kaufleuten direkt zu den Blackfeet Kontakt aufgenommen. In den dreißiger Jahren des neunzehnten Jahrhunderts trugen viele bedeutende Männer und Frauen im Stamm bereits Hemden und Kleider, die mit großen, heute unter dem Namen Pony-Perlen bekannten Perlen bestickt waren. Himmelblau und Weiß waren die gebräuchlichsten Farbenkombinationen. Diese frühe Perlenstickerei folgte im allgemeinen den Stilen und Mustern der Stachelstickerei. Viele Gegenstände waren damals mit einer Kombination aus Stacheln und Perlen bestickt.

Die Leute von damals nannten diese frühen Perlen »echte Perlen«, nachdem sie mit anderen Arten von Perlen in Berührung gekommen waren. 1870 waren acht Hank dieser Perlen eine gute Büffelrobe wert. Ein Hank umfaßte etwa zehn zwanzig Zentimeter lange Schnüre mit Perlen. Die größeren »Halsbandperlen« waren viel wertvoller. Einige alte Schnüre von ihnen werden noch immer als Familienerbe weitergegeben. Halsbandperlen sind in vielen Stilarten benutzt worden. Zu den ältesten und geschätztesten zählen diejenigen, die unter der Bezeichnung »Stinktierperlen« bekannt sind. Sie sind ziemlich groß und gewöhnlich aus blauem Glas mit erhabenen, handgemalten Mustern aus kleinen roten und weißen Blumenknospen, die durch rebenartige Linien miteinander verbunden sind. Ein paar davon sind heute noch unter dem Inhalt von Medizinbündeln zu finden.

Der heute übliche Typ von Perlen und Stil von Perlenstickerei soll bei den Blackfeet während der siebziger Jahre des neunzehnten Jahrhunderts populär geworden sein. Damals wurden so kleine Samenperlen eingeführt (sie waren meistens nicht einmal halb so groß wie die »echten Perlen«), daß meine Großmütter ihre künstlerischen Fertigkeiten mit Perlenstickerei in kompliziertesten Mustern und vielen Farben zu zeigen begannen. Gegenstände, die vorher hauptsächlich mit Bordüren oder Mustern auf kleiner Fläche verziert gewesen waren, wurden jetzt ganz mit Perlen bedeckt. Solche Gegenstände waren Mokassins, Westen, Traggestelle für Babys, Beutel und Handtaschen. Mit Perlen aufgestickte Muster von Blättern und bunten Blumen wurden sehr beliebt.

Spielzeug Traditionelles Blackfoot-Spielzeug bestand hauptsächlich aus Puppen und Miniatur-Imitationen all der Dinge, die von den Erwachsenen benutzt wurden. Die Puppen wurden meistens von den Frauen angefertigt, obwohl sowohl Jungen als auch Mädchen damit spielten. Sonst wurde das Spielzeug für Jungen gewöhnlich von ihren Vätern angefertigt, während das für Mädchen von ihren Müttern hergestellt wurde. Das Spielzeug wurde meistens sehr gehütet, und die kleineren Sachen wurden in besonderen Rohledertaschen aufbewahrt.

Es gab alle möglichen Arten von Puppen, angefangen von den einfachen aus Weidenstöcken, mit abgeschnittenen Zweigen als Arme und Beine, bis hin zu den raffinierten mit perlenbestickten Kleidern und echtem Haar. Älteren Mädchen gab man Puppen mitsamt kleinen Tipis und anderen Haushaltsgegenständen, manchmal sogar kleine Medizinbündel. Traggestelle für Babys, Babypuppen und Pferde mitsamt Travois, um die Haushaltseinrichtung zu befördern, waren ebenfalls beliebt.

Zum beliebten Spielzeug für Jungen gehörten unter anderem Bogen und Pfeile, Peitschen und Kreisel, Trommeln und andere Musikinstrumente sowie Pferdegeschirr. Puppen in Form von Jungen und Kriegern waren ebenfalls üblich. Jungen hielten immer nach Zweigen und Stücken von Bäumen Ausschau, die sie für ihre Imitationspferde benutzen konnten, um damit Bokken, Rennen und Reiten überhaupt zu üben.

Traggestelle für Babys Die traditionellen Blackfoot-Mütter trugen ihre Babys in Traggestellen, um sie zu schützen. Die

Rahmen dafür wurden aus Weidenzweigen gefertigt, die gebogen und miteinander verbunden wurden. Später wurden sie aus großen, festen Borden gefertigt, die in die gewünschte Form gesägt wurden. In jedem Fall sind sie mit mehreren, sorgfältig zugeschnittenen Stücken Wildleder bedeckt. Das Stück für das große Kopfbord wurde zuerst teilweise oder ganz mit Perlen bestickt. Das Baby wird fest in eine längliche Tasche eingeschnürt, die einen Teil der Wildlederumkleidung bildet. Sie besitzt eine kleine Kapuze, die das Gesicht des Babys fest umschließt, um es vor Kälte und Wind ebenso wie vor Insekten zu schützen.

Variationen bei Traggestellen waren üblich. Manche hatten ein Innenfutter aus Pelz. Manche hatten verzierte Schürzen, die auf der Vorderseite herabhingen und die Verschnürung der Babytasche bedeckten. An manchen hingen lange Schnüre von Perlen und Muscheln, an deren Bewegung und Gebimmel das Baby seinen Spaß haben konnte. In späteren Jahren waren einige Traggestelle mit Tuch statt mit Wildleder bedeckt.

Bei diesen Traggestellen ist auf der Rückseite von links nach rechts ein fester Riemen befestigt, an dem die Mutter es auf dem Rücken über den Schultern tragen kann. Die Traggestelle hingen mit diesen Riemen auch am Sattelknopf der Mütter, wenn sie ritten. Wenn sie draußen arbeiteten, wurden die Traggestelle oftmals an kräftige Äste von in der Nähe stehenden Bäumen gehängt. Wenn ein Wind wehte, schaukelte er das Baby im dem Traggestell in Schlaf.

Ich habe solch ein Traggestell sowie die einfacheren und kleineren Moostaschen für meine eigenen Kinder benutzt. Dies sind die Babytaschen, die den Hauptteil des ganzen Traggestells bilden. Beide haben mir sehr bei der Pflege meiner Babys geholfen, obwohl das Traggestell für die Benutzung in der Stadt wahrscheinlich fehl am Platz wäre. Ich weiß nicht, weshalb meine Großmütter ihre Traggestelle nie mit einem geschwungenen Gesichtsschützer hergestellt haben, wie ihn viele andere Stämme benutzten. Dieses Stück sieht aus wie das Faltdach eines Sportwagens und kann sehr wichtig werden, wenn ein

Traggestell auf hartem Boden benutzt wird. Meine Kinder sind zweimal aufs Gesicht gefallen, weil es keine solche Schutzvorrichtung gab, und beide Male habe ich mir große Sorgen gemacht, bis ich mich vergewissert hatte, daß sie nicht verletzt waren.

Gebrauchsgegenstände Gebrauchsgegenstände wurden in der alten Zeit sowohl von Männern als auch von Frauen angefertigt. Sie hielten Ausschau nach großen Knoten und Auswüchsen an Baumstämmen, und diese meißelten sie ab und höhlten sie aus, um daraus Schüsseln herzustellen. Aus kleineren wurden Schöpflöffel gemacht. Solche Schüsseln wurden vor langer Zeit durch Handelsware ersetzt, doch ein paar wurden in späteren Jahren als Beigabe zu Medizinpfeifenbündeln hergestellt. Selbst heute wird von Medizinpfeifenbündelbesitzern erwartet, daß sie aus hölzernen Schüsseln essen, vor allem bei Zeremonien.

Schöpflöffel und kleine Schüsseln wurden aus den Hörnern von Büffeln und Dickhornschafen hergestellt. Diese wurden gekocht, bis sie weich wurden, dann wurden sie zu der erwünschten Größe zurechtgeschnitten. Um die Schüsselform herzustellen, wurde ein Stein von der richtigen Größe in das erweichte Horn gesteckt und darin gelassen, bis das Horn wieder hart geworden war.

Es heißt, daß die Blackfoot-Frauen und -Männer vor langer Zeit einfache Töpferwaren hergestellt haben. Es gibt heute niemanden mehr, der solche Töpferwaren gesehen hat, und nur wenige haben gehört, wie sie hergestellt wurden. Der grundlegende Prozeß bestand darin, Asche, Sand und zerkleinerte Muscheln zu einer dicken Paste zu vermischen. Diese wurde mit den Händen geformt und in der Sonne getrocknet. Diese Dinge haben anscheinend nur als vorübergehende Behälter gedient, hauptsächlich um Wasser zu halten. Keins von ihnen ist bis heute erhalten geblieben.

Der gebräuchlichste Behälter für Wasser in der Vergangenheit wurde häufig aus dem Magen eines Rehs oder einer Antilope angefertigt. Das Wasser wurde durch das offene Ende hineingegossen, das daraufhin zugebunden und an einem Dreifuß oder einer Tipistange aufgehängt wurde. Auf Reisen wurden diese Mägen wie Feldflaschen benutzt. Obwohl sie vor Gebrauch gründlich gewaschen wurden, muß das Wasser einen starken Beigeschmack gehabt haben.

Danksagung

Die Idee, dieses Buch zu verfassen, stammt eigentlich von meiner Mutter, Ruth Little Bear (Kleiner Bär), die seit Jahren davon gesprochen hat, daß sie gern ein Buch über das Leben der Frauen in unserem Volk schreiben würde. Einer ihrer Schätze ist ein handgeschriebenes Manuskript ihres Vaters mit seiner Version der Geschichte unseres Volkes. Als ich meinen Mann heiratete, der bereits Schriftsteller war, dachte meine Mutter, daß er und ich ihr vielleicht bei ihrem Projekt helfen könnten. Doch mein Mann war der Meinung, daß ich das Projekt selbst in Angriff nehmen sollte, und so begann ich damit.

Ich besuchte meine Mutter häufig und begann, ihre Geschichte auf Tonband aufzunehmen und in meiner Freizeit abzuschreiben. Nachdem meine Mutter fast ihr ganzes Leben lang hart gearbeitet hat, um einen gewissen Grad an modernem Erfolg und Komfort zu erreichen, hat sie nicht den Wunsch, zu unserer alten, angestammten Lebensweise zurückzukehren. Sie ist jedoch von ihrer Großmutter aufgezogen worden, die großenteils noch auf die alte Weise lebte, und ihr ist klar, daß das Wissen, das sie als junges Mädchen erworben hat, wertvoll ist und heute verlorengeht.

Meine Mutter war für mich stets ein eindrucksvolles Beispiel traditioneller Freundlichkeit und Großzügigkeit, gepaart mit harter Arbeit und Hingabe an ihre Familie. Sie hat sieben Söhne und eine Tochter großgezogen, und ihr Heim war immer ein beliebter Treffpunkt für Dutzende von Enkeln, Neffen und Nichten, Cousinen, Tanten und so weiter. Seit einer Reihe von Jahren versorgt sie jetzt außerdem noch meine alte Großmutter. In den ersten Jahren ihrer Ehe überwinterten sie und mein Vater bei Temperaturen, die oft weit unter Null lagen, in Zelten aus Segeltuch. Als ich klein war, lebten wir alle zusammen in einer von meinem Vater und seinem Onkel erbauten Blockhütte, die aus einem Raum bestand.

Ich sammelte auch Geschichten von meiner Großmutter, Hilda Strangling Wolf (Würgender Wolf), die jetzt in den Neunzigern ist. Doch viele der Geschichten, die mir meine Mutter und meine Großmutter erzählt haben, handeln von der Familiengeschichte und sind deshalb von größerem Wert für meine Kinder und Verwandten als für die Leser dieses Buches. Ich wollte auch die Geschichten anderer Frauen aus unserem Stamm wiedergeben, nicht bloß von denen, mit denen ich unmittelbar verwandt bin. Auch dies sind schließlich die Geschichten meiner »Großmütter«, da nach Stammessitte alle alten Frauen der Vergangenheit meine Großmütter sind.

Ein weiterer starker Einfluß in meinem Leben – und bei der Abfassung dieses Buches – war Paula Weasel Head, die eine der weisesten Frauen unter den vier Stämmen der Blackfoot-Nation ist. Ihr Mann und mein Vater sind Adoptivbrüder, und sie hat mich als Adoptivkind angenommen, was ich als eine sehr große Ehre betrachte. Männer wie Frauen haben oft in allen möglichen religiösen und sozialen Stammesfragen ihren Rat gesucht. Ihr Wissen über die für den Stamm wichtigen Medizinpfeifenbündel ist weithin bekannt. Sie hat meinen Mann und mich während unserer beiden Perioden als Hüter der Medizinpfeifenbündel beraten und uns dabei geholfen, die Zeremonien, die diese Bündel erfordern, durchzuführen. Außer den vielen Geschichten, die sie mir erzählt hat, habe ich auch einige Bemerkungen ihrer Schwester, Annie Red Crow (Rote Krähe), aufgezeichnet.

Es gibt in meinem Volk viele Frauen, die ich für weise und gute Geschichtenerzähler halte. Ich wünschte, einige Jüngere würden meinem Beispiel folgen und aufzeichnen, was ihre Großmütter und Mütter zu sagen haben, bevor sie uns für immer verlassen. Die Sammlung von Geschichten, die ich in diesem Buch präsentiere, stammt von nur wenigen dieser Frauen – solchen, mit denen ich entweder verwandt oder befreundet bin.

Meine Familie zu Hause bei unserem Tipi. Von links nach rechts: Mein Mann Adolf, unsere Söhne Wolf, Iniskim *und* Okan, *und ich mit unserer Tochter Star. (Photo: Paul Scholdice)*

Zu ihnen gehören Mrs. Annie Rides-at-the-Door, Rosie Davis, Annie Wadsworth, Großmutter Mary Ground sowie meine Tante Mary One Spot.

Hintergrundmaterial zu diesem Buch habe ich aus vielen Publikationen über die Blackfoot-Stämme bezogen, unter anderem aus Werken von James Willard Schultz, George Bird Grinnell, John Ewers und Clark Wissler. Ich habe meine Sammlung von Stammeslegenden ergänzt, indem ich ein Buch über Blackfoot-Mythen herangezogen habe, das 1909 vom American Museum of Natural History veröffentlicht worden ist. Diese Mythen sind von einem Blackfoot-Halbblut namens David Duvall gesammelt worden. Sie gleichen den Legenden, die heute noch erzählt werden, sind aber in vielen Fällen vollständiger.

Die ersten Geschichten in diesem Buch habe ich aufgezeichnet, während ich meinem Mann dabei half, sein Buch *The Blood People* zu verfassen. Seinen Erfahrungen mit diesem Buch nach zu urteilen erwarte ich viele angenehme Reaktionen und ein paar kritische, wenn auch manche nur aus dem Grund, daß »die alten Leute diese Geschichten hätten mit sich nehmen sollen«. Dazu kann ich nur sagen, daß alle Frauen, die mir geholfen haben, der Meinung waren, ein Buch wie dieses könne den jüngeren Generationen unseres Volkes, die ihre angestammte Lebensweise verstehen müssen, um sie würdigen zu können, nur guttun. Außerdem sollte dieses Buch denen, die nicht zu unserem Stamm gehören, die Möglichkeit geben, die Lebensweise meiner Vorfahren zu achten und zu bewundern.

Die Fotografien in diesem Buch sind im Laufe vieler Jahre gesammelt worden und stammen aus verschiedenen Quellen. Dazu gehören Familienalben, Second-hand- und Antiquitätenläden, das National Museum of Canada sowie die Glenbow-Alberta Foundation. Ich möchte dem Canada Council danken, dessen Forschungsstiftung mir ein halbes Jahr Arbeit mit meinen Großmüttern ermöglicht hat. Ich teilte einiges von dem Stiftungsgeld mit ihnen und werde auch das Geld mit ihnen teilen, das ich vielleicht mit diesem Buch verdiene.

Ich möchte auch meinem Mann, Adolf Hungry Wolf, dafür

danken, daß er mich immer dann, wenn ich aufgeben wollte, dazu ermutigt hat, an diesem Projekt weiterzuarbeiten. Er hat viele ähnliche Bücher geschrieben, und ich hatte immer geglaubt, daß seine Arbeit leicht und locker sei. Jetzt weiß ich, daß die Aufzeichnung der Geschichte und Traditionen von alten Leuten eine sehr anstrengende Tätigkeit ist, für die die Belohnung so gering ist, daß nicht viele diese Tätigkeit auf sich nehmen. Mein Mann hat mir die schwierigste Arbeit von allem erspart, indem er die vielen schlecht getippten Seiten durchgesehen und zur Veröffentlichung vorbereitet hat.

Ich hoffe, daß einige der jungen Frauen, die dieses Buch lesen, Großmütter werden und eine Lebensweise befolgen werden, die ihre Enkelkinder eines Tages als wertvoll genug betrachten werden, um sie ebenfalls aufzuzeichnen.

Literatur

(Ausgewählte deutschsprachige Bücher über die traditionelle Lebensweise, Weltsicht und Kultur der nordamerikanischen Indianer)

Boyd, Doug, *Rolling Thunder*, Trikont Verlag, 1978.

Brown, Dee, *Begrabt mein Herz an der Biegung des Flusses*, Hoffmann und Campe, 1972.

Eaton, Evelyn, *Ich sende eine Stimme*, Mutter Erde Verlag, 1980.

Erdoes, Richard, *Büffeljagd und Sonnentanz*, Müller Rüschlikon, 1980.

Halifax, Joan, *Die andere Wirklichkeit der Schamanen*, Otto Wilhelm Barth/Scherz Verlag, 1981.

Hetman, Frederik, *Die Spur der Navahos*, Otto Maier Verlag, 1975.

Hungry Wolf, Adolf, *Das Geheimnis des verborgenen Tales*, Mutter Erde Verlag, 1980.

Johnston, Basil, *Und Manitou erschuf die Welt*, Diederichs Verlag, 1979.

LaFarge, Oliver, *Die Welt der Indianer*, Otto Maier Verlag, 1977.

Lame Deer und Richard Erdoes, *Tahca Ushte – Medizinmann der Sioux*, List, 1979.

Pelletier, Wilfried, *Frei wie ein Baum*, Diederichs Verlag, 1981.

Schwarzer Hirsch, *Die heilige Pfeife*, Walter Verlag, 1980.
– –, *Ich rufe mein Volk*, Walter Verlag, 1979.

Tedlock, Dennis und Barbara, Hrsg., *Über den Rand des tiefen Canyon*, Diederichs Verlag, 1977.

Waters, Frank, *Das Buch der Hopi*, Diederichs Verlag, 1980.

Willoya, William, und Vinson Brown, *Im Zeichen des Regenbogens*, Irisiana Verlag, 1978.